Hans-Werner Kuhn

Urteilsbildung im Politikunterricht

[illegible]ekt

Reihe Politik und Bildung • Band 21

Hans-Werner Kuhn

Urteilsbildung im Politikunterricht

Ein multimediales Projekt

WOCHENSCHAU VERLAG

Für Dennis, Marius und Hanna

Die Deutsche Bibliothek – CIP-Einheitsaufnahme

Urteilsbildung im Politikunterricht [Medienkombination] : ein multimediales Projekt / Hans-Werner Kuhn. – Schwalbach/Ts. : Wochenschau-Verl.

Buch. – 2003
(Reihe Politik und Bildung ; Bd. 21)
ISBN 3-87920-630-9

www.wochenschau-verlag.de

Gedruckt auf chlorfreiem Papier
Printed in Germany

Urteilsbildung im Politikunterricht –
Ein multimediales Projekt

Gesamtprojekt: Buch + Video + CD
ISBN 3-87920-272-9

Buch: ISBN 3-87920-630-9
Video: ISBN 3-87920-631-7
CD: ISBN 3-87920-632-5

Inhalt

Vorwort 5

Problemskizze und Sachanalyse

Hans-Werner Kuhn: Problemskizze:
Politische Urteilsbildung in der fachdidaktischen Diskussion 7

Kerstin Pohl: Der Fall Pinochet – Sachanalyse des politischen Prozesses 20

Mark Arenhövel: Umkämpfte Vergangenheit in Chile 35

Bernd Knittel: Voraussetzungen der Lerngruppen und Skizze der Unterrichtseinheit 55

Unterrichtsbeispiele

Unterrichtssequenz I: Wie urteilen Schüler?
Am Beispiel des Falls Pinochet – Transkript des Unterrichts in der Klasse 9E 63

Hans-Werner Kuhn: Schlüsselszene: Fachdidaktische Interpretation
Architektur eines Schülerinnen-Urteils 72

Unterrichtssequenz II: Wie urteilen Schüler?
Am Beispiel des Falls Pinochet – Transkript des Unterrichts in der Klasse 9F 74

Hans-Werner Kuhn: Schlüsselszenen: Fachdidaktische Interpretation
Moral und/oder Politik? 82

Konzeptionell-empirische Analysen

Bernd Knittel: Auswertungsstunde Klasse 9F 86

Peter Massing: Kategoriale politische Urteilsbildung 91

Karin Kroll: Nichts von dem, was wir im anderen verachten,
ist uns selbst ganz fremd 109

Drei Interviews

Hans-Werner Kuhn interviewt Bernd Knittel,
Politiklehrer und Hauptseminarleiter
„Die Urteile bildet der Lernende“ 126

Hans-Werner Kuhn interviewt Kurt Lach,
Politiklehrer und Fachseminarleiter
„... die Angebote der Schüler erkennen“ 137

Hans-Werner Kuhn interviewt Dr. Peter Massing,
Politikwissenschaftler und Politikdidaktiker
„... wie lässt sich denn Politik überhaupt beurteilen?“ 147

Unterrichtsstrategien

Hans-Werner Kuhn: Professionelle Urteile in Tageszeitungen 160

Hans-Werner Kuhn: Fünf Unterrichtsstrategien 170

Ausgewählte Literatur 199

Verzeichnis der Autorinnen und Autoren 201

Vorwort

Ursprünglich waren die hier aufgezeichneten Unterrichtsstunden nicht für eine Veröffentlichung, sondern lediglich für ein Werkstattgespräch der Bundeszentrale für politische Bildung und des Arbeitskreises „Theorie und Praxis" der Deutschen Vereinigung für politische Bildung (DVPB) vorgesehen. Erst bei der Arbeit mit den Aufzeichnungen in der Lehrerausbildung (FU Berlin, TU Dresden, PH Freiburg) sowie der Lehrerfort- und -weiterbildung (Bundeskongress der DVPB in Potsdam 2000, Referat für politische Bildungsarbeit der FU Berlin) nahm das Publikationsprojekt Gestalt an.

Hinzu kommt, dass in dieser Entstehungsphase die politische Realität den ausgewählten Fall auf die Agenda der Politik hob: in diese Zeit fällt die Abschiebung Pinochets aus Großbritannien nach Chile und die Aufhebung seiner Immunität in Chile, eine Entwicklung von nicht vorhersehbarer politischer Tragweite. Doch gerade unter dem Aspekt einer Gesamtschau des Falls, jenseits von tagespolitischer Aktualität, eröffnen sich für die politische Urteilsbildung nicht zu unterschätzende Möglichkeiten.

Aus beidem, der Seminararbeit und der politischen Wirklichkeit, ergaben sich nach und nach die Bausteine dieser Publikation sowie die Idee, drei Module für die politische Bildung zu entwickeln: Das vorliegende Buch, ein Video sowie eine CD-ROM. Dabei werden die verschiedenen Möglichkeiten dieser Medien genutzt:

- Beim *Buch* bestimmt die Leserin bzw. der Leser das Tempo. Sie bzw. er kann eigene Erfahrungen mit dem Dargestellten vergleichen. Die kritische Auseinandersetzung erfordert Pausen zum Nach-Denken, für die das Buch günstige Voraussetzungen bietet. Hauptmedium ist dabei der linear strukturierte Text. Er wird durch Standbilder, Abbildungen und Graphiken angereichert. Die Leserin bzw. der Leser kann beurteilen, inwieweit die Darstellung dem Gegenstand angemessen ist.
- Beim *Video* vermittelt sich ein Stück Unterrichtsrealität, zwar selektiv, aber dennoch bilden die akustischen und optischen „Signale" eine Ganzheit, die der schulischen Wirklichkeit nahe kommt. Hinzu kommen die Interviews, die unter bestimmten Fragestellungen neu montiert sind. Das Video steht unter einem Ablaufzwang, einem Merkmal, das für alle Filme zutrifft. Zwar lässt es sich auch „anhalten" und zur Diskussion stellen, ein Mittel, das für Medienanalysen vielfach genutzt wird, dennoch hat das Video eine Eigendynamik. Die Dokumentation von Unterricht stellt für unsere Wahrnehmung eine ungewohnte Tätigkeit dar, insofern verfremdet das Video auf eigene Weise. Dennoch oder gerade deshalb kann es zur Sensibilisierung politikdidaktischer

Fragen beitragen, da die Wahrnehmung als wichtiger Bestandteil der pädagogischen Professionalität angesehen werden kann.

- Die *CD-ROM* stellt ein „Antwortmedium" dar. Erst die richtigen Fragen verhindern, dass die Nutzerin bzw. der Nutzer in der Flut von Informationen versinkt. Im Gegensatz zum Video ist ein problemloses „Springen" möglich. Außerdem können die verwendeten Bilder und Symbole für eigenen Unterricht heruntergeladen werden. Schlüsselszenen aus den Unterrichtsstunden sind ebenso dokumentiert wie die neu montierten Interviews. Die CD-ROM enthält weiterführende Materialien und Links sowie einen Index, eine Suchfunktion und diverse Querverweise.
- Auf der CD-ROM befindet sich im Feld „Materialpool" ein Vorschlag zur Verknüpfung der drei Module Buch, Video und CD-ROM zu sechs *Lernwegen* (symbolisch, induktiv, mehrperspektivisch, deduktiv, handlungsorientiert, genetisch).

Aufgrund der veränderten Lebenswelten, der differenten Wahrnehmungsgewohnheiten sowie der unterschiedlichen Kanäle der Lernertypen bieten die drei Module nicht nur die Chance, den Vermittlungsprozess stärker zu individualisieren, sondern sie enthalten zudem Angebote, wie im Unterricht und in der Lehrerbildung mit verschiedenen Medien experimentiert werden kann.

Ich bedanke mich bei den Schülerinnen und Schülern der beiden neunten Klassen der Schiller-Oberschule (Gymnasium) in Berlin-Charlottenburg sowie bei Bernd Knittel, ihrem Politiklehrer, die durch ihren Unterricht die vorliegende Publikation erst ermöglicht haben. Außerdem danke ich meinen Mitautorinnen und -autoren für ihr Engagement sowie ihre Hinweise zur Überarbeitung der einzelnen Bausteine der drei Module. Last but not least danke ich den Studierenden in Berlin, Dresden und Freiburg für ihre Fragen, Anregungen und Ideen, die in die Konzeption des Buches eingeflossen sind.

Für das multimediale Projekt war ein Arbeitsaufwand von mehr als drei Jahren erforderlich. Ein Evaluationsfragebogen – ebenfalls auf der CD-ROM – ermöglicht kritische Rückmeldungen und Vorschläge zum Multimediaprojekt „politische Urteilsbildung".

Hans-Werner Kuhn
Freiburg, im Sommer 2002

Abb. 1: Justitia

Hans-Werner Kuhn

Problemskizze: Politische Urteilsbildung in der fachdidaktischen Diskussion

Mit welchem Symbol lässt sich aus politikdidaktischer Perspektive „politische Urteilsbildung" charakterisieren? Mehrere Versuche[1] in dieser Richtung scheiterten. Die Juristen haben es da einfacher: sie besitzen ein Symbol[2], mit dem sich „Gerechtigkeit" und damit das rechtliche Urteilsverfahren beschreiben lässt: die griechische Göttin Justitia (vgl. Abb. 1).

Die Symbolkraft der Justitia tritt einem so selbstevident[3] entgegen, dass eine ausführliche Deutung überflüssig erscheint. Daher sollen nur kurz die wesentlichen Merkmale benannt werden:

- die massive Körperlichkeit zeugt nicht nur von Frauenpower, sondern von Macht, Festigkeit und Durchsetzungsvermögen;
- die aufrechte Haltung[4] verkörpert eine Geradlinigkeit[5], die jede Anfechtung übersteht;
- das Schwert in der Rechten deutet die Konsequenzen an; hier werden Sanktionen praktiziert, die für die Betroffenen existentielle Auswirkungen haben können;[6]
- die scharfe Klinge erinnert daran, dass ein gefälltes Urteil nicht mehr rückgängig zu

machen ist: es trennt in zwei Welten – jede Ent-Scheidung schneidet Handlungs- und Freiheitsmomente ab;

- in der Linken die Waage, das Urbild jedes Urteils; hier werden die Argumente pro und contra platziert, gewogen und bewertet, die gewichtigeren werden eine Wagschale nach unten ziehen und das Urteil anzeigen;
- Justitia ist blind, d.h. sie urteilt ohne Ansehen der Person.[7]

Was kann dagegen die Politikdidaktik als Symbol für politische Urteilsbildung anbieten? Hier herrscht eher Ratlosigkeit. Zwar gibt es Vorschläge – etwa den „Denker" von Auguste Rodin vor der Kunsthalle in Bielefeld (vgl. Abb. 2) oder die Statue des Aristoteles (vgl. Abb. 3) vor der Freiburger Universität – letzterer wäre eher ein Symbol für philosophisches

Abb. 2: Der Denker

Rodin: Der Denker

Der Denker ist die Zentralgestalt der Höllenpforte. Rodin schuf ihn für die Mitte des Tympanonfeldes über den Türflügeln. Dort hockt er wie der Riese Polyphem vor seiner Höhle und starrt in die Tiefe, wo die Menschen sich winden. Der Denker ist auch nicht mehr nur die Symbolfigur für den Dichter, der die Höllenqualen erdachte; er ist Herr der Hölle und zugleich ihr Knecht. Er nimmt den Platz ein, der im jüngsten Gericht Christus zukommt (so in den Gerichtsportalen der Kathedralen sowie im Gerichtsfresko Michelangelos), den aber in der Hölle Minos einnimmt, der Herr der Unterwelt, der die Strafen der Verdammten bestimmt. Darüber hinaus aber ist Der Denker Sinnbild des Menschen, der sich vergeblich abmüht, mit allen Kräften das Rätsel des Lebens zu lösen, der sich grübelnd die Hölle selbst schafft. Er ist verdammt zum irdischen Dasein, das bereits ein Inferno ist. Die vor 1904 geschaffene Monumentalbronze wurde vor dem Pariser Panthéon aufgestellt, später im Musée Rodin. Eine zweite bestimmte Rodin für sein Grab; weitere stehen vor Museen in aller Welt (Bielefeld, Boston, Los Angeles usw.).

Reflektieren und Schlussfolgern.[8] Hier fehlen immer wesentliche Bestandteile dessen, was mit *politischer* Urteilsbildung gemeint sein könnte. Weder das Denken bzw. das Nachdenken allein gibt den gesamten Sinn von „Urteil" wieder noch das Philosophieren über Tugenden und Werte. Wenn diese Beobachtung richtig ist, dann bleiben nur die begriffliche Klärung sowie die empirische Bestandsaufnahme von Urteilen „at work“. Ob sie aber zu einem charakteristischen Symbol führen, muss vorläufig offen bleiben.

Politische Urteilsbildung hat sich zu einem der zentralen Themen der fachdidaktischen Diskussion seit Mitte der 90er-Jahre entwickelt – neben den Fragen der Handlungsorientierung, der Bürgerleitbilder sowie der Werteerziehung.

Abb. 3: Statue des Aristoteles

Aristoteles über Urteile

Aristoteles über Urteile: „Jeder beurteilt dasjenige richtig, was er kennt, und ist darin ein guter Richter. Über einen bestimmten Gegenstand vermag der darin Gebildete zu urteilen, über alle Gegenstände der in allem Gebildete. Darum ist ein junger Mensch kein geeigneter Hörer für die politische Wissenschaft. Denn er ist unerfahren in der Praxis des Lebens ...“ (57)
Vom Gebildeten, der zwischen dem Laien und dem Spezialisten in der Mitte (mesotes-Lehre) steht, ist bei Aristoteles mehrfach die Rede. Aus: Artistoteles: Die Nikomachische Ethik. Übersetzt und herausgegeben von Olof Gigon, 2. Aufl. München 1975

Dabei ist sie kein „neues“ Thema, im Gegenteil. In vielen politikdidaktischen Konzeptionen seit den 60er-Jahren wird Urteilsbildung als das zentrale Ziel politischer Bildung formuliert.

Im Jahre 1995 hat sich ein Werkstattgespräch, das die Bundeszentrale für politische Bildung zusammen mit dem Arbeitskreis „Theorie und Praxis“ der Deutschen Vereinigung für politische Bildung durchgeführt hat, diesem Thema gewidmet. Der 1997 erschienene Tagungsband[9] enthält Kategorienmodelle, dokumentiert Unterrichtsbeispiele und bietet qualitative Unterrichtsanalysen sowie Lehrplan- und Schulbuchstudien.

Im März 1999 wurde das Thema erneut aufgegriffen, diesmal im Rahmen des Werkstattgespräches „Lehren und Lernen für die Demokratie – Der demokratische Bürger als Ziel politischer Bildung“. Eine von sechs Arbeitsgruppen beschäftigte sich mit der Frage: „Wie können Schülerinnen und Schüler politische Urteilsfähigkeit erwerben?“

Die Tatsache, dass für den Bundeskongress der Deutschen Vereinigung für politische Bildung in Potsdam im März 2000 ein identisches Thema für einen Workshop formuliert wurde, lässt sich ebenso wie das rege Interesse der Teilnehmerinnen und Teilnehmer dieses

Workshops als Indiz dafür deuten, dass auf diesem Feld noch eine Reihe offener Fragen zu bearbeiten ist. Aus diesem Workshop ist dieser Band entstanden.

Ich möchte einige Bausteine vorstellen, die unterschiedliche Zugänge zur Frage der politischen Urteilsbildung aufzeigen. Das „Wie“ im Thema („*Wie* können Schülerinnen und Schüler politische Urteilsfähigkeit erwerben?“) begreife ich so, dass verschiedene Strategien, Konzepte und Methoden zur Diskussion gestellt werden, die von der Leserin bzw. dem Leser geprüft, mit eigenen Erfahrungen konfrontiert und durch unterschiedliche Perspektiven erweitert werden sollen.

Römischer Doppeldenar

Römischer Doppeldenar, sogenannter Antoninian, geprägt um 250 n. Chr. Unter Kaiser Philipus Arabs. Attribute sind hier die Waage und das Füllhorn. Quelle: Das Recht in der politischen Bildung 1, Informationen zur politischen Bildung, Bonn 1972, 2

Roland zu Brandenburg

Der Roland zu Brandenburg an der Havel (erstmals 1402 erwähnt). Rolandssäulen sind auf Marktplätzen vieler norddeutscher Städte zu finden. Der Roland wird als Wahrzeichen der städtischen Gerichtsbarkeit angesehen. Quelle: Das Recht in der politischen Bildung 1, Informationen zur politischen Bildung, Bonn 1972, 11

Da der komplexe Gegenstand nicht durch eine einfache Begriffsbestimmung oder Definition zu erfassen ist, sollen verschiedene Zugänge skizziert werden: zunächst der Zugang über den Terminus, dann der über Alltagserfahrungen mit Schülerurteilen, dann die Abgrenzung des Begriffs zu „Vorurteilen“ und schließlich seine Fassung in Handbüchern der politischen Bildung.

Ein erster Zugang setzt an beim *Terminus*[10] selbst, bei seiner Begriffsgeschichte.

Aus dem Wörterbuch von Jacob und Wilhelm Grimm

Im Wörterbuch von Jacob und Wilhelm Grimm[11] finden wir folgende Hinweise, die den *Sprachgebrauch* charakterisieren:

URTHEIL *n., F., juridicum, zu ahd.* irteilan, *mhd.* Erteilen, *nhd.* Ertheilen; eigentlich ‚das ertheilte‘ dann von Anfang an auf Spruch und Thätigkeit des Richters und der Urteiler eingeschränkt. *Die Glossierungen (sententia, juridicum; censura, cognitio, condition, decretum, defension, dijudicatio, divination, exemen) sind wohl alle im rechtssprachlichen Sinne zu verstehen*

Wahrspruch, richterliche Entscheidung, im Strafprozess wie in Zivilsachen; regelrechtes richterliches Verfahren und darauf beruhende Entscheidung

In der älteren germanischen Gerichtsverfassung war der Richter bloß der Fragesteller, der Vorsitzende, das Urtheil war die Antwort der Schöffen auf die ihnen vom Richter gestellte Frage. Die mit der Feststellung des Urtheils betrauten Personen waren die Uhrteilsfinder, -weiser. Von dem einzelnen Dinggenossen oder einem Ausschuss wurde ein Urtheilsvorschlag gemacht, der die Zustimmung der Dingleute finden musste. Der Eid erfordert von den Urtheilsfindern, dass sie nach ihrem besten Verständnisse sprechen sollten. Urteilssprecher, noch im 18. Jahrhundert erwähnt; *sie erschienen im Mantel, das Schwert an der Seite. Judex*, Richter, Schulheiß und Urtheiler.

Heute ist das Urtheil ‚ein durch vorgängige mündliche Verhandlung bedingtes, einen Streit erledigendes Erkenntnis' (Zivilprozessordnung) Synonym für Gerechtigkeit. Von literarischer, ästhetischer, wissenschaftlicher Kritik, von prüfender Beurtheilung menschlicher Verhältnisse.

Urtheil im philosophischen Sprachgebrauch, besonders im engern Sinne der Logik. 1) Man hat schon in Zusammensetzungen wie Urtheilskraft, wie sie das 17. Jahrhundert bietet, den genauen Sinn der Logik für das erste Glied der Zusammensetzung finden wollen. Im logischen Sinne bezeichnet es Schlüsse. Zusammensetzungen: Erkenntnis-, Geschmacks-, Grund-, Nach-, Tathsachen-, Werturteil.

Urtheilen. Am häufigsten synonym mit richten verbunden. Überhaupt an andern unberechtigte Kritik üben. Entsprechend im medizinischen und astrologischen Sprachgebrauch.

Urtheil und ebenso wie Urtheilen kann seine rechtssprachliche Bedeutung einbüßen und bezeichnet dann ein Meinen, das Hegen oder Aussprechen einer Ansicht, einer Überzeugung. Urteilen und Meinen fallen nicht ganz zusammen; in Urtheil ist fast immer etwas wie Ergebnis der Überlegung, eine Art Entscheidung vorhanden.

Ur-teil

1 (Rechtsw.) *Entscheidung des Richters im Prozess, Richterspruch* (Todes-); *Gutachten* (Sachverständigen-); *feste Meinung* (Wert-); <auch> *Urteilskraft, Urteilsfähigkeit* **2** das - der **Nachwelt**, der öffentlichen Meinung **3** ein - **abgeben**, fällen, das - **anfechten**, anerkennen, aufheben, bestätigen, sprechen, vollstrecken, vollziehen; sich über jdmd. od. etwas ein - **bilden**; ich **habe** darüber kein - *ich kann es nicht beurteilen*; er hat in diesen Dingen ein gutes - *kann diese D. richtig beurteilen*; ein - **revidieren**; jmdm. od. sich selbst sein - **sprechen 4** ein **abfälliges**, vernichtendes -; ein **gerechtes**, hartes, mildes, ungerechtes -; ein **fachmännisches**, nüchternes -; **5** etwas, nichts **auf** jmds. - geben; auf sein - kann man sich verlassen; **gegen** ein - Berufung einlegen (Rechtsw.); sie hielt **mit** ihrem - zurück; das - **über** diese Angelegenheit ist noch nicht gesprochen; ich bin schließlich **zu** dem - gekommen, dass ...; wir sind nicht zu verschiedenen -en gekommen

[<mhd., ahd. *urteil* „was man erteilt"; – Teil]

Quelle: Gerhard Wahrig: Deutsches Wörterbuch, Neuausgabe München 1986, S. 1346

Zusammengefasst: Das Wort „Urteil" stammt ursprünglich vom althochdeutschen Wort „urteili" ab, das soviel wie „erstrecken" bedeutet. Im Englischen meint *ordeal* „Gottesurteil". Hieran knüpft sich auch seine Verwendung in der juristischen Fachsprache: es bedeutet hier einen Wahrspruch, den der Richter erteilt.[12] Später wurde seine Bedeutung verallgemeinert. So lässt sich das Substantiv „Urteil" oder auch das Verb „urteilen" nach Wörterbuch und

Titelkupfer zum 1. Kapitel des Statuten- und Gesetzesbuches, Frankfurt 1558. Quelle: Das Recht in der politischen Bildung 1, Informationen zur politischen Bildung, Bonn 1972, 2

Duden[13] umschreiben als *prüfende, kritische Beurteilung* (durch einen Sachverständigen), als *abwägende Stellungnahme*, allgemein bezeichnet Urteil *jedes Aussprechen einer Ansicht über einen Gegenstand.* Nur in der Philosophie hat es eine eingeschränktere Bedeutung; Urteil meint hier: die in einen Satz gefasste Erkenntnis, urteilen meint: einen logischen Schluss ziehen und formulieren.

Wie urteilen *Schülerinnen und Schüler?* Nach einer Reihe von Erfahrungen in der Lehreraus- und -weiterbildung lässt sich feststellen, dass Schülerinnen und Schüler ständig explizit oder implizit urteilen, man denke nur an Urteile über Musik, Kleidung, Hobbys usw.

Bei sozialen und politischen Urteilen spielen folgende Kriterien, die meist unreflektiert verwendet werden, eine Rolle:[14]

- die eigenen individuellen Interessen (z.B. bringt eine politische Entscheidung mir Vor- oder Nachteile?)
- weitgehend abstrakte Werte (z.B. halte ich das Ergebnis für gut oder schlecht?)
- ideologische Versatzstücke (z.B. entspricht eine bestimmte Entscheidung meinem Weltbild?)
- Sympathien und Vertrauen (bzw. das Gegenteil) in Personen, die mit einer bestimmten Politik identifiziert werden (z.B. ist mir die Person, die eine bestimmte Politik vertritt, sympathisch, vertraue ich ihr oder ist sie mir unsympathisch und misstraue ich ihr?)
- die eigene subjektive Betroffenheit (habe ich etwas mit dem Problem zu tun? Ist es für mich wichtig oder nicht?)

Für Lernprozesse kann die soziologische Unterscheidung in *Vorurteile* und *Vorausurteile* wichtig sein, insofern Vorurteile, die als „kritikfest" und „einwandsimmun" gelten, nur schwer durch schulisches Lernen beeinflusst werden können, während sogenannte „Vorausurteile" als notwendiger Bestandteil des Umgang mit neuen Phänomenen noch so beweglich sind, dass sie durch neue Erfahrungen, Tatsachen und Erkenntnisse immer wieder problematisiert und in begründete Urteile weiterentwickelt werden können.

Im *Handbuch* zur politischen Bildung findet man unter dem Stichwort „Kritikfähigkeit, Urteils- und Bewusstseinsbildung“[15] sechs formale Kriterien der Rationalität politischer Urteilsbildung, wie sie Dieter Grosser 1977 formuliert hat:[16]

- Widerspruchsfreiheit der im Urteil enthaltenen Aussagen;
- Unterscheidung von Tatsachenbeschreibung, Wertung, Erklärung von Kausalzusammenhängen, Deutung (Interpretation);
- Berücksichtigung aller verfügbaren Fakten, Angabe von Informationsdefiziten und Ungewissheiten;
- Berücksichtigung der Komplexität politischer Prozesse und der Interdependenz politischer Erscheinungen; Zurückhaltung bei monokausalen Erklärungen;
- Berücksichtigung des historischen Zusammenhangs, in dem politische Ordnung, Probleme und Entscheidungen stehen;
- Berücksichtigung von Erfahrungen in Geschichte und Gegenwart mit vergleichbaren Ordnungen und Normen.

Sicherlich bilden diese Kriterien Hilfen etwa bei der Konstruktion und Bewertung von Klausuren in der Sekundarstufe II. Im weitgehend mündlichen Fach Sachunterricht in der Grundschule und im Fach Sozialkunde in der Sekundarstufe I können sie dem Lehrenden eine Orientierungshilfe sein. Für eine Bewertung und Einordnung von knappen Schüler-Statements sind sie aber nur begrenzt brauchbar.

Bisherige Erfahrungen in der universitären Lehrerausbildung haben ergeben, dass die in der fachdidaktischen Literatur gehandelten Modelle (Massing, Breit, Weinbrenner, Sander, Reinhardt, Sutor u.a.) allesamt die „kognitive Landkarte“ der zukünftigen Lehrerinnen und Lehrer erweitern und systematisieren können und dass diese Modelle – konkretisiert an aktuellen politischen Entscheidungsfällen – ihre Plausibilität erweisen können. Problematisch erscheint es allerdings, wenn der Versuch unternommen wird, diese Modelle bruchlos in Alltagsunterricht zu übertragen. Für diese Transformation fehlen zumindest bislang noch eine Reihe von vermittelnden Zwischengliedern. Erst wenn diese erforscht und systematisiert sind, liegen handhabbare Instrumentarien vor, um die schwierige Aufgabe der politischen Urteilsbildung im Unterricht zu unterstützen. Hierzu will das vorliegende Buch einen Mosaikstein beitragen.

An diesem Punkt setzen auch die *offenen Fragen* an, die Gotthard Breit im Tagungsband der Bundeszentrale[17] formuliert hat; sie betreffen die gesamte Breite der gegenwärtigen Diskussion auf diesem Feld:

- Wie kann ein Konsens über die Auswahl von Kriterien und Kategorien erzielt werden?
- Wie lässt sich ein einfaches, im Unterricht handhabbares Instrumentarium zur politischen Analyse und zur politischen Urteilsbildung entwickeln und erproben?
- Welche Kategorien/Kriterien sind – aus fachwissenschaftlicher und fachdidaktischer Sicht – unverzichtbar?

- Wie lässt sich die Komplexität politischer Zusammenhänge bewältigen?
- Wie lassen sich Prozesse der Urteilsbildung im Unterricht erforschen?

Da diese Fragen nicht abstrakt beantwortet werden können, schlagen wir in diesem Band einen anderen Weg vor, um sich möglichen Antworten zu nähern. Wir werden anhand von zwei Unterrichtsbeispielen zum Fall „Pinochet" empirisch den politischen Urteilen der Schülerinnen und Schülern nachgehen, um induktiv über die Dokumentation von Unterrichtssequenzen, die fachdidaktisch interpretiert und miteinander verglichen werden, zu verallgemeinerbaren Erkenntnissen über die „Architektur von politischen Urteilen" bei Schülerinnen und Schülern zu gelangen. Die *Auswahl des Fallbeispiels* begründet sich aus mehreren Überlegungen.

- Recht und Politik stehen grundsätzlich in einem wechselseitigen Verweisungszusammenhang: Recht bildet die Voraussetzung und das Ergebnis von Politik. Das bedeutet, dass Politik in einem rechtlichen Rahmen stattfindet, aber auch, dass politische Entscheidungen in neuem Recht münden. Dieser grundsätzliche Zusammenhang lässt sich am Fall Pinochet aufweisen.
- Der Fall Pinochet weist darüber hinaus auf die internationale Dimension der Politik hin: auf Menschenrechte, Völkerrecht, demokratische Kultur und Umgang mit Vergangenheit. In diesem Kontext wird nachvollziehbar, dass der Fall in unterschiedliche, eminent politische Fragen eingebunden ist.
- Außerdem kann der Fall als exemplarisch angesehen werden, insofern z.B. in den dokumentierten und analysierten Zeitungskommentaren auf die Konsequenzen für andere Diktatoren hingewiesen wird. Indirekt verdeutlicht der Fall die historische Dimension zumindest der Durchsetzbarkeit von Völkerrecht.
- Weiterhin konkretisiert sich politische Urteilsbildung immer an „Fällen", die in der Verallgemeinerung der Kriterien, der Strukturen und zeitgeschichtlichen Zusammenhänge zu Unterrichtsstrategien verdichtet werden können und so einen Transfer auf das Spektrum denkbarer politischer Fälle ermöglichen.
- Letztlich bietet der „Umweg" über einen „fremden" Fall Schülerinnen und Schülern die Möglichkeit, Betroffenheit und Distanz zu entwickeln, um grundlegende politische Kategorien zu erlernen, die ihnen auch bei „näherliegenden" Fällen hilfreich sein können.

Dokumentiert werden dabei zentrale Elemente der Unterrichtsplanung (Sachanalysen, Bausteine der Unterrichtseinheit) sowie das Transkript der beiden Sequenzen.

Erweitert wird diese empirische Ebene durch Beiträge, die politische Urteilsbildung auf zwei Ebenen bearbeiten: zum einen auf einer konzeptionellen Ebene, zum zweiten auf einer empirischen anhand der dokumentierten Unterrichtssequenzen.

Kerstin Pohl hat auf der Grundlage des Politikzyklus eine Sachanalyse erstellt, die den politischen Entscheidungsprozess unter rechtlichen und politischen Aspekten untersucht.

Auf der Grundlage eines internationalen Haftbefehls eines spanischen Ermittlungsrichters wird Pinochet am 16.10.1998 in London inhaftiert. Die rechtliche Auseinandersetzung führt zum Ergebnis, Pinochet dürfe ausgeliefert werden. Die endgültige Entscheidung über die Auslieferung Pinochets liegt danach beim britischen Innenminister Jack Straw, der auf Bitten der chilenischen Regierung ein medizinisches Gutachten über Pinochet anfertigen lässt. In diesem Gutachten kommen vier britische Ärzte zu dem Ergebnis, dass Pinochet nicht prozessfähig ist. Nach insgesamt fast eineinhalbjährigem Tauziehen lässt Straw den ehemaligen chilenischen Diktator schließlich unter Berufung auf humanitäre Gründe nach Chile zurückkehren.

Mark Arenhövel richtet den Fokus auf innerchilenische Verhältnisse. Er skizziert die Entwicklung von der Regierung Allende über den Militärputsch bis zur heutigen Situation unter der Fragestellung „umkämpfte Vergangenheit in Chile". Dabei stehen die Vergangenheitsbewältigung, der Umgang mit Menschenrechtsverletzungen und die Bedingungen der Demokratie in Südamerika[18] im Mittelpunkt seines Beitrages. Die kontroverse Vergangenheitspolitik reicht von Verdrängung über Blockaden bis zu Runden Tischen. Erst die aktuelle Entwicklung von der Verhaftung Pinochets in Großbritannien bis zur Aufhebung seiner Immunität in Chile hat diesen Fall auf die Agenda der Politik und Justiz gehoben. Die Situationsanalyse stützt sich dabei auch auf Meinungsbefragungen, die das innenpolitische Klima in Chile charakterisieren. Die Schlussfolgerungen sind selbst ein Beispiel politikwissenschaftlicher Urteilsbildung, indem sie die Chancen und Risiken realer Formen von Vergangenheitsbewältigung abwägen. Dabei wird zugleich deutlich, dass diese Analyse nicht auf den Fall Pinochet beschränkt bleibt, sondern auch auf andere Transformationen von einer Diktatur zur Demokratie übertragen werden kann.

Bernd Knittel, der den hier dokumentierten Unterricht geplant und durchgeführt hat, skizziert die Lernbiografien der beiden neunten Klassen an seiner Schule in Berlin-Charlottenburg (Schiller-Oberschule). Sie unterscheiden sich u.a. darin, dass in der einen Klasse verstärkt „kategorialer Politikunterricht" praktiziert wurde, so dass man der Frage nachgehen kann, ob und inwieweit dieser Ansatz Wirkung in der Argumentation der Schülerinnen und Schüler zeigt. Außerdem skizziert er den Aufbau der gesamten Unterrichtsreihe und dokumentiert wichtige Unterrichtsmaterialien der Sequenz.

Dann folgen die beiden Transkripte zu den ausgewählten *Unterrichtssequenzen*. Dabei wird der Versuch unternommen, jeweils eine Partitur darzustellen, die durch Fotos und Schülerplakate, aber auch durch Marginalien angereichert wird, die Anregungen für eine kategoriale Erschließung geben sollen (Die unbearbeiteten Transkripte befinden sich als PDF-Dateien auf der CD-ROM). Aus diesen Sequenzen werden dann die Statements von zwei Schülerinnen und einem Schüler als Schlüsselszenen ausgewählt und einer fachdidaktischen Detailanalyse unterzogen. Dadurch kann nicht nur der Lernprozess der Schülerinnen und Schüler transparent gemacht werden, auch die unterschiedliche Gewichtung von moralischen und politisch-rechtlichen Kriterien bei der individuellen Urteilsbildung wird erkennbar.

In einem zweiten kurzen Beitrag stellt *Bernd Knittel* die Ergebnisse der Auswertung dar, die er in der Klasse 9F durchgeführt hat. Im Sinne der Metakommunikation wird hier die Wirksamkeit des Unterrichts aus Schülerperspektive kommentiert.

Peter Massing geht in seinem Beitrag zunächst der Frage nach, wie „politisches Urteil" begrifflich gefasst werden kann, um auf dieser Grundlage ein eigenes Modell zur politischen Urteilsbildung zu entwickeln. In die Darstellung fließen Erfahrungen aus der studentischen Ausbildung ebenso ein wie aus Unterrichtserfahrungen. Er bestimmt Potentiale und Grenzen einer „kategorialen politischen Urteilsbildung" und zeichnet die Verwendung seines Diagnoseinstrumentariums anhand der beiden dokumentierten Unterrichtsstunden nach. Die Schnittstelle zwischen Modell und Schülerdiskussion eröffnet vielfältige Überschneidungen und Bezüge, macht aber auch Leerstellen auf beiden Seiten deutlich. Dabei bilden fachwissenschaftliche Überlegungen sowie die Perspektive der Lehrenden die Schwerpunkte seiner Argumentation.

Karin Kroll stellt den Fall „Pinochet" in den Kontext von Zivilisation und Machtmissbrauch. Wie kann die Auseinandersetzung mit Diktaturen und Diktatoren im Politikunterricht gelingen, ohne bei äußerlichem Moralisieren stehen zu bleiben? Verdichtet im Zitat von Carl Bonhoeffer „Nichts von dem, was wir im anderen verachten, ist uns selbst ganz fremd" werden Ambivalenzen und Unwägbarkeiten angesprochen, die bei der distanzierten Urteilsbildung der Schülerinnen und Schüler zu beachten sind. Die fachdidaktische Analyse der beiden Unterrichtsstunden legt das Schwergewicht dann auf geschlechtsspezifische Kommunikationsmuster und die Steuerung durch den Fachlehrer. Im Ergebnis heben sich „weibliche" Argumentationsmuster von „männlichen" ab, ohne dass eine dualistische Sicht vertreten wird. Es kommt vielmehr zu unterschiedlichen Gewichtungen von moralischen und rechtlichen bzw. politischen Kriterien, die unterschiedliche Denkstile nahelegen. Dabei wird deutlich, dass selbst das „ferne" Problem des Falles „Pinochet" unterschiedliche Betroffenheiten erzeugt, die das individuelle Urteil motivieren.

Die ausführlichen Wortprotokolle von *drei Interviews* bilden einen weiteren Schwerpunkt des Buches. Den Interviews liegt ein Leitfaden zugrunde, der vor allem auf folgende Fragen abhebt: zunächst entwickeln die Interviewten eine Vorstellung von „gutem" Politikunterricht, der durch bestimmte fachdidaktische Prinzipien und Ziele gekennzeichnet ist. Dann werden unterschiedliche Konzepte zur politischen Urteilsbildung thematisiert und in Erfahrungen mit Schülerinnen und Schülern, Referendarinnen und Referendaren sowie Lehrerinnen und Lehrern eingeordnet. Vor diesem Hintergrund entwickeln alle drei unterschiedliche Strategien zur Anbahnung von Urteilskompetenz, wobei auch spezifische Leerstellen in der Forschung bzw. der fachdidaktischen Diskussion deutlich werden.

Zunächst wird Bernd Knittel, Politiklehrer und Seminarleiter aus Berlin, zu seinen Erfahrungen und Strategien bei der politischen Urteilsbildung befragt. Dann folgt ein Interview mit Kurt Lach, ebenfalls Politiklehrer und Fachseminarleiter aus Berlin, der Hinweise auf die Chancen und Grenzen gibt, die der Politikunterricht im Feld der politischen Urteilsbildung besitzt. Im dritten Interview verdeutlicht Peter Massing, Politikwissenschaftler und Politikdidaktiker an der FU Berlin, den didaktischen Zusammenhang, in dem Modelle zur Urteilsbildung stehen; hierbei werden auch bestehende Forschungsdefizite konstruktiv weitergedacht. Im Vergleich der drei Interviews verdichten sich Konzepte zur politischen Urteilsbildung zu einem differenzierten und erfahrungsgesättigten Bild dessen, was Politikunterricht leisten kann.

Das nächste Kapitel thematisiert eine mögliche Unterrichtsstrategie: die Auseinandersetzung mit *professionellen Urteilen aus Tageszeitungen*. In vier ausgewählten Zeitungskommentaren, die alle am Tag nach der Abschiebung Pinochets aus Großbritannien erschienen sind, werden in Kurzanalysen Grundkategorien politischer Urteile ermittelt. Sie können bei der Anbahnung von Urteilskompetenz der Schülerinnen und Schüler als „Umweg“ zum eigenen Urteil verwendet werden. (In diesem Zusammenhang erfolgt auch die unkommentierte Dokumentation von zwei *Zeitungsreportagen* auf der CD-ROM: ein Artikel aus der spanischen Tageszeitung El País schildert aus der chilenischen Binnenperspektive die aktuelle Auseinandersetzung in Chile, ein zweiter aus der Badischen Zeitung kann zur Fallanalyse genutzt werden.) Zeitungsartikel stellen ein traditionelles Medium im Politikunterricht dar, wobei für die Urteilsbildung verschiedene Textsorten eingesetzt werden können: Kommentare ebenso wie Reportagen.[19]

Abgeschlossen wird der Band durch den Versuch, *fünf Unterrichtsstrategien* zur politischen Urteilsbildung zu entwerfen. Die erste wird als „Metakommunikation“ bezeichnet und zielt darauf ab, mit selbstproduziertem Material Reflexionsprozesse über eigene Urteile in Gang zu setzen und zu systematisieren. Als zweite kommt die Auseinandersetzung mit „professionellen Urteilen“ hinzu; an zwei „unkommentierten“ Kommentaren kann dies exemplarisch erprobt werden. Eine dritte Strategie besteht darin, mit Karikaturen dezidierte „Urteile“ von Zeichnern zu entschlüsseln und mit politischer Wirklichkeit zu konfrontieren. Die dargestellten Beispiele entstammen der internationalen Presse und bieten symbolträchtige Einstiege in den Lernprozess zum Fall „Pinochet“. Als vierte folgt die Makromethode „Planspiel“, die in unterschiedlichen Phasen Urteilsprozesse erforderlich macht. In einem Exkurs wird diese Strategie von Mirko Macke, Kerstin Pohl und Astrid Zeh (FU Berlin) in ein Entscheidungsspiel transformiert. Zur Verdeutlichung sind die Situationsbeschreibung und die Rollenkarten der politischen Akteure mit abgedruckt. Die Unterrichtsstrategien finden ihren Abschluss in der „Pro-Contra-Debatte“, einer Makromethode der politischen Bildung, die genuin auf Urteilskompetenz angelegt ist.

Alle Unterrichtsstrategien sind über Checklisten so weit konkretisiert, dass sie genügend Anregungspotential für eigene Umsetzungsversuche bieten. Ablaufraster und Beispiele unterstützen diese Absicht. Insgesamt orientieren sich die skizzierten Strategien zwar am dokumentierten Fall, sie gehen aber zugleich darüber hinaus und enthalten didaktische und methodische Vorschläge, wie der Prozess des Aufbaus von Urteilskompetenz in verschiedenen Politikfeldern und mit unterschiedlichen Makromethoden gestaltet werden kann.

In der vorliegenden Konzeption des Bandes lassen sich *Vernetzungen* aufzeigen, die den Zusammenhang von politikwissenschaftlichen Sachanalysen, fachdidaktischen Unterrichtsinterpretationen und methodisch variablen Unterrichtsstrategien verdeutlichen. Indem verschiedene Perspektiven des Falles „Pinochet" und unterschiedliche „Lesarten" des Unterrichts angeboten werden, kann sich die Leserin oder der Leser selbst ein eigenes Urteil bilden: sowohl über den Gegenstand als auch über den Unterricht.

Anmerkungen

[1] Die Frage nach einem aussagekräftigen Symbol wurde sowohl in mehreren Seminaren als auch über meine Homepage gestellt. Allerdings ohne Ergebnisse.

[2] Das Wort „Symbol" stammt vom griechischen Verb „symbállein" ab und bedeutet soviel wie zusammenwerfen oder vereinigen; vgl. Hilbert Meyer: UnterrichtsMethoden, Frankfurt/M. 1987, Bd. 1, 83-84.

[3] Dies lässt es plausibel erscheinen, das Symbol bereits in der Grundschule zu nutzen, um anschaulich über die Merkmale den Begriff des Urteilens einzuführen.

[4] Auch Darstellungen in sitzender Haltung, die eher an eine Gerichtsverhandlung erinnern, vermitteln diesen Eindruck.

[5] Justitia braucht auch kein Gesetzbuch, um die Fälle dort einzuordnen, sie selbst ist Recht, Gesetz und Gerechtigkeit.

[6] Das Spektrum an Sanktionen reicht vom Bußgeld für falsches Parken bis zur Todesspritze.

[7] Andere Darstellungen der Justitia stellen die Göttin mit einer Augenbinde dar. Die ausgewählte Statue der Justitia steht auf dem Frankfurter Römer.

[8] Für politische Urteilsbildung dürfte die Frage von Interesse sein, wie weit die Analogie zum juristischen bzw. zum philosophischen Urteil trägt, etwa: Lässt sich z.B. die Denkfigur des „logischen Schlusses" in der Philosophie auf politische Urteilsbildung übertragen? Sollte man begrifflich unterscheiden zwischen „juristischem Urteils*verfahren*" und „politischer Urteils*bildung*"?

[9] Vgl. Schriftenreihe der Bundeszentrale für politische Bildung, Bd. 344, Bonn 1997 bzw. die Verlagsausgabe im Wochenschau Verlag, Schwalbach/Ts. 1997.

[10] Terminus war eine altrömische Gottheit, die die Begriffe geformt und geschaffen hat. Ähnlich verhält es sich mit der Begriffsbildung in den Sozialwissenschaften.

[11] Quelle: Deutsches Wörterbuch, hrsg. von Jacob Grimm und Wilhelm Grimm, Elfter Band III. Abteilung, UN – UZVOGEL, Leipzig 1936, Spalte 2569-2590 (Sprache z.T. angepasst).

[12] Hinweis: Be-urteilen wird niemals im Zusammenhang mit einem gerichtlichen Urteil gebraucht.

[13] Quellen: Hermann Paul, Deutsches Wörterbuch, 9. Aufl. Tübingen 1992, S. 952; Duden. Deutsches Universalwörterbuch A – Z, 2. Aufl., Mannheim 1989.

[14] Vgl. Massing, Peter, in: Peter Massing/Georg Weißeno (Hrsg.): Politik als Kern der politischen Bildung, Opladen 1995, 216-217.

[15] Wolfgang Mickel, in: Wolfgang W. Mickel (Hrsg.): Handbuch zur politischen Bildung, Bonn 1999, 320-325.

[16] Dieter Grosser: Politische Bildung, München 1977, 59.

[17] Vgl. Gotthard Breit: Offene Fragen zur politischen Urteilsbildung, in: Peter Massing/Georg Weißeno (Hrsg.): Politische Urteilsbildung, Schwalbach/Ts. 1997, 132 ff.

[18] Vgl. Uta George/Mark Arenhövel (Hrsg.): Lateinamerika: Kontinent vor dem Morgengrauen. Nachdenken über ein schwieriges Verhältnis Lateinamerika und Deutschland, Münster 1992; vgl. Mark Arenhövel: Transition und Konsolidierung in Spanien und Chile. Strategien der Demokratisierung (Diss. Gießen 1997), Gießen 1998.

[19] In der Unterrichtssequenz in beiden Klassen wurden ebenfalls Zeitungsartikel zugrunde gelegt; deren spezifische Reichweite und didaktisches Potential kann an den beiden Texten ermittelt werden; vgl. dazu die Unterrichtsplanung von Bernd Knittel in diesem Band.

Kerstin Pohl

Der Fall Pinochet – Sachanalyse des politischen Prozesses[1]

1. Vorbemerkung: Analysemethode und Gliederung des Textes

Die Einarbeitung in einen politischen Sachverhalt ist eine zentrale Voraussetzung der Planung von Politikunterricht. Hier soll ein Überblick über den „Fall Pinochet" erarbeitet werden, der sich umfassend der politischen und rechtlichen Auseinandersetzung während Pinochets Inhaftierung in Großbritannien widmet.

Die Darstellung geht inhaltlich über das hinaus, was in den beiden aufgezeichneten Unterrichtsstunden behandelt wurde. Es handelt sich in diesem Sinne um eine „vorpädagogische Sachanalyse" (Massing 1995, 92), die bei der Unterrichtsplanung vor der Entscheidung für ein konkretes Unterrichtsthema steht. Der Sinn einer vorpädagogischen Sachanalyse besteht darin, sich bei der Unterrichtsplanung als Lehrerin oder Lehrer zunächst selbst einen Überblick über alle relevanten Aspekte des Falles zu verschaffen. Anschließend kann dann für den Unterricht eine fachsystematisch begründete Auswahl der relevanten Aspekte des Falles getroffen werden.[2]

Die Sachanalyse zum „Fall Pinochet" bezieht sich auf die Auseinandersetzungen um die Auslieferung des früheren chilenischen Diktators Pinochet von Großbritannien nach Spanien. Sie konzentriert sich also auf den Zeitraum nach seiner Verhaftung in London am 16.10.1998 bis zur Rückkehr Pinochets nach Chile am 2.3.2000. Auf den chilenischen Militärputsch von 1973, mit dem General Augusto Pinochet an die Macht kam, und die Menschenrechtsverletzungen in den 17 Jahren seiner Amtszeit wird hier nur vorab kurz eingegangen. Die Ereignisse seit Pinochets Rückkehr nach Chile sind im Text von Mark Arenhövel in diesem Band dargestellt.

Als Analyseinstrument für die Sachanalyse dient der „Politikzyklus". Der Politikzyklus ist ein Arbeitsbegriff, der ursprünglich aus der Policy-Forschung stammt und Politik als eine zyklische Kette der Problembewältigung beschreibt. Hierbei werden verschiedene Phasen unterschieden.[3] Seit einiger Zeit wird der Politikzyklus von verschiedenen Politikdidaktikern zur Erarbeitung einer strukturierten Sachanalyse bei der Unterrichtsvorbereitung vorgeschlagen (vgl. Massing 1995, 83 ff., Ackermann 1995, 33 f.). Die Phasen des Politikzyklus werden hier meist vereinfacht als „Problem" – „Auseinandersetzung" – „Entscheidung" – „Bewertung und Reaktionen" sowie „Neue Probleme" bezeichnet. Den Phasen lassen sich dann jeweils Schlüsselfragen zuordnen, die für die Sachanalyse geklärt werden sollten, wie beispielsweise: „Worin besteht das Problem und welche Aufgabe hat die Politik zu lösen?“ oder „Wie verläuft die Auseinandersetzung?“ (Massing 1995, 93 ff.).

Politikzyklus

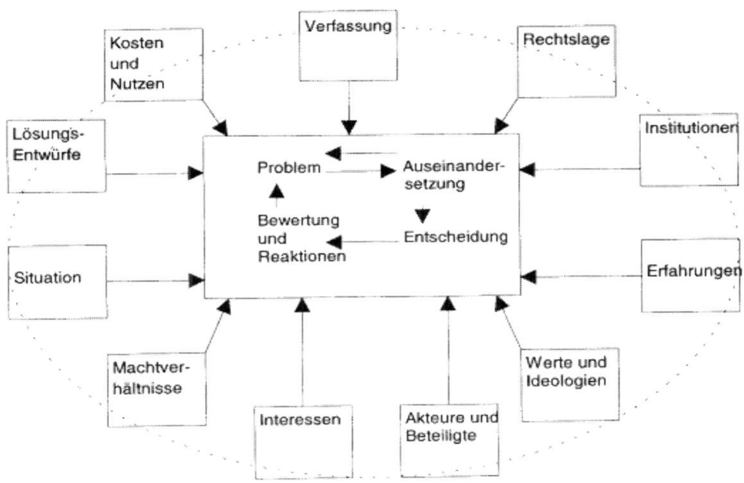

Die Phasen werden dann noch durch weitere Kategorien ergänzt, die an einer oder mehreren Stellen des Politikprozesses relevant sind, wie „Verfassung“, „Rechtslage“, „Institutionen“, „Erfahrungen“, „Werte und Ideologien“, „Akteure und Beteiligte“, „Interessen“, „Machtverhältnisse“, „Situation“, „Lösungsentwürfe“ sowie „Kosten und Nutzen“ (ebd. 87). Auch aus diesen „Einflusskategorien“ lassen sich Schlüsselfragen ableiten, wie „Was sind die rechtlichen Rahmenbedingungen?“ oder „Welche Interessen haben die Akteure und welche Ziele verfolgen sie?“ (ebd. 93 ff.).

In dieser Form bildet der Politikzyklus ein heuristisches Instrumentarium, mit dessen Hilfe sich politische Probleme analysieren und strukturieren lassen. Die systematische Einarbeitung in ein Thema zur fachlichen Vorbereitung des Unterrichts wird so erleichtert; zudem bildet eine solche systematische Problemerarbeitung „ein Korrektiv gegen mögliche Einseitigkeiten im Unterricht, gegen die unbewußte ‚Vorwegbestimmtheit des Inhalts‘ (Gagel)“ (Ackermann 1995, 61).

Bei der anschließenden Auswahl der konkreten Unterrichtsinhalte kann der Politikzyklus dann darüber hinaus dazu dienen, diese Inhalte zu strukturieren.

Im Fall Pinochet verlief die internationale politische Auseinandersetzung seit der Verhaftung Pinochets am 16.10.1998 parallel zu einer juristischen Auseinandersetzung. Diese wurde durch den internationalen Haftbefehl des spanischen Untersuchungsrichters Baltasar Garzón ausgelöst, spielte sich aber anschließend fast ausschließlich in Großbritannien ab. Der Rechtsstreit endete schließlich am 8.10.1999 mit dem positiven Abschluss des Auslieferungsverfahrens vor dem zuständigen Gericht, dem Bow Street-Magistrate. Der britische Innenminister Jack Straw hätte zwar an jeder Stelle des juristischen Verfahrens politisch intervenieren können, der Verlauf der Gerichtsverfahren nahm jedoch weitgehend ohne politische Einflussnahme seinen Gang. Nicht nur Straw, sondern auch alle anderen beteiligten nationalen und internationalen Akteure verhielten sich – zumindest in der Öffentlichkeit – zurückhaltend und erklärten, erst das Ende des Rechtsprozesses abwarten zu wollen. Da die Rechtslage und die rechtliche Auseinandersetzung wichtige Rahmenbedingungen für die politische Auseinandersetzung darstellen, soll hier darauf relativ ausführlich eingegangen werden.[4]

In der Sachanalyse wird zunächst die historische Ausgangssituation in Chile skizziert (2). Es folgt eine Darstellung der relevanten Rechtsgrundlagen zum internationalen Menschenrechtsschutz (3) sowie der gerichtlichen Auseinandersetzung (4). Im anschließenden Kapitel wird dann die öffentliche politische Auseinandersetzung, die vor allem nach der rechtlichen Entscheidung stattfand, mit Hilfe des Politikzyklus genauer analysiert (5).

2. Vorgeschichte: Amtszeit Allendes, Putsch und Amtszeit Pinochets

Inmitten zahlreicher Militärdiktaturen in Südamerika galt Chile bis zum Beginn der 70er-Jahre als stabile Demokratie. Am 4. September 1970 siegte der Kandidat der sozialistischen Partei, Salvador Allende, mit seinem linken Volksfront-Bündnis mit knappem Vorsprung bei den chilenischen Wahlen. Eine Sensation war perfekt. Erstmals war bei demokratischen Wahlen ein Kandidat gewählt worden, der sich selbst als Marxist bezeichnete – und dies zu Zeiten des Kalten Krieges. Am 4.11.1970 ernannte das chilenische Parlament den Wahlsieger Allende zum Präsidenten.

60 Prozent der chilenischen Bevölkerung lebten damals in Armut. Die Anhänger Allendes in Chile und auf der ganzen Welt setzten große Hoffnung in seine angekündigten Reformen. Die Ausgangslage für Allende war denkbar schlecht: eine hohe Inflations- und Arbeitslosenrate und eine gravierende Wohnungsnot waren das Erbe der bürgerlichen Vorgängerregierung. Nach der Wahl setzte zudem sehr schnell eine Kapitalflucht ins Ausland ein. Allende reagierte mit einer dirigistischen Wirtschaftspolitik und kündigte an, zentrale Wirtschaftssektoren zu verstaatlichen (SZ 19/20.12.70). Nach einem Jahr hatte er die wichtige Kupferproduktion und andere Rohstoffbranchen sowie die Banken verstaatlicht und kontrollierte Import und Export. Die Großgrundbesitzer wurden sukzessive enteignet.

Außenpolitisch hatte Allende diplomatische Beziehungen zu Kuba aufgenommen und Kontakte zu anderen sozialistischen Staaten geknüpft. Das Heer stand geschlossen hinter ihm, die Lage war scheinbar stabil (FR 3.11.71, SZ 15.1.72).

Zu Beginn seines zweiten Amtsjahres nahmen jedoch die innenpolitischen Spannungen immer mehr zu. Im August kam es zu einem Boykott von 150.000 Ladenbesitzern und im Oktober streikten die Fuhrunternehmer. Es folgten Unruhen und Zusammenstöße mit rechten Schlägertrupps im gesamten Land (SZ 23.8.72). Am 3.11.72 nahm Allende die drei obersten Militärs, die Befehlshaber von Heer, Marine und Luftwaffe, in sein Kabinett auf. Dies galt weithin als gelungener Schachzug, um seine Position gegenüber der Opposition zu stärken (TSP 10.11.72). Bei der Parlamentswahl am 4.3.1973 erhielt die linke Volksfront trotz der immer schlechter werdenden wirtschaftlichen Situation noch 43,9 Prozent der Stimmen. Das Kabinett trat dennoch zurück, in der am 27.3. vereidigten neuen Regierung waren die Militärs nicht mehr vertreten. Die innenpolitische Lage spitzte sich immer weiter zu. Neue Boykottwellen lähmten das Land, die Grundnahrungsmittel wurden immer knapper und die Geschäfte hielten die Waren zurück. Auch die Exekutive wurde immer instabiler – am 28.8. bildete Allende bereits das 7. Kabinett. Die Tatsache, dass jetzt nur noch Offiziere, nicht mehr die Oberbefehlshaber im Kabinett saßen, verdeutlichte die nachlassende Loyalität des Militärs gegenüber der Regierung Allende.

Am 11.9.1973 putscht dann das chilenische Militär in Valparaíso und Santiago. Die Putschisten stellen Allende ein Ultimatum, aber er gibt nicht auf. Der Präsidentenpalast wird mit zahlreichen Flugzeugen bombardiert und schließlich gestürmt. Beim Putsch kommen über 200 Menschen ums Leben, über 5.000 werden verhaftet. Am Spätnachmittag finden Journalisten, die den Präsidentenpalast betreten dürfen, die Leiche Salvador Allendes mit einer Kugel im Kopf (FAZ 12.9.73, Die Welt 13.9.73). Ob es Mord oder Selbstmord war, ist bis heute umstritten. Die Militärjunta aus den Oberkommandierenden der drei Waffengattungen und dem Polizeichef übernimmt die Regierungsgeschäfte. Am 13.9.1973 wird die neue Regierung unter dem Vorsitz des Oberkommandierenden des Heeres, General Augusto Pinochet, vereidigt.

Pinochet selbst argumentiert noch heute, er habe durch diesen Putsch Chile vor einem Bürgerkrieg gerettet und vor einer Abhängigkeit von der Sowjetunion bewahrt (SZ 14.12.98). Als diktatorischer Herrscher verband Pinochet eine liberale Wachstumspolitik mit einer gnadenlosen Verfolgung seiner politischen Gegner und einer rigorosen politischen Unterdrückung. Vor allem der wirtschaftliche Aufschwung während seiner Amtszeit brachte ihm Unterstützung bei großen Teilen der Bevölkerung ein. Die andere Seite seiner Diktatur bestand in mindestens 3.200 Toten, weit über 100.000 Gefolterten und über 300.000 ins Exil geflüchteten Regimegegnern.

Pinochet war sich der Unterstützung der Bevölkerung so sicher, dass er seine Herrschaft 1988 durch ein Referendum vom Volk bestätigen lassen wollte. Als jedoch nur 40 Prozent der Chilenen für ihn stimmten, wollte er sich dem Ergebnis zunächst nicht beugen und seine Macht durch den Einsatz des Militärs erhalten. Als die Militärführung jedoch den Einsatz der Truppen verweigerte, stimmte Pinochet Verhandlungen mit der Opposition zu (SZ 10.9.98). Im März 1990 wurde schließlich der Christdemokrat Patricio Aylwin neuer Präsident Chiles. Pinochet blieb jedoch auch für die Zeit nach seiner Herrschaft Oberkommandierender der Armee. Von diesem Amt konnte ihn qua Verfassung noch nicht einmal der Präsident absetzen. Er behielt das Oberkommando bis zum 10. März 1998 und nutzte es dazu, sich von hier aus weiterhin aktiv in die Politik einzumischen. Zudem hatte Pinochet noch während seiner Diktatur dafür gesorgt, dass er für seine Taten strafrechtlich nicht belangt werden konnte: die von ihm geprägte chilenische Verfassung von 1980 macht ehemalige Präsidenten zu Senatoren auf Lebenszeit und gewährt ihnen somit Immunität auf Lebenszeit.

3. Die internationale Menschenrechtslage beim Fall Pinochet

Augusto Pinochet werden unterschiedliche Verbrechen zur Last gelegt. Der Hauptvorwurf lautet, dass Pinochet während seiner Amtszeit die Folter von mehr als 100.000 Regimegegnern veranlasst haben soll. Schon Art. 5 der Allgemeinen Erklärung der Menschenrechte vom 10.12.1948 verbietet die Folter: „Niemand darf der Folter oder grausamer, unmenschlicher oder erniedrigender Behandlung oder Strafe unterworfen werden." (zitiert nach: Menschenrechte 1999, 54)

Die Menschenrechtserklärung galt lange als politisch bedeutsame, rechtlich jedoch unverbindliche Deklaration. Neuerdings wird sie zunehmend auch als rechtsverbindliches Völkergewohnheitsrecht verstanden (Riedel 1999, 15). Trotzdem sehen die meisten Juristen in der Allgemeinen Erklärung der Menschenrechte kein ausreichendes Instrumentarium, um das speziellere und daher Vorrang genießende Recht auf Immunität einzuschränken.

Im Fall Pinochet ist vor allem die UN-Folterkonvention relevant. Sie wurde am 10.12.1984 verabschiedet und trat am 26.6.1987 nach der Ratifizierung durch 20 Staaten in Kraft. Chile ratifizierte sie am 30. Oktober 1988, Großbritannien am 8.12.1988. Artikel 1 Abs. 1 der UN-Folterkonvention lautet:

„Im Sinne dieses Übereinkommens bezeichnet der Ausdruck ‚Folter' jede Handlung, durch die einer Person vorsätzlich große körperliche oder seelische Schmerzen oder Leiden zugefügt werden ..., wenn diese Schmerzen oder Leiden von einem Angehörigen des öffentlichen Dienstes oder einer anderen in amtlicher Eigenschaft handelnden Person, auf deren Veranlassung oder mit deren ausdrücklichem oder stillschweigendem Einverständnis verursacht werden." (Übereinkommen gegen Folter und andere grausame, unmenschliche oder erniedrigende Behandlung oder Strafe, BGBl. 1990 II 246, zitiert nach: Menschenrechte 1999, 138)

Im Gegensatz zur Allgemeinen Erklärung der Menschenrechte ist die UN-Folterkonvention zudem ein rechtsverbindlicher Staatsvertrag. In Großbritannien besitzen internationale Abkommen zwar für die innerbritische Rechtsprechung nicht unmittelbar Gültigkeit, es war aber schon zuvor, am 29. September 1988, der Criminal Justice Act 1988 verabschiedet worden, der in § 134 Abs. 1 Folter in Drittländern als Verstoß gegen britisches Recht kennzeichnet.[5]

Die Formulierung in Artikel 1 Abs. 1 der Folterkonvention „wenn diese Schmerzen oder Leiden von einem Angehörigen des öffentlichen Dienstes ... verursacht werden" legt nahe, dass auch Staatsoberhäupter im Falle von Folter keine Immunität beanspruchen können, erklärt dies jedoch nicht ausdrücklich.

Erst das Statut für den Internationalen Strafgerichtshof, das am 17.7.1998 in Rom verabschiedet wurde, erklärt in Artikel 27 explizit, dass Immunität nicht vor Strafverfolgung schützt:

„1. Dieses Statut soll Anwendung finden auf alle Personen ohne jede Berücksichtigung öffentlicher Ämter. Insbesondere das öffentliche Amt als Staatsoberhaupt oder Regierungschef, als Mitglied einer Regierung oder eines Parlamentes, als gewählter Vertreter des Volkes oder Regierungsvertreter soll eine Person in keinem Fall aus ihrer strafrechtlichen Verantwortung im Rahmen dieses Status entlassen oder einen Grund zur Reduzierung der Strafe darstellen.
2. Immunität oder spezielle Verfahrensregeln im nationalen oder internationalen Recht, die mit dem öffentlichen Amt einer Person einhergehen, sollen das Gericht nicht davon abhalten, über eine solche Person Recht zu sprechen."[6]

Da bisher aber noch nicht die erforderlichen 60 Staaten das Statut ratifiziert haben, konnte es noch nicht in Kraft treten.

4. Die rechtlichen Auseinandersetzungen um den Fall Pinochet seit dem 16.10.1998

Seit 1996 ermittelt der spanische Ermittlungsrichter Baltasar Garzón nach Strafanzeigen von noch lebenden Pinochet-Opfern gegen den früheren chilenischen Diktator. Garzón sammelte rund 4.000 Mordfälle, die er Pinochet anlastet. Die Vorwürfe, die er erhebt, lauten Völkermord, Terrorismus, Folter und Entführung von Regierungsgegnern (taz 29.7.97). Auf der Grundlage des neuen spanischen Strafgesetzbuches von 1995, nach dem Verbrechen gegen die Menschlichkeit nicht verjähren und weltweit verfolgt werden können, erwirkt Garzón schließlich am 16.10.1998 einen internationalen Haftbefehl.

Pinochet hält sich zu diesem Zeitpunkt bereits seit einigen Wochen mit seiner Frau und seinen zwei Töchtern in London auf, um sich einer Bandscheibenoperation zu unterziehen. Er wird noch am 17.10.1998 auf Veranlassung des Innenministeriums durch Scotland Yard verhaftet und bleibt zunächst unter Bewachung in einer Privatklinik.

Pinochets Anwälte legen umgehend beim High Court Einspruch gegen die Verhaftung ein. Dieser urteilt daraufhin am 28. Oktober 1998, dass Pinochet aufgrund seines Diplomatenpasses Immunität genießt und nicht ausgeliefert werden darf. Wegen der Brisanz des Falles läßt der High Court aber eine Berufung beim obersten britischen Gericht, dem „Appellate Committee“ des House of Lords durch den „Crown Prosecution Service“ (britische Staatsanwaltschaft) zu (SZ 30.10.98). Pinochet bleibt daraufhin unter Hausarrest.

Chiles Präsident Eduardo Frei protestiert offiziell gegen den Arrest und verlangt, Pinochet ausreisen zu lassen. Er argumentiert, Pinochet verfüge über einen Diplomatenpass und stehe damit unter Immunität. Die britische Regierung weist Freis Protest zurück mit der Begründung, dass nur Diplomaten, die in London akkreditiert sind, Immunität genießen. Chile argumentiert daraufhin, Pinochet habe nicht nur einen Diplomatenpass besessen, der lediglich innerstaatliche Wirkung hat, sondern sei darüber hinaus auf einer Spezialmission in England, die auch mit der Regierung abgesprochen worden sei. Pinochet sei Mitglied des Verteidigungsausschusses und auf Einladung der britischen Waffenfirma Royal Ordnance in London. Die britische Regierung beharrt jedoch auf ihrem Standpunkt, der Hauptgrund für Pinochets Besuch sei lediglich ein Arztbesuch gewesen (vgl. Stuby 1999).

Zu diesem Zeitpunkt kündigen auch schon einige andere europäische Staaten an, dass sie eigene Auslieferungsgesuche vorlegen wollen, allen voran die Schweiz, Schweden und Frankreich (FAZ 28.10.98).

Am 6.11.1998 folgt dann das formelle Auslieferungsgesuch Spaniens an London. In dem 300-seitigen Text heißt es u.a., Pinochet werde „wegen des Verbrechens des Genozids und des internationalen Terrorismus“ gesucht. Eine große nationale Gruppe sei durch Mord, Folter und Terror völlig zerstört worden, systematisch habe Pinochet die Führer demokratischer Gruppen und kultureller Institutionen „verschwinden“ lassen (Auslieferungsgesuch Garzóns vom 3.11.1998, zitiert nach Kleine-Brockhoff 1998).

Das Urteil des High Court, dass Pinochet Immunität genießt, wird am 25.11.1998 vom Lordgericht wieder aufgehoben. Das Gericht entscheidet mit drei gegen zwei Stimmen, dass Immunität nur für solche Taten gewährt werden dürfe, die jemand in seiner Funktion als Staatsoberhaupt begeht, nicht aber für Verbrechen wie Folter, die keine Regierungsfunktionen sein könnten (vgl. Stanley 1999).

Nachdem Pinochets Einspruch gegen die Auslieferung also scheinbar gescheitert ist, liegt die endgültige Entscheidung bei Jack Straw. Der genehmigt die Einleitung des Auslieferungsverfahrens bei dem zuständigen Gericht, dem Bow Street Magistrate. Die langwierigen Verhandlungen beginnen mit dem ersten Auftritt Pinochets vor einem Auslieferungsrichter am 11.12.1998 im Hochsicherheitstrakt der modernen Gerichts- und Gefängnisfestung Belmarsh im Süden Londons (FAZ 11.12.98).

Die Anwälte Pinochets legen dann aber Einspruch gegen das Urteil der Lordrichter ein, weil sie einen Richter für „befangen“ halten: Lord Hoffmann war lange Direktor einer Wohltätigkeitsorganisation der Menschenrechtsorganisation Amnesty International, die im Verfahren als Nebenkläger zugelassen war. Hoffmann hatte seine Tätigkeit während des Prozesses nicht offengelegt, was nach der Argumentation der Anwälte Pinochets dazu geführt habe, dass sie nicht von ihrem Recht auf Ablehnung eines Richters im Vorfeld des Prozesses Gebrauch machen konnten. Am 15.1.1999 wird das Urteil vom Appellate Committee selbst wieder annulliert. Ein neues Verfahren mit einer siebenköpfigen Richterriege, aus der keiner dem ersten Gremium angehörte, wird eingeleitet.

Zu diesem Zeitpunkt erfolgte die Unterrichtsaufzeichnung.

Die Auslieferung Pinochets an Spanien bestätigte am 24.3.1999 auch das neu konstituierte Appellate Committee.[7] Im Gegensatz zum ersten Urteil erkannte dieser Richterspruch aber ausschließlich die Anklage wegen solcher Fälle von Folter an, die nach der Ratifizierung der UN-Folterkonvention durch Großbritannien am 8.12.1988 begangen wurden.

Das Gericht hatte zwei Entscheidungen zu treffen. Zum einen musste es darüber urteilen, ob Pinochet als Ex-Staatsoberhaupt Immunität besitzt oder nicht. Die Mehrheit der Richter vertrat hier die Ansicht, dass er wie auch Ex-Diplomaten nur Immunität „ratione materiae“ besitze und nicht mehr wie amtierende Staatschefs „ratione personae“. Das heißt, Pinochet kann nicht mehr für alles, was er getan hat, Immunität beanspruchen, sondern nur noch für die Tätigkeiten, die er in seiner Funktion als Staatsoberhaupt ausgeübt hat. Die Richter argumentierten weiter, da auch Chile die Folterkonvention ratifiziert habe, könne Pinochet sich nicht darauf berufen, die Folter sei eine Amtshandlung gewesen und daraus folge, dass er für die Folterhandlungen keine Immunität genieße. Daneben mussten die Richter entscheiden, ob Folter in Drittländern in England überhaupt einen Rechtsverstoß darstellt. Hier entschied die Mehrheit der Richter, dies sei seit der Ratifizierung der Folterkonvention durch England am 8.12.1988 der Fall.[8]

Nach dem erneuten Urteil des Lordgerichts genehmigte Jack Straw am 15. April 1999 wiederum das Auslieferungsverfahren vor dem Bow Street-Magistratsgericht. Das Verfahren begann am 27.9.1999 und wurde am 8.10.1999 abgeschlossen. Der Auslieferung Pinochets stand nun juristisch nichts mehr im Wege.

5. Die politische Auseinandersetzung und das Dilemma Jack Straws

5.1 Das Problem

Der britische Innenminister Jack Straw hatte an jeder Stelle des juristischen Verfahrens die Möglichkeit, politisch zu intervenieren. Er hielt sich jedoch wie alle anderen politischen Akteure zurück und ließ das Verfahren seinen Lauf nehmen. Nachdem der High Court die Auslieferung schließlich genehmigt hat und somit die rechtliche Situation geklärt ist, liegt die Entscheidung, ob Pinochet ausgeliefert werden soll, dann allein bei Jack Straw.

Schwierig ist in dieser Situation vor allem, dass nationale und internationale Akteure eine Vielzahl sehr unterschiedlicher Interessen und Werte geltend machen und dass die politischen Konsequenzen der Entscheidung nicht abzusehen sind. Im Vordergrund stehen dabei die möglichen Auswirkungen auf die Situation in Chile. Der Annahme, der Prozess in Spanien bringe endlich den notwendigen internationalen Anstoß zur Aufarbeitung der chilenischen Vergangenheit, steht hier die Warnung vor einer Destabilisierung der chilenischen Demokratie gegenüber.

Zusätzliche Intensität gewinnt das Problem durch den Präzedenzcharakter des Falles Pinochet. In der „Zeit" beschreibt Jürgen Krönig das Dilemma Jack Straws schon im Dezember 1998, als dieser entscheiden musste, ob er dem Londoner Bow Street-Magistratsgericht die Weisung erteilt, mit dem Auslieferungsverfahren gegen Pinochet zu beginnen: „Straw muss stellvertretend für die politischen Eliten aller westlichen Länder die Frage beantworten, wie es westliche Demokratien mit pensionierten Diktatoren halten, die für Folter, Mord und Unterdrückung in ihrem Heimatland verantwortlich waren" (Krönig 1998).

Zur Rechtslage

Nicht zuletzt steht bei der Entscheidung über die Freilassung Pinochets auch das internationale Rechtssystem auf dem Prüfstand. Wenn das nach langem Tauziehen gefällte Urteil des britischen Appellate Committee in einer politischen Entscheidung relativ problemlos wieder aufgehoben werden kann, stellt sich die Frage nach der Qualität und nach der Effektivität internationaler Verträge und Gesetze.

Zum Dilemma Jack Straws

Für Jack Straw selbst stellt sich nicht nur das Problem nicht vorhersehbarer Konsequenzen seiner Entscheidung, sondern er muss neben seinen persönlichen Interessen und Wertvorstellungen natürlich auch die moralischen, politischen und wirtschaftlichen Argumente der anderen Akteure berücksichtigen. Als Politiker muss er zum einen die internationale

Stellung Großbritanniens und speziell seiner eigenen Regierung im Blick haben und ist zum anderen auf die Meinung der innerbritischen Öffentlichkeit angewiesen.

Zu den persönlichen Erfahrungen und Werten Jack Straws

Jack Straw selbst hatte als Studentenführer in den 70ern gegen den Putsch und die Diktatur in Chile protestiert. Heute gilt er als Mitstreiter Blairs und als Verfechter des Dritten Weges und man kann ihn als Realpolitiker bezeichnen. Trotzdem hat Straw immer wieder auch für eine „Remoralisierung" von Politik und Gesellschaft plädiert und wird jetzt von den Pinochet-Gegnern dafür in die Pflicht genommen (vgl. ebd.).

5.2 Die Auseinandersetzung

Zunächst bittet Chile knapp eine Woche nach dem Ende des Auslieferungsverfahrens am 14.10.1999 die britische Regierung um eine medizinische Untersuchung Pinochets. Am 5.1.2000 wird Pinochet schließlich über sieben Stunden lang durch ein Ärzteteam von vier britischen Ärzten untersucht. Die zwei Neurologen und zwei Gerontologen kommen zu dem Ergebnis, dass Pinochet nicht prozessfähig ist. Menschenrechtsorganisationen und ausländische Regierungen protestieren gegen die Geheimhaltung des Gutachtens. Vor allem Amnesty International zweifelt an der Unabhängigkeit der Untersuchung. Am 11.1.2000 teilt Jack Straw schließlich unter Berufung auf das Gutachten mit, Pinochet könne den Prozess nicht durchstehen und er sei geneigt, ihn freizulassen (TSP 13.1.2000). Sechs Menschenrechtsorganisationen und die belgische Regierung reichen dagegen eine Klage beim High Court ein. Am 31.1.2000 entscheidet dieser jedoch, die Einsprüche gegen die Rückkehr Pinochets nicht zur Entscheidung zuzulassen (Die Welt 1.2.2000). Die Kläger fordern daraufhin ein medizinisches Gegengutachten und die Veröffentlichung des bisher geheimgehaltenen Gutachtens; die belgische Regierung kündigt eine Berufung an. Am 15.2.2000 entscheidet der High Court schließlich, dass Jack Straw den Ländern, die die Auslieferung beantragt haben, Einsicht in das medizinische Gutachten gewähren muss. Nach Einsicht in das Gutachten erklären alle vier Länder, die bis dahin die Auslieferung beantragt haben, dieses reiche nicht aus, um Pinochet freizulassen (SZ Online-Nachrichten, 3.3.2000).

Werte

Auf der Ebene der Werte steht bei der politischen Auseinandersetzung auf der einen Seite die Gerechtigkeit für die noch lebenden Opfer sowie die Angehörigen ermordeter Chilenen und Ausländer. Auch die moralische Glaubwürdigkeit westlicher Staaten, die in anderen Konflikten unter Berufung auf die Menschenrechte sogar mit militärischen Interventionen in die Souveränität anderer Staaten eingreifen, steht auf dem Spiel. Auf der anderen Seite ist Pinochet ein alter Mann, dem im medizinischen Gutachten die Prozessunfähigkeit bescheinigt wird, weil er dem Prozess nicht mehr folgen und sich nicht mehr adäquat verteidigen könne. Eine Freilassung scheint somit nicht nur aus humanitären Gründen geboten, sondern würde dem rechtsstaatlichen Prinzip, nach dem jeder Angeklagte Anspruch auf einen fairen Prozess hat, entsprechen.

Interessen

Neben den Interessen der Opfer- und Menschenrechtsverbände beeinflussen verschiedene wirtschaftliche und politische Interessen die Auseinandersetzung. Wirtschaftsvertreter warnen vor einer Verschlechterung der wirtschaftlichen Beziehungen zu Chile und vor Konsequenzen für die britische Wirtschaft und den Arbeitsmarkt. Sehr unterschiedliche *politische* Interessen formulieren diverse chilenische Akteure, Regierung und Justiz in Spanien, die europäischen Nachbarn, die die Auslieferung Pinochets fordern, sowie verschiedene innerbritische Akteure. Diese Interessen werden im Einzelnen im Zusammenhang mit den jeweiligen Akteuren dargestellt. Dabei wird auch das Verhalten der Akteure begleitend zur rechtlichen Auseinandersetzung berücksichtigt, da sie auch hier schon ihre Interessen artikuliert hatten.

Die beteiligten Akteure

In ***Großbritannien*** gibt es in der Auseinandersetzung im Wesentlichen zwei Lager: Straws Parteifreunde von der *Labour-Partei*, sowohl „Old-“ als auch „New-Labour“-Politiker, sind fast ausnahmslos dafür, Pinochet nach Spanien auszuliefern. Zum Teil mit einem ähnlichen persönlichen Hintergrund wie Straw selbst, sehen sie in der gegenwärtigen Situation die Möglichkeit, den Diktator endlich zur Rechenschaft zu ziehen. Die *Konservativen* dagegen, unterstützt durch viele *Industrielle*, werfen Jack Straw ein fehlendes Verständnis für die Realpolitik vor. Sie warnen vor den wirtschaftlichen Konsequenzen v.a. für die Rüstungsindustrie, da Chile ein wichtiger Abnehmer englischer Waffen ist (vgl. Krönig 1998). Als politischer Hintergrund dürfte hier aber auch das traditionell gute Verhältnis Englands zu Chile eine Rolle spielen. Pinochet besuchte England während und auch nach seiner Amtszeit häufig und ihm wird ein sehr gutes Verhältnis v.a. zu Margaret Thatcher nachgesagt. Gegen den Nachbarn Argentinien nahm Chile auch im Falkland-Krieg für England Partei (NZZ 19.10.98).

Auch wirtschaftliche Konsequenzen, von denen Straw als Innenminister nicht einfach absehen kann, wurden schon bald deutlich: zwei chilenische Admiräle, die über den Kauf zweier Fregatten hatten verhandeln wollen, sagten noch im Oktober 1998 ihren Besuch in Großbritannien aus Protest ab (FAZ 28.10.98).

Auf die Inhaftierung Pinochets am 16.10.1998 reagierte die *Regierung* in ***Chile*** zunächst mit dem Zurückrufen des chilenischen Botschafters aus London. Er wird am 9.12.1998 zu

„Konsultationen von ungenannter Dauer" nach Chile zurückbeordert. Kurz darauf setzt Chile sämtliche offiziellen Besuche und bilateralen Zusammenkünfte mit den Regierungen Spaniens und Großbritanniens aus (FAZ 11.12.98).

Chiles *Außenminister* José Miguel Insulza plädierte noch im November 1998 in London für eine „interne chilenische Lösung" und führte an, die chilenische Demokratie werde bei einer Entscheidung Straws zur Auslieferung Pinochets Schaden nehmen (vgl. Krönig 1998). Befürchtungen, die Militärs, die in Chile immer noch großen Einfluss haben, könnten die Auslieferung Pinochets als Anlass nehmen, gegen die demokratische Regierung zu putschen, äußern nur wenige. Meist werden sie schon aus Chile selbst mit dem Hinweis auf die Stabilität des demokratischen Systems zehn Jahre nach dem Ende der Militärdiktatur zurückgewiesen.

Im August 1999, kurz vor der erneuten Aufnahme des Auslieferungsverfahrens in Großbritannien, war es angeblich zu einem erneuten Versuch der chilenischen *Regierung* gekommen, durch politische Gespräche eine außergerichtliche Entscheidung in Spanien zu erreichen. Die chilenische Regierung soll einen Schiedsspruch angestrebt haben, der die Annullierung des von Garzón in die Wege geleiteten Auslieferungsverfahrens in Spanien zum Ziel hatte. Garzón selbst sah darin einen Angriff auf die Unabhängigkeit der spanischen Justiz und auch viele *Menschenrechtsorganisationen* protestierten gegen die Verhandlungen. Chiles Regierung selbst bestritt, entsprechende Gespräche mit Spanien geführt zu haben (FAZ 6.8.99).

Anders als die konservative Regierung unterstützen viele der chilenischen *Opfer* und ihre Angehörigen die Klage Garzóns. Fabiola *Letelier*, Vorsitzende der Menschenrechtsorganisation Codepu und Schwester des 1976 ermordeten ehemaligen Außenministers Orlando Letelier, weist das Argument, hier entscheide das Ausland über eine innere Angelegenheit Chiles, ausdrücklich zurück. Garzón stütze sich bei seiner Anklage auf viele Fälle, die von chilenischen Menschenrechtsorganisationen untersucht und dokumentiert worden seien. Insofern könne man hier nicht von einer Verletzung nationaler Souveränität sprechen. Tenor ihrer Ausführungen ist, de facto bedienten sich die chilenischen Opfer lediglich der Hilfe anderer Staaten, da eine rechtliche Aufarbeitung des Geschehenen in Chile selbst nicht möglich sei (taz 31.1.2000).

In ***Spanien*** verfolgt der Ermittlungsrichter Baltasar *Garzón* die Auslieferung mit großem Engagement. Er hatte sich in der Vergangenheit auch schon für die Opfer anderer Diktaturen stark gemacht und beispielsweise etliche Haftbefehle gegen Mitglieder der früheren argentinischen Militärjunta erlassen. Die konservative *spanische Regierung*, allen voran der Regierungschef José María *Aznar*, wünscht eine humanitäre Lösung des Falles und hofft, dass Jack Straw Pinochet ausreisen lassen wird. Zum einen sieht Aznar die Beziehungen Spaniens zu Chile auf einem Tiefpunkt, zum anderen dürfte auch die kaum aufgearbeitete Vergangenheit der Franco-Diktatur in Spanien zu Bedenken in Bezug auf die

Einmischung in den Fall Pinochet führen. Trotzdem respektiert die spanische Regierung die Unabhängigkeit des Richters Garzón und dementiert, politische Gespräche mit der chilenischen Regierung über einen außergerichtlichen Schiedsspruch geführt zu haben (taz 31.1.2000, FAZ 6.8.99).

In fast allen anderen ***europäischen Staaten*** leben noch heute Exilchilenen und auch Europäer, die von den chilenischen Folterungen betroffen waren. Eine Vielzahl von Klagen bei den verschiedensten Gerichten ist anhängig und einige Staaten, wie Belgien, Spanien, Frankreich und die Schweiz, haben aktiv das Auslieferungsbegehren Spaniens durch eigene Klagen unterstützt.

Die ***USA*** beteiligen sich kaum an der Auseinandersetzung, überraschten jedoch die Öffentlichkeit am 2. Juli 1999 mit der Freigabe von Dokumenten durch CIA, Pentagon und State Departement. Die Dokumente waren für den Fall Manuel Contreras gesammelt worden. Pinochets Geheimdienstchef Contreras war 1997 zu sechs Jahren Haft verurteilt worden. Ihm wurde die Ermordung Orlando Leteliers, des Pinochet-Gegners und ehemaligen Außenministers unter Salvador Allende 1976 im Washingtoner Diplomatenviertel angelastet. Auch Pinochet hatte in diesem Prozess Contreras belastet und ihm die gesamte Schuld an den Verbrechen unter der chilenischen Militärdiktatur zugewiesen (taz 29.7.97). Die jetzt veröffentlichten Dokumente bringen kaum neue Informationen, bestätigen jedoch die Vermutung, dass die USA schon frühzeitig von den Plänen Pinochets zur systematischen Unterdrückung der Opposition wussten, und beweisen auch erstmals, dass die USA den Putsch in Chile aktiv unterstützt haben, was sie bisher nie zugegeben hatten (NZZ 2.7.99).

Unter den ***Nicht-Regierungsorganisationen*** (NGOs) gibt es eine Vielzahl von Menschenrechtsorganisationen, die in der Öffentlichkeit für die Auslieferung Pinochets kämpfen, aber auch juristische Mittel einlegen. Amnesty International war in beiden Verfahren vor dem Appellate Committee als Nebenkläger zugelassen und hat neben fünf anderen NGOs zusammen mit Belgien die Veröffentlichung des medizinischen Gutachtens durch Jack Straw juristisch erzwungen.

5.3 Die Entscheidung

Trotz massiver Proteste gegen seine Ankündigung vom 11.1.2000, Pinochet vermutlich freizulassen, ordnet der britische Innenminister Jack Straw am 1.3.2000 endgültig die Freilassung Pinochets an. In seiner Erklärung heißt es: „Die Folgerungen aus dem medizinischen Report deuten darauf hin, dass Senator Pinochet nicht in der Lage wäre, an einer Gerichtsverhandlung teilzunehmen und dass keine bedeutende Verbesserung dieses Zustands zu erwarten ist. Die entscheidenden Tatsachen sind die folgenden ..." (SZ Online-Nachrichten, 3.3.2000). Als „Tatsachen" werden dann genannt: Pinochet sei zu alt; er sei geistig nicht in der Lage, der Verhandlung zu folgen; er leide unter mangelndem Erinnerungsvermögen und habe Schwierigkeiten sich zu artikulieren sowie Fragen nachzuvollziehen und er könne seinem Rechtsbeistand nicht in ausreichendem Maße Anweisungen geben. Als Gründe hierfür führt das Gutachten schwerwiegende Gehirnschäden durch mehrere Schlaganfälle an.

Am 2.3.2000 wird Pinochet durch den Hinterausgang des Geländes der Luxusvilla, in der er unter Arrest stand, an Presse und Demonstranten vorbei herausgebracht. Die chilenische Boeing 707, die seit Wochen auf dem britischen Luftwaffenstützpunkt Brize Norton bereitgestanden hatte, war am Morgen zum Militärflughafen Waddington geflogen. Wiederum unbemerkt von der Öffentlichkeit ging Pinochet dort an Bord und kehrte nach 17-monatigem Aufenthalt in Großbritannien nach Chile zurück (ebd.).

5.4 Reaktionen und Bewertungen

In Großbritannien sind die Reaktionen auf die Freilassung Pinochets durch Jack Straw erwartungsgemäß gemischt. In Frankreich und der Schweiz, vor allem aber auch bei den NGOs, wird Straw scharf kritisiert. Belgien akzeptiert die Entscheidung Staws, kündigt jedoch die Anrufung chilenischer Gerichte an. Außenminister Michel verweist darauf, man habe zeigen können, „dass sich ein Diktator nicht länger außer Reichweite der Justiz befindet" (TSP 3.3.2000). Die spanische Regierung zeigt sich über die Entscheidung, Pinochet aus humanitären Gründen ausreisen zu lassen, erleichtert – den Einspruch des Ermittlungsrichters Garzón übermittelt sie nicht mehr nach England.

Auch die Reaktionen in Chile selbst verdeutlichen, dass die internationale Auseinandersetzung um Pinochet nicht ohne Auswirkungen auf die innerchilenische Diskussion um die Aufarbeitung der Diktatur geblieben ist. Die Bereitschaft, auch in Chile die Möglichkeiten einer juristischen Vergangenheitsbewältigung auszuschöpfen, ist in diesem Zeitraum erkennbar gestiegen. Allein die Anzahl der Klagen gegen Pinochet verfünffachte sich in weniger als einem Jahr bis zum Juli 2000 von 23 auf 136 (FR 23.8.99, TSP 9.7.2000). Mit der Rückkehr Augusto Pinochets nach Chile entsteht daher ein **neues Problem**: Die Frage nach dem Umgang mit dem ehemaligen Diktator in seinem Heimatland.

Literaturverzeichnis

Ackermann, Paul u.a.: Politikdidaktik kurzgefaßt. Planungsfragen für den Politikunterricht, 2. Aufl., Bonn 1995

Kleine-Brockhoff, Thomas/Skierka, Volker/Uchatius, Wolfgang: Aus Opfern werden Jäger, in: Die Zeit Nr. 50 vom 3.12.1998

Krönig, Jürgen: Täter zu Besuch, in: Die Zeit Nr. 50 vom 3.12.1998

Massing, Peter: Wege zum Politischen, in: Massing, Peter/Weißeno, Georg (Hrsg.): Politik als Kern der politischen Bildung. Wege zur Überwindung unpolitischen Politikunterrichts (Schriften zur politischen Didaktik, Band 24), Opladen 1995, 61-98

Menschenrechte. Dokumente und Deklarationen, hrsg. von der Bundeszentrale für politische Bildung, 3., aktualisierte und erweiterte Aufl., Bonn 1999

Stanley, Ruth: Pinochet zum zweiten, in: Blätter für deutsche und internationale Politik, Mai 1999, 532-535

Stuby, Gerhard: Präzedenzfall Pinochet, in: Blätter für deutsche und internationale Politik, Heft 2, 1999, 158-163

Riedel, Eibe: Der internationale Menschenrechtsschutz. Eine Einführung, in: Menschenrechte 1999, 11-36

Windhoff-Héritier, Adrienne: Policy-Analyse. Eine Einführung, Frankfurt am Main/New York 1987

Zeitungsartikel aus verschiedenen Tageszeitungen:

Der Tagesspiegel (TSP), Die Tageszeitung (taz), Die Welt, Frankfurter Allgemeine Zeitung (FAZ), Frankfurter Rundschau (FR), Neue Zürcher Zeitung (NZZ), Süddeutsche Zeitung (SZ und SZ Online-Nachrichten).

Anmerkungen

[1] Für ihre große Hilfe bei den Ausführungen zur rechtlichen Auseinandersetzung danke ich Ellen Robson, für konstruktive Kritik am Manuskript Steffen Alisch und Fidelis Lankes.

[2] In der Praxis müssen selbstverständlich neben inhaltlichen Aspekten auch pädagogische und institutionelle Rahmenbedingungen berücksichtigt werden. Über die entsprechende Begründung des Unterrichtsthemas im Falle der beiden aufgezeichneten Stunden informiert der Beitrag von Bernd Knittel (S. 55-62 in diesem Band).

[3] Vgl. Windhoff-Héritier 1987. Die einzelnen Phasen werden hier bezeichnet als: Problemformulierung – Agenda-Gestaltung – Politikformulierung – Politik-Implementation – Politik-Novellierung oder -Terminierung und Politische Reaktion.

[4] Zudem bezieht sich auch der Unterricht in beiden neunten Klassen vor allem auf die Rechtslage und weniger auf die politische Auseinandersetzung, da die Unterrichtsstunden am 26.2.1999 und somit noch während der laufenden rechtlichen Auseinandersetzung stattfanden.

[5] „A public official or person acting in an official capacity, whatever is his nationality, commits the offence of torture if in the United Kingdom or elsewhere he intentionally inflicts severe pain or suffering on another in the performance or purported performance of his official duties." Criminal Justice Act 1988, § 134 Abs.1. Zitiert nach der Homepage der Menschenrechtsorganisation Redress, www.redress.org/uksec134.html, 4.8.2000.

[6] Übersetzt von der Autorin nach Rome Statute of the International Criminal Court, Homepage der UN: http://www.un.org/law/icc/n9828144.pdf, 7.3.2000.

[7] Zum Urteil und den Meinungen der einzelnen Richter und zum Urteil vom 25.11.1998 vgl. Stanley 1999. Die Meinungen der Lordrichter finden sich auf der Homepage des britischen House of Lords (http://www.parliament.the-stationery-office.co.uk/pa/ld199899/ldjudgmt/jd990324/pino1.htm – und folgende bis pino9).

[8] Es war nicht umstritten, dass Folter in Drittländern nach spanischem Recht zu diesem Zeitpunkt strafbar war, so dass auch der Tatbestand der „Double Criminality" erfüllt war: Pinochet hatte nicht nur das Recht Englands, das ihn ausliefern sollte, sondern auch das Recht Spaniens, das den Haftbefehl ausgestellt hat, gebrochen.

Mark Arenhövel

Umkämpfte Vergangenheit in Chile

Seit Beginn der 90er-Jahre des 20. Jahrhunderts hat das Thema „Gedächtnis und Erinnerung“ Konjunktur (vgl. Assmann 1999; Bock/Wolfrum 1999). Bei allem Interesse an Vergangenheit, Geschichte und Erinnerung wird allerdings einem Aspekt nicht die Aufmerksamkeit zuteil, die ihm – nicht zuletzt aufgrund der praktisch politischen Konsequenzen – zukommt. Die Frage, wie in Demokratien nach dem Übergang aus autoritärer Herrschaft mit den Erinnerungen an Gewalt, Folter und Mord umgegangen wird, welche rechtlichen Mittel zur Verfolgung der Menschenrechtsverbrechen angewandt werden und wie Opfer und Täter ihr Leid und ihre Schuld moralisch bewältigen, spielt in den einschlägigen Analysen der Demokratisierungsprozesse kaum eine Rolle.

Der chilenische Autor Ariel Dorfmann hat seinem Bühnenstück „Der Tod und das Mädchen“, in welchem er die chilenische Gegenwart zu einem modernen Drama verdichtet, einen Kommentar beigefügt, in dem er sich für eine schonungslose Aufarbeitung der Vergangenheit ausspricht und gleichsam eine Verbindung zur Stärkung der Demokratie herstellt. Er schreibt: „Es war schon damals und ist heute mehr denn je mein Glaube, dass eine junge Demokratie nur durch den für alle sichtbaren Ausdruck der großen Tragödien und Schmerzen und Hoffnungen, die ihr zugrunde liegen, gestärkt werden kann; denn nicht durch das Verbergen der Schäden, die wir uns selbst zugefügt haben, können wir ihre Wiederholung verhindern.“ Dabei lässt Dorfmann offen, was er darunter versteht, den Tragödien, Schmerzen und Hoffnungen Ausdruck zu verleihen. Seine Formulierung beinhaltet sowohl die moralische Verurteilung wie auch die rechtliche Aburteilung; lediglich dem Verschweigen des begangenen Unrechts erteilt er eine eindeutige Absage.

In diesem Spannungsfeld bewegt sich die Entwicklung der chilenischen Demokratie seit dem Wahlsieg des ersten demokratischen Präsidenten, Patricio Aylwin, nach den langen Jahren der Pinochet-Diktatur im Jahr 1989 bis heute. Die Konflikte um den Umgang mit der Vergangenheit haben dabei eine ganz besondere Dynamik aus einer Konstellation gewonnen, die in dieser Form als einzigartig beschrieben werden kann.

Zum einen verfügt der Ex-Diktator noch immer über einen recht großen Rückhalt in der Bevölkerung, wodurch sich eine einhellige Verurteilung der während der Diktatur begangenen Verbrechen bis zum heutigen Tag als problematisch erweist. Anlässlich des Plebiszits im Oktober 1988, welches den demokratischen Wandel einleitete, sprach sich mit 54,7 Prozent der Befragten eine relativ knappe Mehrheit gegen die Verlängerung der Regierungszeit Pinochets bis 1997 aus. Der starke Einfluss, den das autoritäre Regime auf den Demokratisierungsprozess ausüben konnte, führte zur Errichtung einer Reihe von „autoritären Enklaven", welche einige zentrale politische Institutionen der Demokratisierung entzogen und den Streitkräften wichtige Prärogative sicherten. Deutlichsten Ausdruck fand dies in der faktischen Anerkennung der Selbst-Amnestie der Militärs für jene Menschenrechtsverbrechen, die in der Zeitspanne zwischen dem 11.9.1973 und dem 10.3.1978 begangen worden waren. Die Gesetzesverordnung vom April 1978 begründet die Amnestie damit, „die Verbindungen, die die chilenische Nation einigen, zu stärken und dabei heute sinnlose Hassgefühle hinter uns zu lassen [und wegen] der Notwendigkeit einer eisernen, nationalen Einheit" (zit. nach Ambos 1996: 143).

Eine weitere strukturelle Behinderung des Demokratisierungsprozesses bildete (und bildet trotz einiger Änderungen gegenwärtig noch immer) die unter Pinochet 1980 erlassene Verfassung, welche über den Regimewechsel hinaus politische und ökonomische Grundstrukturen des vor-demokratischen Systems festschrieb. Die so verfassungsmäßig institutionalisierten Sperrminoritäten von nicht frei gewählten, sondern ernannten Senatoren gestalten eine Verfassungsänderung mehr als schwierig.

Im Hinblick auf die Auseinandersetzung mit der Vergangenheit lässt sich daher folgendes Fazit des Übergangsprozesses ziehen: Der chilenische Weg zur Demokratie belastet die Möglichkeiten einer Aufarbeitung der Vergangenheit in der Art, dass die demokratischen Eliten selbst unter dem dritten demokratisch gewählten Präsidenten nach Pinochet, Ricardo Lagos, Rücksichten auf die Interessen der Eliten des ancien regime nehmen müssen. Strittig ist dabei, ob die Rücksichtnahme der demokratischen Regierungen auf Pinochet einem „vorauseilenden Gehorsam" gleichkam, statt die weitaus größeren Handlungsspielräume auch in der Menschenrechts- und Vergangenheitsdebatte zu nutzen, ohne das Risiko einzugehen, den Fortgang der Demokratisierung zu gefährden. Dieser Vorwurf wird gleichsam gegen die chilenische Wahrheitskommission, nach ihrem Vorsitzenden „Rettig-Kommission" genannt, erhoben.

Die chilenische Wahrheitskommission

Die chilenische Wahrheitskommission hatte im März 1991 ihre Ergebnisse präsentiert: Auf 1.352 Seiten dokumentierte sie 2.025 Tötungsdelikte, die von Repräsentanten des Staates verübt wurden. Am Bericht der Wahrheitskommission wurde der Umstand problematisiert, dass die „Rettig-Kommission" das Konzept der Menschenrechtsvergehen verwässert habe, indem sie jegliche Handlungen mit politischen Motiven, also auch Aktionen gegen die Militärjunta, untersucht habe, sofern dabei Menschen zu Tode kamen. Im Sinne einer Erziehung zu und der Bildung von einer Kultur der Menschenrechte sei dies zu beanstanden (vgl. Mera 1995).

Weiterhin, so die Kritiker, werde die Rolle der Repressionsorgane als *Institutionen* von der Kommission derart heruntergespielt, dass der Eindruck entstehen müsse, es habe sich um Verfehlungen einzelner *Individuen* gehandelt. Jorge Mera, der die Arbeit der Wahrheitskommission einer eingehenden Prüfung unterzogen hat, führt aus, dass es nicht nur einer Klärung bedarf, wer die Verantwortung für die Menschenrechtsverletzungen trägt, sondern auch, wer direkt daran beteiligt war. Wie zuvor in Argentinien wurde auch in Chile auf eine namentliche Bekanntmachung der Täter verzichtet. In Argentinien allerdings sickerten Namen an die Presse durch – infolgedessen kam es zu tätlichen Angriffen auf ehemalige Folterer auf offener Straße.[1] Daher lässt sich mit guten Gründen gegen eine vorbehaltlose Veröffentlichung der Täternamen plädieren. Vielmehr käme es dann darauf an, ob die Wahrheitskommission bei der gerichtlichen Untersuchung der schwersten Menschenrechtsverbrechen „Amtshilfe" leisten könne. In Chile wirkte die Kommission selbst eher als „*Gatekeeper*", indem sie eine Auswahl traf, welche Informationen „neu, nützlich und wichtig" für die justitielle Bearbeitung sein sollten. Durch diese nach außen nicht überprüfbare Sichtung und Vorabbewertung der verfügbaren Informationen überzog die Wahrheitskommission nach Meinung einer Reihe von Kritikern ihr Mandat.

Schließlich wurde kritisiert, dass die „Rettig-Kommission" nur Informationen verwertet habe, die ihr von den Opfern, deren Angehörigen oder von nationalen wie internationalen Organisationen übermittelt worden seien. Darüber hinaus habe sie selbst keine Nachforschungen angestellt, trotz der ihr übertragenen Kompetenzen. Statt etwa öffentlich Druck auf die Streitkräfte auszuüben, habe sie mit ihnen – mehr oder weniger erfolglos – verhandelt.

In diesen Kritikpunkten spiegelt sich die ganze Problematik der Wahrheitskommissionen. Es muss daran erinnert werden, dass sich hinter dem Begriff „Wahrheitskommission" eine Reihe recht unterschiedlicher institutioneller Arrangements verbirgt, denen keine eindeutig konstitutiven Elemente zugeschrieben werden können. In der vergleichenden Zusammenschau werden sich Wahrheitskommissionen daran messen, inwieweit sie die folgenden vier Kriterien erfüllen:

- Sie sollen eine umfassende Darstellung der begangenen Verbrechen bieten;[2]
- sie sollen den Opfern oder deren Angehörigen eine Plattform bieten, um *ihre Geschichten* zu erzählen, und dafür sorgen, dass es zu irgendeiner Art von Entschädigung kommt. Die Entschädigung kann finanzieller Art sein oder in Form immaterieller Güter wie etwa medizinischer Versorgung, psychologischer Behandlung usw. geleistet werden;
- sie sollen Empfehlungen aussprechen, um legislative, strukturelle oder andere Reformen vorzunehmen, die einer Wiederholung der Taten entgegenstehen;
- sie sollen beurteilen, wer die Verantwortung für die Menschenrechtsverbrechen trägt, und innerhalb der Tätergruppe nach der Schwere der Beteiligung unterscheiden.[3]

Esteban Cuyas Verdikt, „Wahrheitskommissionen" seien eine Reaktion auf die Ineffizienz oder Unfähigkeit der Justiz, dem Recht bei Menschenrechtsverletzungen Geltung zu verschaffen, wird dem schwierigen Projekt, die politische, rechtliche und moralische Dimension in ein tragfähiges Verhältnis zu bringen, in seiner Pauschalität nicht gerecht (vgl. Cuya 1996: 63). Vielmehr gibt es in Wahrheitskommissionen ein starkes Element an politischem Theater und symbolischer Politik, indem sie – in ihren stärksten Momenten – eine Art *Schauspiel der öffentlichen Moral* darstellen können. Hierauf wird besonders vor dem Hintergrund des südafrikanischen Falles immer wieder aufmerksam gemacht (vgl. Garton Ash 1998: 14).

Die Bilanz der chilenischen Wahrheitskommission fällt durchaus ambivalent aus: Positiv ist anzumerken, dass die chilenischen Streitkräfte bzw. die Eliten des autoritären Systems zugestehen mussten, dass es während der Diktatur schwerste Menschenrechtsverbrechen gegeben hatte, andererseits wurde aber die Arbeit der Kommission und ihre Ergebnisse nicht in der Weise gewürdigt, wie dies z.B. in Argentinien der Fall war. Die chilenischen Militärs veröffentlichten gar eine vierbändige „Gegendarstellung", in der die besondere Rolle der Streitkräfte bei der „Lösung der Krise 1973" hervorgehoben wurde. Auch wurde die Debatte um den „Rettig-Bericht" nicht genutzt, um mit öffentlicher Unterstützung Gesetzes- oder Verfassungsänderungen anzugehen, um die undemokratischen Beschränkungen aufzuheben. Thomas Fischer, der die Rolle der Wahrheitskommission in verschiedenen Ländern Lateinamerikas einer vergleichenden Würdigung unterzieht, kommt zu folgender Beurteilung des chilenischen Falles: „Die Respektierung von Normen aus der 17-jährigen Diktaturzeit gehörte zu den Spielregeln der Transition. Dieser Mechanismus blockierte eine grundsätzliche Neuorientierung von Armee und Justiz, also der Teile des Staates, die von der Kommission als Epizentrum der Menschenrechtsverletzungen identifiziert worden waren. Umstritten ist jedoch, ob die Regierung Aylwin den Handlungsspielraum zur Vergangenheitsbewältigung ausgeschöpft hat ... Allerdings wurde die fehlende Erneuerung von Armee und Justiz auch dadurch verzögert, dass die chilenische Bevölkerung von einem Konsens über die Notwendigkeit einer grundsätzlichen Reform dieser Institutionen weit entfernt ist. Ein Großteil der Chileninnen und Chilenen schätzte ihre Leistung weitaus positiver ein als etwa im benachbarten Argentinien" (Fischer 2000: 269).

Die Blockade der Erinnerung im post-autoritären Chile

Einen erhellenden Ausblick auf das post-autoritäre Chile bietet das Buch des chilenischen Soziologen Tomás Moulian „Chile Actual: Anatomía de un Mito" (Chile aktuell: Anatomie eines Mythos), welches trotz der relativ unpopulären Thematik innerhalb kurzer Zeit zu einem Bestseller in Chile wurde, was nicht zuletzt daran liegt, dass der Autor die Standards soziologischer Publikationen hinsichtlich der Sprache, Methodologie und Nachweise nicht sehr streng handhabt. In diesem Buch geht es dem Autor vielmehr um eine allgemeinverständliche und nachvollziehbare Beschreibung jener Prozesse, welche in Chile seit der *Unidad Popular* stattgefunden hatten, und der Art und Weise, wie sie die Individuen und die kollektiven Identitäten seither geprägt haben. Die Politik der post-autoritären Eliten beschreibt Moulian als den Versuch einer „Strategie, Chile weiß zu tünchen" [la estrategia del »blanqueo« de Chile]. Sie geht einher mit „dem Zwang zum Vergessen, der Blockade der Erinnerung, dem Verlust des Diskurses und der Schwierigkeit zu sprechen" (1997: 31). Moulian verweist auf die konkurrierenden sprachlichen Bezeichnungen Putsch vs. Militärerhebung, Diktatur vs. Militärregierung, Katastrophe für Chile vs. Rettung Chiles. Dabei attestiert er den Wunsch zu vergessen nicht nur den Tätern und Profiteuren der Diktatur, auch für die Opfer der langen Jahre der Diktatur könne das Vergessen und das Schweigen wie eine Erholung wirken. Die „sogenannte »Transition«", der Demokratisierungsprozess, basiert nach seiner Meinung auf einem System von Tricks: „Die Stabilität, so sagen sie, muss mit dem Schweigen erkauft werden", so die bittere Einschätzung des Autors, die quer liegt zu jenen Deutungen, welche den chilenischen Übergang zur Demokratie als Modell feiern wollen. Vor allem der Regierung Aylwin wirft Moulian vor, die in der Bevölkerung latente Angst instrumentalisiert zu haben, um Chile ganz im Geist der unter Pinochet begonnenen neoliberalen Revolution umzugestalten, ohne sich um die sozialen Kosten kümmern zu müssen, die für die gesellschaftliche und wirtschaftliche Umgestaltung – um nicht zu sagen Modernisierung – bezahlt werden mussten. Zu diesem Zweck war die „plastische Chirurgie nötig, um aus einem Diktator einen Patriarchen zu machen" (Moulian 1997: 33). Die bittere Konsequenz daraus war, dass Pinochets Verantwortlichkeit für die Verbrechen der Diktatur – »la suciedad y la sangre«, den Dreck und das Blut, wie Moulian schreibt – nicht nur verwischt, in Weiß getüncht werden mussten, vielmehr war es notwendig, dass alle Bürgerinnen und Bürger seine historische Rolle für die Umgestaltung Chiles anerkennen sollten. Diese Interpretation erhellt die Irritationen, das Aufleben des Nationalismus in Chile, die spontanen Solidarisierungen mit Pinochet, nachdem er in England mit der Forderung konfrontiert wurde, sich für seine Rolle als *Diktator* zu verantworten. Ein Prozess gegen Pinochet würde den Gründungsmythos der jungen chilenischen Demokratie als das entlarven, als was ihn Moulian geschildert hat, als »blanqueo« de Chile. Die Existenz einer „geteilten" Erinnerung mit unkommensurablen Deutungsmustern in Chile belegt auch, dass erst nach langwierigen Verhandlungen die alljährlich abgehaltene Gedenkfeier und Parade, die an den Tag des Putsches als „Tag der nationalen Befreiung" erinnern sollte, in eine Feier zum „Tag der Nationalen Einheit" umgewidmet wurde. Die Repräsentation einer „Gegenerinnerung", dokumentiert durch die späte Beisetzung

Allendes auf dem Zentralfriedhof in Santiago im Jahr 1990 oder die Errichtung einer Erinnerungstafel zu Ehren der „Verschwundenen“, findet meist eher im Verborgenen statt.

Die unterschiedlichen Einschätzungen der Jahre der *Unidad Popular* wie auch der autoritären Herrschaft Pinochets führten somit zu einem tiefen Graben, der sich quer durch die chilenische Gesellschaft zieht und die weitere Demokratisierung der zentralen Institutionen auf unbegrenzte Zeit zu blockieren scheint. Die öffentliche Thematisierung der umkämpften Vergangenheit wurde dabei immer wieder durch erneute Leichenfunde oder durch Zeugenaussagen ehemaliger Militärs angestoßen.

Pinochet in London – ein neuer Umgang mit Menschenrechtsverbrechern?

Eine dramatische Zuspitzung erfuhren die vergangenheitspolitischen Diskussionen durch die Verhaftung Pinochets in London am 16.10.1998, die abgesehen von den innerchilenischen Konsequenzen einen Paradigmenwechsel im internationalen Umgang mit Menschenrechtsverbrechern einleiten könnte. So war in der argentinischen Tageszeitung „El Clarín“ fast auf den Tag einen Monat nach Pinochets Verhaftung folgendes zu lesen: „Die Ex-Diktatoren haben keinen ruhigen Schlaf mehr. Der Schatten des Gefängnisses fällt nun auf ihre melancholischen Großvaterfiguren, diese Pensionäre des Schreckens, die nun mit gespielter Empörung und Überraschung reagieren, wenn sich die Justiz erkühnt, ihre früheren Verbrechen nicht dem Vergessen anheimfallen zu lassen“ (zit. in: Nolte 2000: 300).

Die Verhaftung Pinochets in der englischen Hauptstadt resultierte aus einem internationalen Haftbefehl und einem spanischen Auslieferungsbegehren. Die spanischen Behörden hatten seit 1996 gegen die argentinische Militärjunta ermittelt und waren auf diesem Wege auf Verbindungen zur chilenischen Junta gestoßen. Da auch Spanier im Verlauf des Putsches 1973 „verschwunden“ oder zu Tode gekommen waren, veranlassten die Untersuchungsrichter Baltasar Garzón und Manuel García Castellón den Haftbefehl und das Auslieferungsbegehren. Als Pinochet unter dem Schutz der Immunität als ehemaliger Staatspräsident nach England reiste, um sich medizinisch versorgen zu lassen, standen die englische Justiz und Regierung vor der dilemmatischen Situation, sich illoyal zu einem Politiker zu verhalten, der England im Falklandkrieg unterstützt hatte und der beste Kontakte zu Expremier Margaret Thatcher pflegte, andererseits aber waren sie durch ein Auslieferungsbegehren eines EU-Partners gebunden und konnten sich nicht offen gegen eine internationale Menschenrechtspolitik stellen. Vor dem High Court wurde in erster Instanz die diplomatische Immunität Pinochets bestätigt, doch wurde dieses Urteil vom Richterausschuss des Oberhauses mit drei zu zwei revidiert. Die Urteilsbegründung war insofern ein Novum, als Lord Steyn die Achtung der Menschenrechte an die Funktion eines Staatsoberhauptes band und somit feststellte, dass „systematische Folter und Erschießung der Mitbürger ... keine Amtshandlungen [sind], die in der Funktion als Staatsoberhaupt begangen werden." Nachdem jedoch gegen einen der Richter erfolgreich ein Befangenheitsantrag gestellt worden war – er war in einer Sektion von Amnesty International tätig gewesen –, wurde der Richterspruch aufgehoben und es musste ein zweites Mal verhandelt werden. Der Verlauf der Ereignisse in London löste die „blockierte Erinnerung" und die Debatten um die Pinochet-Ära lebten in ungeahnter Intensität wieder auf. Pinochet-Befürworter demonstrierten ebenso wie seine Gegner auf den Straßen der größeren chilenischen Städte. Ein befristeter Boykott der chilenischen Parlamentsarbeit durch die politische Rechte wurde begleitet von Drohgebärden der Militärs und anonymen Drohungen gegen Politiker und Intellektuelle (vgl. Nolte 2000: 302). Eine Reihe lateinamerikanischer Staaten solidarisierten sich mit der Forderung nach sofortiger Ausreise Pinochets, und unter dem Vorwurf des „moralischen Kolonialismus" schienen alte Konflikte zwischen der ersten und der dritten Welt wieder aufzubrechen. Die Wiederaufnahme des Pinochet-Falles durch das britische Oberhaus bestätigte die Rechtmäßigkeit des Auslieferungsbegehrens, dem ein englisches Gericht im Oktober 1999 endgültig zustimmte. Damit stand der Auslieferung des Ex-Diktators nichts mehr im Wege.

Mit einer möglichen Auslieferung an Spanien konfrontiert, brachten Pinochets Anwälte dessen Alter und Gesundheitszustand ins Spiel. Zu Beginn des Jahres 2000 attestierte ein unabhängiges Ärzteteam Pinochet, aus gesundheitlichen Gründen keinem Prozess mehr folgen zu können. Auf Fernsehbildern war Pinochet nunmehr im Rollstuhl zu sehen und es hatte den Anschein, als sollte die Öffentlichkeit auf die baldige Heimreise des Ex-Diktators vorbereitet werden. Am 3. März 2000 endete der etwa 18-monatige Europaaufenthalt Pinochets. Auch wenn zu diesem Zeitpunkt nicht feststand, ob sich Pinochet, der weiterhin auf seine Immunität als Ex-Präsident und Senator auf Lebenszeit pochte, vor einem chilenischen Gericht zu verantworten haben würde, hatte sich in der Zwischenzeit viel verändert: Als ehemaliger hochrangiger Staatsmann war Pinochet nach England gereist, hatte mit Margaret Thatcher Tee getrunken und sich medizinisch behandeln lassen, doch in der langen Zeit seines „Hausarrestes" war die Diskussion über seine blutige Herrschaft neu entflammt. Unverhohlen wurden Stimmen laut, die eine „biologische Lösung" des Problems, womit nur Pinochets Tod gemeint sein konnte, als wünschenswert bezeichneten.

Matthias Schmid kommentierte Pinochets Ankunft in Santiago für ein chilenisches Jugendmagazin mit folgenden Worten: „Am 3. März gegen Mittag landete dann die Boeing 707 der FaCh [Fuerza Aérea de Chile, chilenische Luftwaffe] auf dem Militärflughafen in Santiago. Dort stand schon das Empfangskomitee, bestehend aus dem Oberbefehlshaber der Armee, weiteren hochrangigen Offizieren, der ‚Fundación Pinochet' und einer jubelnden Menschenmenge bereit. Es war ein pompöser Empfang und alle Kameras waren auf den

Senator gerichtet, als er im Rollstuhl aus dem Flugzeug gehoben wurde und dann mit Hilfe des Oberbefehlshabers aufstand, ihn auf das herzlichste umarmte und dann auf ihn gestützt zum Helikopter ging. Als er freudig die Hand zum Gruß hob, war die Menschenmenge kaum mehr zu bändigen. Im Zentrum fand vor der Moneda [dem Amtssitz des Präsidenten] zur selben Zeit eine Demonstration statt, vorwiegend bestehend aus linken Gruppierungen, die den schlechten Gesundheitszustand des Senators anzweifelten, weil der doch recht problemlos über das Flugfeld marschierte. ... Der Sekretär des ehemaligen Präsidenten Frei verglich den pompösen Empfang mit einem im Deutschland Hitlers und auch der seit 11. März amtierende Präsident Ricardo Lagos verurteilte den Empfang und meinte, dass es dem Land nur schaden würde" (http://www.joynt.at/pinochet.htm).

Mit Ricardo Lagos, dem seit Allende ersten demokratisch gewählten sozialistischen Präsidenten, hat sich die Konstellation für ein Verfahren gegen Pinochet in Chile gewandelt. Konnte die Haltung der beiden christdemokratischen Präsidenten Aylwin und Frei in Fragen der Auseinandersetzung mit der Vergangenheit als halbherzig beschrieben werden, so war Lagos Wahl zum Präsidenten direkt mit einer Forderung nach einer Gerichtsverhandlung gegen Pinochet verbunden. Von Lagos stammt auch folgende Beurteilung: „Chile ist erwachsen hinsichtlich der ökonomischen Freiheiten, aber auf dem Gebiet der politischen Freiheiten im Zustand der Adoleszenz ...". In einem Interview mit dem brasilianischen Nachrichtenmagazin erklärte er: „Ich verzeihe Pinochet nie, er ist für den Tod von 3.200 Chilenen verantwortlich".

Ein knappes halbes Jahr nach Pinochets Rückkehr, am 8. August 2000, hob der Oberste Gerichtshof mit vierzehn zu sechs Stimmen die Immunität des Senators auf Lebenszeit auf. Mittlerweile sind 171 Verfahren gegen Pinochet anhängig. Dabei werden ihm Entführungen, Erschießungen, Morde, Folter und das „Verschwindenlassen" von Oppositionellen zur Last gelegt. Der Untersuchungsrichter Juan Guzmán Tapia kündigte an, im Oktober mit den nicht öffentlichen Vernehmungen zu beginnen. Ob es tatsächlich dazu kommen wird, ist ebenso unsicher wie die Durchführung eines Prozesses. Die Familie Pinochets ist bemüht, wegen des angeblich schlechten Gesundheitszustands des 84-jährigen Ex-Diktators die Vernehmungen und das Vermittlungsverfahren auszusetzen. Laut einer Umfrage des Forschungsinstituts CERC (Centro de Estudios de la Realidad Contemporánea) hielten im Mai 2000 57 Prozent der Befragten Pinochet der Menschenrechtsverletzungen für schuldig, während 27 Prozent an seine Unschuld glaubten. Dieses Ergebnis scheint eine eindeutige Sprache zu sprechen. Andere Umfragen belegen jedoch, dass der Umgang mit den Verbrechen während der Diktatur nach wie vor sehr umstritten ist. Die folgende Abbildung zeigt, dass 44 Prozent der Befragten sich der Meinung anschlossen, die Regierung solle nicht zu sehr auf der Verfolgung der Menschenrechtsverbrechen bestehen, während 47 Prozent gegenteiliger Ansicht waren. Wird diese Frage mit der Parteienpräferenz der Befragten kombiniert, so ergibt sich das Bild, dass die Anhänger der rechten

Parteien (UDI und RN) sich zu 82 bzw. 71 Prozent gegen eine Betonung der Menschenrechtspolitik aussprechen, während die Anhänger der Christdemokraten (PDC), der Partei für die Demokratie (PPD) und der Sozialisten (PS) eindeutig für die strafrechtliche Verfolgung votieren.

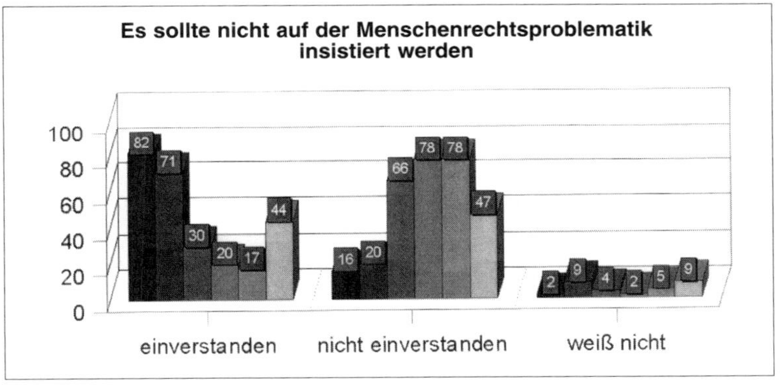

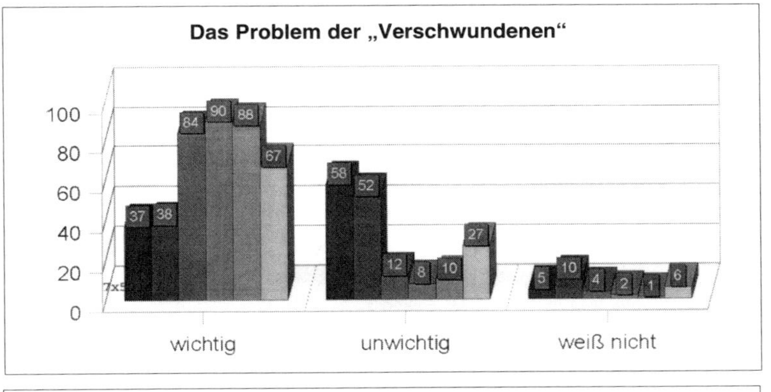

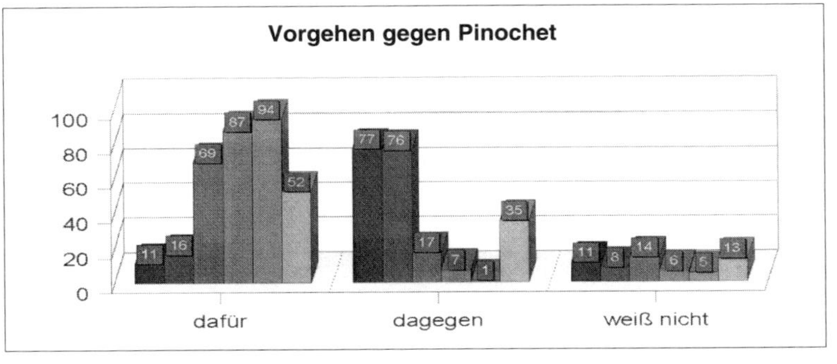

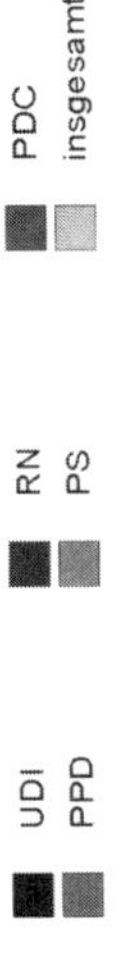

Die Befragten sollten zu folgender Aussage Stellung nehmen: „Zehn Jahre nach der Beendigung der Militärherrschaft sollte nicht auf dem Problem der Menschenrechtsverbrechen insistiert werden" (Barómetro CERC, Juli 2000). Bezogen auf die Gesamtheit der Wählerschaft fällt mit 47 Prozent zu 42 Prozent zu dieser Frage die Mehrheit so knapp aus wie zu keiner anderen. Hier geht es nicht allein um die Einschätzung eines Problems, sondern auch um die konkrete Folgenabschätzung, die aus einer Betonung der Menschenrechtspolitik resultieren würde.

Hinsichtlich des Problems der „Verschwundenen" orientieren sich die Meinungsunterschiede wiederum deutlich entlang der Parteienpräferenz, doch scheint dies als ein „konkreteres" und dringlicheres Problem gesehen zu werden als der abstrakte Begriff der Menschenrechtsvergehen. Die zu beantwortende Frage lautete hier: „Das Problem der Verschwundenen, für wie wichtig erachten Sie es: Für sehr wichtig, ziemlich wichtig, kaum oder unwichtig?"[4] (Barómetro CERC, Juli 2000).

Eine ganz ähnliche Tendenz zeigen auch die Ergebnisse nach der Befragung, wie mit Pinochet verfahren werden sollte. Insgesamt befürworten hier 52 Prozent die Aufhebung der Immunität nebst anschließender Einleitung der Vernehmungen, während 35 Prozent dies ablehnen (CERC, Juli 2000). Die Werte zeichnen sich in allen Befragungen durch eine hohe Stringenz und Kohärenz aus. Es scheint, als sei die Einschätzung der Pinochetdiktatur und die Auseinandersetzung mit den Menschenrechtsvergehen während dieser Zeit *die* zentrale Konfliktlinie in der chilenischen Gesellschaft. Interessant ist ein Vergleich dieser Resultate mit einer allgemeinen Befragung zum Systemvertrauen.

Auf die Frage „Wären Sie bereit, die Demokratie zu verteidigen, wenn sie durch einen Militärputsch bedroht würde?" kam es im Mai 2000 zu folgenden Ergebnissen, wobei zusätzlich nach der Absicht der Stimmabgabe bei den anstehenden Präsidentschaftswahlen gefragt wurde. Hervorzuheben ist hier die hohe Korrelation mit der Frage nach der Schuldeinschätzung Pinochets.

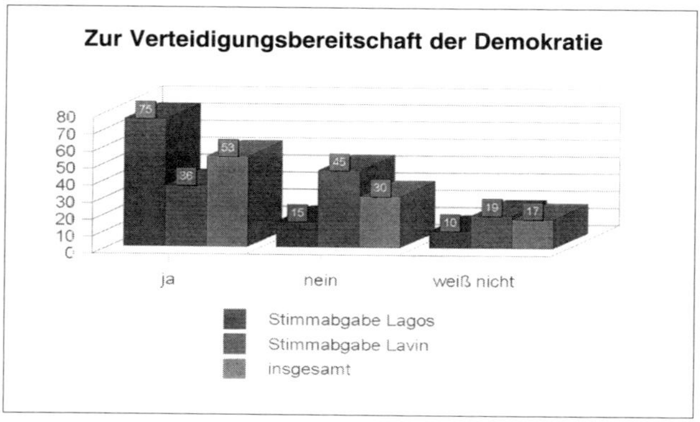

Nach der Rückkehr Pinochets nach Chile

Soweit endet die Deskription des Pinochet-Falles mit einem offenen Ende. Doch weder die Menschenrechtler in Chile noch die unabhängigen Kommentatoren außerhalb Chiles betrachten dies als eine Niederlage. Vielmehr hat sich die Situation seit der Festnahme Pinochets in London gravierend verändert. Gladys Marín, Generalsekretärin der Kommunistischen Partei Chiles, hatte im Januar 1998 die erste Klage gegen Pinochet eingereicht. Sie kommentiert die Veränderung mit den Worten: „Damals schien es unmöglich, dass er einmal vor Gericht kommen wird, und ich dachte, dass dies niemals geschehen wird. Die Aufhebung seiner Immunität ist historisch für die chilenische Demokratie."

Im Folgenden will ich zusammenfassend auf einige Aspekte eingehen, die die Besonderheit der chilenischen Auseinandersetzung mit der Vergangenheit beleuchten.

Der chilenische Demokratisierungsprozess fand wie kaum ein anderer in Lateinamerika im langen Schatten der Militärs statt. Die bereits erwähnte Amnestiegesetzgebung, die Verfassung wie auch die Sperrminorität der politischen Rechten schränken bis heute die Handlungsspielräume der demokratisch legitimierten Politiker stark ein. Dazu kommt, dass das Militär, in seiner Funktion als Hüter der Verfassung, aus seiner pro-Pinochet Haltung nie ein Hehl machte. Berühmt ist Pinochets Äußerung zu Beginn des Demokratisierungsprozesses, falls auch nur einer seiner Männer angerührt werde, sei es mit Demokratie und Rechtsstaat vorbei, oder sein Ausspruch, in Chile falle kein Blatt von einem Baum, ohne dass er davon Kenntnis habe. Letzteres könnte sich aber gegen den Ex-Diktator selbst wenden, wenn im Fall der „Todeskarawane" gegen ihn ermittelt werden sollte. Dieser makabre Ausdruck beschreibt eine Reihe von Todesfällen im Oktober 1973, einen Monat nach dem Putsch: Auf Geheiß Pinochets sollen dabei Anhänger Allendes und Gewerkschafter von einer durch Chile reisenden Mördergruppe verschleppt und umgebracht worden sein. Da von 19 Verschleppten bis heute jede Spur fehlt, hat das Oberste Gericht diese Entführungsfälle nicht unter die Amnestie fallen lassen und für diese 19 Fälle die Immunität Pinochets aufgehoben. Für die Durchsetzung des Rechtsstaates und die Ausbildung einer demokratischen politischen Kultur scheint eine retrospektive Strafverfolgung unerlässlich, wie vergleichbare Fälle in anderen Ländern zeigen. Nach der vergleichenden Betrachtung des empirischen Materials drängt sich die Erkenntnis auf, dass die Befürchtungen negativer Folgen bei Strafverfolgungen der ehemaligen Machthaber und deren Gehilfen bei weitem überschätzt werden. Die häufige rhetorische Figur, die Verfolgung von Menschenrechtsverbrechen gleiche „political suicide", oder die Suggestion des Menetekels des Bürgerkriegs dienen nur allzu oft der Rechtfertigung, Reformen zu unterlassen. Im Zuge des Demokratisierungsprozesses, in jenen Momenten, in denen, wie Dahrendorf einmal bemerkt hat, die Geschichte „heiß läuft", werden sich, zumal mit internationaler Unterstützung, so manche Reformen und Verfahren durchsetzen lassen, ohne einen neuerlichen Zusammenbruch der

Demokratie zu riskieren. Diane Orentlicher nennt die Philippinen nach Marcos Sturz und Uruguay Mitte der achtziger Jahre als Beispiele – Chile könnte ebenfalls hinzugezählt werden – für verpasste Gelegenheiten einer Vergangenheitspolitik, in denen die Handlungsspielräume mit größerer Effektivität hätten genutzt werden können. Politisch scheint sich, nicht zuletzt durch die Wahl des Sozialisten Lagos zum Präsidenten, die Lage so verändert zu haben, dass ein Verfahren gegen Pinochet auch gegen die Minderheit der Pinochet-Anhänger und die Streitkräfte durchgesetzt werden könnte. Allerdings werden aus Chile immer wieder Gerüchte laut, die von einem heimlichen Abkommen sprechen zwischen Pinochet und den demokratisierungswilligen Eliten im Oktober 1988, anlässlich des Plebiszits. Demnach soll Pinochet damals als Preis für die Anerkennung der verlorenen Volksbefragung eine lebenslange Straffreiheit zugesichert worden sein.

Auch die rechtliche Problematik gestaltet sich recht vielschichtig: Wie oben dargestellt, gilt das Amnestiegesetz von 1978 noch immer. Lediglich die Immunität Pinochets als Senator wurde aufgehoben. Zwei Aspekte sind hier erwähnenswert.

Zum einen scheint sich in Chile das Verständnis der Amnestie zu verändern. Nach dem Verständnis der Militärs geht es bei der 1978 gesetzlich geregelten Amnestie um eine Garantie der Nichtverfolgung bzw. der Straflosigkeit (impunidad) von Menschenrechtsvergehen. Im Abschlußbericht der Unterkommission für die *Verhinderung von Diskriminierungen und den Schutz von Minderheiten*, einer Unterkommission der UN-Menschenrechtskommission (MRK) wird impunidad wie folgt definiert:

„Unter impunidad versteht man das – tatsächlich oder rechtlich bedingte – Fehlen strafrechtlicher, zivilrechtlicher, administrativer oder disziplinarischer Verantwortlichkeit der Täter von Menschenrechtsverletzungen, indem diese jeglichen Ermittlungen im Hinblick auf Anschuldigung, Festnahme, Aburteilung und ... angemessene Bestrafung, einschließlich des den Opfern verursachten Schadens, entgehen“ (zit. in: Ambos 2000: 232). Die von der „Rettig-Kommission“ dokumentierten Fälle führten nur in den allerwenigsten Fällen zur Verurteilung, oder es wurden skandalös niedrige Strafen ausgesprochen. Beispielhaft ist hier der international bekannte Fall der lebendig in Brand gesetzten Studentin Carmen Gloria Quintana, die mit schwersten Verbrennungen überlebte. Der Beschuldigte wurde zu 600 Tagen Haft verurteilt.

Im Gegensatz zur Straflosigkeit bedeutet Amnestie, dass die Strafe oder eine Teilstrafe erlassen bzw. gemildert wird, sowie die Niederschlagung anhängiger und die Nichteinleitung neuer Verfahren. Nach dem Verständnis von Amnestie, welches der Oberste Gerichtshof in Chile im Verfahren zur Aufhebung der Immunität Pinochets zugrunde legte, wird nun davon ausgegangen, dass das Amnestiegesetz erst nach vollständiger Ermittlung des Sachverhalts in Anschlag gebracht werden kann. Mit dem Hinweis auf die Amnestie ist eine Verhinderung der strafrechtlichen Ermittlungen gegen Pinochet nunmehr unmöglich. Im Fall der erwähnten „Todeskarawane“ führt dies dazu, dass Pinochet nachweisen müsste, er habe von alledem nichts gewusst, was durch die Aussagen geständiger Militärs sehr schwierig werden sollte, oder es müsste während der Ermittlungen zweifelsfrei bewiesen werden, dass die Verschleppten in der Zeit, für die die Amnestie gilt, also bis 1978, getötet worden sind. In diesem Fall würde zwar ein Verfahren gegen Pinochet eröffnet werden, doch wäre kaum mit einem Schuldspruch zu rechnen, da die Morde in diesem Fall von der Amnestie gedeckt wären. Der Freiburger Strafrechtsexperte Kai Ambos bemerkt dazu in einem Interview mit der Badischen Zeitung:

„Sollte Pinochet ein solches Geständnis ablegen, so wäre das für die Opfer schon einmal sehr hilfreich. Aber strafrechtliche Ermittlungen könnte Pinochet damit nicht vermeiden. ... Man geht inzwischen davon aus, dass der Sachverhalt komplett ermittelt werden muss, bevor die Amnestie Anwendung finden kann. Dem Strafverfahren kommt damit eine ähnliche Aufgabe zu wie etwa der Wahrheitskommission in Südafrika" (Badische Zeitung vom 10.8.2000, S. 5).

Eine letzte Möglichkeit für Pinochet, dem Verfahren doch noch zu entgehen, läge darin, sich für geistig nicht mehr zurechnungsfähig erklären zu lassen. Das chilenische Recht sieht vor, dass Menschen, die älter sind als 70 Jahre und geistig oder psychisch gestört, nicht angeklagt werden können. Es hat jedoch den Anschein, als wollten weder Pinochet noch seine Familie diesen Weg gehen.

Die rechtliche Seite des Pinochet-Falles ist aber noch aus einem anderen Grund bemerkenswert: Die neuerliche Diskussion um die Vergangenheit in Chile sowie die Möglichkeit der Verfolgung der Menschenrechtsverbrechen wurde initiiert durch das Zusammenspiel zweier ausländischer Mächte. Hätte Spanien kein Auslieferungsbegehren an England gestellt, wäre der Ex-Diktator unbehelligt von seiner Rückenbehandlung aus England nach Chile zurückgekehrt. Insofern deutet sich hier eine neue Wendung in der internationalen Menschenrechtspolitik an, die der globalen Durchsetzung von Menschenrechten einen ebenso wichtigen Stellenwert zumisst wie dem Prinzip der Nichtintervention in fremde Staaten und dem Prinzip der nationalen Souveränität. Doch auch diese neue Wendung internationaler Menschenrechtspolitik oder „moralisierter" Außenpolitik findet ihre Skeptiker: Anton Pelinka hat jüngst einen Zusammenhang zwischen dem Scheitern der Aufarbeitung der Menschenrechtsverletzungen unter Franco in Spanien und der Rolle Spaniens in der rechtlichen Kontroverse um Pinochet herzustellen versucht: „Man kann die Rolle Spaniens im Fall Pinochet ja auch so sehen, dass hier Spanien diese Problematik, Stabilisierung zu suchen, indem die Aufarbeitung *nicht* geleistet wird, nach außen projiziert. Die Verbrechen des Franco-Regimes werden aus innenpolitischen Gründen nicht thematisiert, dafür werden die Verbrechen des Pinochet-Regimes aufgegriffen" (1999: 26). Für eine solche Projektion werden sich indes schwerlich weitere Indizien finden lassen, zumal der zeitliche Abstand zwischen Demokratisierung und der vermeintlichen Herstellung gesellschaftlicher Stabilität durch eine Projektion nach außen in Spanien fast 20 Jahre ausmacht. Interessant ist die Rolle Spaniens im Pinochet-Fall jedoch aus dem Grunde, dass die spanische Seite keine Legitimation durch ein Engagement bei der eigenen Vergangenheitsauseinandersetzung vorweisen kann, aber dennoch den *Mythos des Staatsoberhauptes* als Träger der Souveränität zu erschüttern sucht.[5]

Auch wenn die völkerrechtlichen Implikationen noch nicht hinreichend geklärt scheinen, werden sich Diktatoren und Menschenrechtsverletzer in Zukunft genauer überlegen müssen, wohin sie reisen oder auf welchen Flughäfen sie zwischenlanden. Weitere Fälle werden zeigen müssen, ob sich in der Verurteilung Pinochets durch die englischen Richter tatsächlich jene „gewaltigen Veränderungen [zeigen], die sich im internationalen Recht in den letzten Jahren vollzogen haben", wie Amnesty International den Spruch des Londoner Magistratsrichters Ronald Bartle kommentierte. Doch ein wichtiger Schritt scheint getan, dass Folter künftig kein politisches Vergehen mehr ist, das von Politikern und Diplomaten verhandelt wird, sondern ein Verbrechen, für das die Instanzen des Rechts zuständig sind.

Schließlich, und dies sollte man nicht unterschätzen, haben die Haft Pinochets wie auch die Debatten um Ermittlungen gegen ihn eine hohe symbolische Bedeutung, die beinahe unabhängig vom Ausgang eines möglichen Verfahrens gegen den Ex-Diktator ist. Der Nimbus des Generals, der Chile vor Chaos und Kommunismus rettete, ist unwiederbringlich dahin. Seine Unterstützer innerhalb der Streitkräfte oder aus den Wirtschaftseliten werden sich künftig überlegen, ob sie weiterhin einen greisen, angeschlagenen, isolierten Putschisten hofieren wollen und sich damit, nicht zuletzt auch international, selbst isolieren. Detlef Nolte sieht hier die Pinochet-Anhänger einer gewissen „Provinzialität" verhaftet: „Die ehemalige neoliberale Avantgarde der Globalisierung schien sich der marginalen Bedeutung Chiles in der Weltwirtschaft und für die Mitgliedsländer der EU nicht bewusst zu sein. Dies dokumentiert einen gewissen Provinzialismus, eine maßlose Selbstüberschätzung und ein gestörtes Verhältnis zur politischen Realität" (Nolte 2000: 306).

Die „Mesa de Diálogo sobre Derechos Humanos": Ein neuer vergangenheitspolitischer Ansatz?

Ein neues Verhältnis zur politischen Realität scheint sich allmählich auch innerhalb der ehemaligen Unterstützergruppen des autoritären Regimes anzukündigen. Am 21. August 1999 bildete sich auf eine Initiative des Verteidigungsministers Edmundo Pérez Yoma ein „Runder Tisch zu den Menschrechten" (Mesa de Diálogo sobre Derechos Humanos), dem Angehörige der Streitkräfte, Anwälte, Publizisten, Historiker, Menschenrechtler, Kirchenvertreter und Psychologen angehören. In neun Sitzungen wurde über die Gründe des Scheiterns der Unidad Popular, die Legitimität der Militärdiktatur, die Menschenrechtsverletzungen durch die Repressionsorgane der Diktatur und die Auseinandersetzung mit der

Vergangenheit debattiert, bevor am 12. Juni 2000 eine Abschlusserklärung vorgelegt wurde. In den verschiedenen Diskussionsbeiträgen wird immer wieder die Bedeutung der Auseinandersetzung mit der Vergangenheit für den Konsolidierungsprozess der chilenischen Demokratie betont. Die *Verständigung* über die Vergangenheit, nicht die *Kanonisierung* einer „richtigen" bzw. „wahren" Interpretation der Geschehnisse, wird dabei immer als Ziel formuliert. In einer Zwischenbilanz am 5.10.1999 bemerkte Verteidigungsminister Pérez Yoma, die Hoffnung auf die Konstruktion einer offiziellen Geschichte sei unvereinbar mit einer pluralistischen Gesellschaft. Die Vergangenheit, ihre Rekonstruktion und ihre Interpretation hinterließen immer offene Fragen und seien offen für Debatten und Diskussionen (http://www.mesadedialogo.cl/ses6a.htm). Diese Pluralisierung der Vergangenheit ist sicherlich ein notwendiger Schritt bei der Auseinandersetzung mit schmerzhaften Erinnerungen in einer durch die Vergangenheit geteilten Gesellschaft. Allerdings stellt sich auch die Frage, wie weit die Pluralisierung gehen kann. In der Abschlusserklärung der Mesa de Diálogo wird die Historie Chiles seit den 60er-Jahren rekapituliert als eine Geschichte der Konflikte und der politischen Gewalt. Dieser ernste soziale und politische Konflikt, so heißt es dort, mündete in die Ereignisse des 11. September 1973, über welche unter den Chilenen legitimerweise unterschiedliche Meinungen bestünden („Este grave conflicto social y político culminó con los hechos del 11 de septiembre de 1973, sobre los cuales los chilenos sostienen, legítimamente, distintas opiniones", Declaración de la Mesa de Diálogo sobre Derechos Humanos vom 12.6.2000, http://www. mesadedialogo.cl/acuerdoa.htm). Es mutet schon seltsam an, dass zehn Jahre nach Beginn der Demokratisierung ein offener Verfassungsbruch und Staatsstreich euphemistisch als „Ereignis" beschrieben wird, welches „legitimerweise" unterschiedlicher Bewertung offen stehe. Ähnlich pluralistisch, um nicht zu sagen relativistisch, werden auch die Menschenrechtsverbrechen in der Abschlusserklärung erwähnt. Direkt im Anschluss an die obenstehende Passage heißt es:

„Ohne Zweifel gibt es andere Ereignisse, die legitimerweise nur zurückgewiesen und verurteilt werden können und deren Wiederholung nicht zugelassen werden darf. Wir beziehen uns auf die schweren Menschenrechtsvergehen, in die Vertreter staatlicher Institutionen des Militärregimes gerieten. Wir beziehen uns ebenso auf die politische Gewalt, die von Gegnern des Militärregimes verübt wurde." Diese Formulierung lädt zur Interpretation ein: Noch einmal wird der Putsch als durch die besonderen Umstände zu legitimieren versucht. Nicht die gewaltsame Absetzung einer demokratischen Regierung durch die selbstermächtigten Militärs wird als Problem gesehen, sondern die Menschenrechtsverbrechen, in die „Einzelne gerieten" („en que incurrieron agentes de organizaciones del Estado"). Hier wird suggeriert, es habe sich nicht um geplante staatliche Kriminalität, sondern um Exzesse einzelner Beteiligter gehandelt. Die Vergehen der Regimegegner, die hier (rechtlich und moralisch) auf der gleichen Ebene angesiedelt werden, wurden – so legt es die Formulierung nahe – bewusst und geplant begangen („la violencia política cometida por algunos opositores al régimen militar“). Wenn im weiteren Verlauf der Erklärung Demokratie und Rechtsstaat wie auch die ausschließliche Subordination der Streitkräfte unter die zivile demokratische Herrschaft bekräftigt werden, so steht dies merkwürdig unverbunden neben der neutralen Erwähnung des Putsches vom September 1973. Interessant ist in diesem Zusammenhang eine Umfrage des CERC, wie die Chilenen die Rolle der Streitkräfte im demokratischen Chile einschätzen. Die Befragten sollten beurteilen, ob (1) die Streitkräfte der zivilen Regierung voll und ganz unterstellt sind und gehorchen; ob sie (2) der Regierung unterstellt sind, aber Druck ausüben; ob sie (3) keiner zivilen Macht unterstellt sind und gemäß ihren eigenen Interessen handeln; oder ob sie (4) keinerlei Macht unterstellt sind und willkürlich Druck ausüben (CERC Mai 2000). Im folgenden Diagramm wird zusätzlich nach der Stimmabgabe bei den Präsidentschaftswahlen unterschieden.

Nach Meinung der Befragten spielen diesen Ergebnissen zufolge die chilenischen Streitkräfte eine weitaus aktivere und eigenmächtigere Rolle, als dies in einer Demokratie zu erwarten wäre. Selbst die Wähler des unterlegenen Präsidentschaftskandidaten Lavín, der der politischen Rechten zugeordnet werden muss, sind nur zu 36 Prozent der Ansicht, dass die Streitkräfte demokratisiert sind. Betrachtet man die Wählerschaft in ihrer Gesamtheit, sieht gerade einmal ein Fünftel (22 Prozent) die Streitkräfte in der Rolle, die ihnen in einer

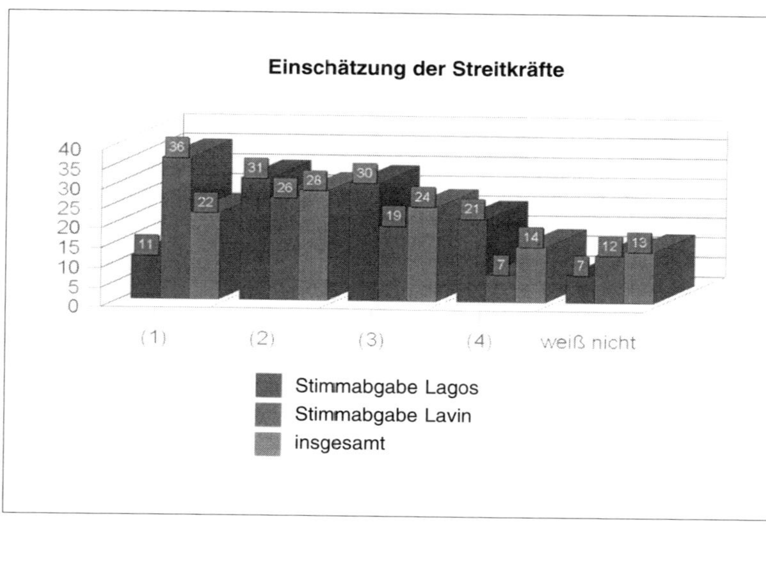

Demokratie zukommt. Vor diesem Hintergrund scheint es plausibel, die Streitkräfte nach wie vor zu den wichtigen Akteuren in der chilenischen Politik zu zählen und ihr Drohpotential ernst zu nehmen.

Die Bewertung der „Runden Tische" fällt nicht zuletzt wegen der angesprochenen Ambivalenzen sehr unterschiedlich aus. Detlef Nolte zitiert Dokumente der „Mesa de Diálogo", die ihr Ziel beschreiben als den Versuch, „das Geschehene zu erklären und in eine offene Diskussion über die unterschiedlichen Deutungsmuster der jüngsten chilenischen Geschichte einzutreten. ... Es gehe darum – gerade auch für die nachwachsenden Generationen –, die richtigen Lehren aus der Vergangenheit zu ziehen und die moralisch-ethischen Fundamente der Gesellschaft zu erneuern" (2000: 308). Zu einer dazu konträren Sichtweise gelangt Luis Quinteros Yánez (2000: 20 f.). Er sieht in den „Runden Tischen" einen „Kunstgriff der Regierenden", die seines Erachtens dem Ziel dient, die „Straflosigkeit der Diktatur" zu sichern, „das Vergessen ihrer Opfer ... und die Überwindung der Vergangenheit" zu beschleunigen. Quinteros Yánez verurteilt die Initiative des Verteidigungsministers kategorisch: „Es handelt sich ... um einen weiteren erdachten Vorwand derer, die als ‚Demokraten' auf die unumschränkte Militärherrschaft folgten, der dafür sorgen soll, dass ein Schlusspunkt unter die Menschenrechtsverbrechen gesetzt würde, um damit die soziale Unsicherheit, die sich seit der Verhaftung Pinochets in Großbritannien verbreitet hat, zu beenden." Augenfällig ist der Aktivismus der Mesa de Díalogo in der Zeitspanne des Aufenthalts Pinochets in England – zwischen August 1999 und Januar 2000 fanden neben der konstituierenden Sitzung am 21.8.1999 acht weitere Sitzungen zu unterschiedlichen Inhalten statt, während nach Pinochets Ausreise noch eine einzige Sitzung, der Acuerdo Final am 12.6.2000, abgehalten wurde. Insofern wird Quinteros Yánez Einschätzung, der „Runde Tisch" zeige den Versuch, „ein gefährliches Gleichgewicht zwischen den Forderungen der Justiz und der Überwindung der Vergangenheit aufrechtzuerhalten" (2000: 21), eine gewisse Plausibilität nicht abzusprechen sein. Dennoch spiegeln die Aktivitäten der Mesa de Díalogo wie auch die öffentliche Reaktion auf die Erklärungen der Diskussionsteilnehmer die Notwendigkeit und den Versuch, auf dem Wege des Dialogs eine Basis zu begründen, von der aus politisch, rechtlich und moralisch die Vergangenheit thematisiert werden kann. Problematisch erscheint jedoch, dass diese Diskussionen im „normativen Niemandsland" stattzufinden scheinen. In der Bundesrepublik Deutschland ist die These vertreten worden, durch das „kommunikative Beschweigen" (Hermann Lübbe) der eigenen Verstrickungen sei der Übergang von der Diktatur in die Republik sozialpsychologisch und politisch in einer „gewissen Stille" vollzogen worden. In Spanien wurden die Traumata des Bürgerkriegs und die Menschenrechtsvergehen der Franco-Diktatur in einer „kollektiven und gewollten Amnesie" (Jorge Semprún) im Laufe der Zeit überwunden. Eine Überwindung der Vergangenheit bedarf jedoch des bewusst vollzogenen Kontinuitätsbruchs zwischen Diktatur und Demokratie. Peter Steinbach schlägt deshalb vor, den Begriff der

Vergangenheitsbewältigung nur in Verbindung mit der Auseinandersetzung systematischer Verletzung der Bürger- und Menschenrechte zuzulassen: „Die entscheidende Voraussetzung jedes Anspruchs auf Vergangenheitsbewältigung ist deshalb der vorausgegangene ... Kontinuitätsbruch, der in der Regel Verfolgung, Entrechtung, Behinderung derjenigen Menschen und Strukturen bedeutet, gegen die sich die proklamierte »revolutionäre Veränderung« richten sollte. Hinzu kommt aber auch die Einsicht in die Verstrickung großer Bevölkerungsteile in diesen Kontinuitätsbruch“ (1994: 11). In Chile scheint nach der „blockierten Erinnerung“, wie sie Tomás Moulian beklagt, eine neue Zeit der „beliebigen“ Erinnerung anzubrechen, in der jedem seine eigene, kontingente und partikulare Erinnerung zugestanden wird. Ob sich aus dieser Vergangenheitsbewältigung ohne moralischen Kompass demokratische Werthaltungen, Normen und Einstellungen ergeben werden, steht dahin. Es steht jedoch zu befürchten, dass eine Vergangenheitspolitik ohne normative Standards eher zu anomischen Verhältnissen führt. Eine demokratische Neugründung auf den „Verheerungen und Versehrungen“ der Vergangenheit (Lutz Wingert) scheint mehr denn je unwahrscheinlich.

Literatur

Ambos, Kai: Zur „Verrechtlichung" der Repression und zur strafrechtlichen Vergangenheitsbewältigung in Chile, in: Nolte, Detlef (Hrsg.): Vergangenheitsbewältigung in Lateinamerika, Frankfurt/M. 1996: 139-151

Ambos, Kai: Erscheinungsformen der impunidad und Gegenmaßnahmen, in: Fischer, Thomas/Krennerich, Michael (Hrsg.): Politische Gewalt in Lateinamerika, Frankfurt/M. 2000: 231-257

Arenhövel, Mark: Demokratie und Erinnerung. Der Blick zurück auf Diktatur und Menschenrechtsverbrechen, Frankfurt/M. 2000

Assmann, Jan: Das kulturelle Gedächtnis: Schrift, Erinnerung und politische Identität in frühen Hochkulturen, München 1999 (Erste Auflage 1992)

Bock, Petra/Wolfrum, Edgar (Hrsg.): Umkämpfte Vergangenheit. Göttingen 1999

Bronkhorst, Daan: Sieben Überlegungen zu Wahrheitskommissionen, in: von Arnim, Gabriele/Deile, Volkmar und andere (Hrsg.): Jahrbuch Menschenrechte 2000, Frankfurt/M. 1999: 33-45

Cuya, Esteban: Wahrheitskommissionen in Lateinamerika, in: Nolte, Detlef (Hrsg.): Vergangenheitsbewältigung in Lateinamerika. Frankfurt/M. 1996: 33-66

Dorfmann, Ariel: Der Tod und das Mädchen, Frankfurt/M. 1997

Fischer, Thomas: Die Rekonstruktion politischer Gewalt. Zur Rolle von Wahrheitskommissionen in Lateinamerika, in: Fischer, Thomas/Krennerich, Michael (Hrsg.): Politische Gewalt in Lateinamerika, Frankfurt/M. 2000: 259-290

Garton Ash, Timothy: True Confessions, in: The New York Review, 17.7.1997: 33-38

Garton Ash, Timothy: Diktatur und Wahrheit. Die Suche nach Gerechtigkeit und die Politik der Erinnerung, in: Lettre International, 10, 1998: 10-16

Günther, Klaus: Der strafrechtliche Schuldbegriff als Gegenstand einer Politik der Erinnerung in der Demokratie, in: Margalit, Avishai/Smith, Gary (Hrsg.): Amnestie oder Die Politik der Erinnerung, Frankfurt/M. 1997: 48-89

Lübbe, Hermann: Der Nationalsozialismus im politischen Bewusstsein der Gegenwart, in: Deutschlands Weg in die Diktatur. Internationale Konferenz zur nationalsozialistischen Machtübernahme im Reichstagsgebäude zu Berlin; Referate und Diskussionen. Ein Protokoll, Berlin 1983

Mera, Jorge: Chile: Truth and Justice under the Democratic Government, in: Roht-Arriaza, Naomi (Hrsg.): Impunity and Human Rights in International Law and Practice, New York/Oxford 1995: 171-184

Moulian, Tomás: Chile actual: Anatomía de un mito, Santiago de Chile 1997

Nino, Carlos Santiago: Radical Evil on Trial. New Haven (Conn.) 1996

Nolte, Detlef: Verantwortungsethik versus Gesinnungsethik: Menschenrechtsverletzungen und Demokratisierung in Südamerika, in: Fischer, Thomas/Krennerich, Michael (Hrsg.): Politische Gewalt in Lateinamerika, Frankfurt/M. 2000: 291-309

Orentlicher, Diane F.: Settling Accounts: The Duty to prosecute human rights violations of a prior regime, in: Kritz, Neil (Hrsg.): Transitional Justice, Vol. 1, Washington 1995: 375-416

Pelinka, Anton: Sensibilität für die Menschenrechte. Zur Aufarbeitung von Menschenrechtsverletzungen, in: von Arnim, Gabriele/Deile, Volkmar und andere (Hrsg.): Jahrbuch Menschenrechte 2000, Frankfurt/M. 1999, 19-29

Popkin, Margaret/Roht-Arriaza, Naomi: Truth as Justice: Investigatory Commissions in Latin America, in: Kritz, N. (Hrsg.): Transitional Justice, Vol. 1, Washington 1995: 262-289

Quinteros Yánez, Luis: Der Fall Pinochet, in: Solidaridad. Berichte und Analysen aus Chile, Januar/Februar 2000: 18-22

Schwan, Gesine: Politik und Schuld. Die zerstörerische Macht des Schweigens. Frankfurt/M. 1997

Steinbach, Peter: Vergangenheitsbewältigungen in vergleichender Perspektive. Politische Säuberung, Wiedergutmachung, Integration, Berlin 1994

Wingert, Lutz: Haben wir moralische Verpflichtungen gegenüber früheren Generationen? Moralischer Universalismus und erinnernde Solidarität, in: Babylon. Beiträge zur jüdischen Gegenwart 9/1991: 78-94

Anmerkungen

[1] Nur wenige Tage, nachdem der Bericht der argentinischen Wahrheitskommission CONADEP sowie eine Liste von 1.351 Personen – Angehörige der Streitkräfte, der Polizei, aber auch Richter, Ärzte, Journalisten und Geistliche, die in gravierende Menschenrechtsverbrechen verwickelt waren – an Präsident Alfonsín übergeben worden war, veröffentlichte die Zeitung „El Periodista" eine Reihe von Täternamen (vgl. dazu Nino 1996: 80; Cuya 1996: 41).

[2] Als Legitimationskriterium formuliert Bronkhorst: „Eine Wahrheitskommission – sei sie offiziell oder inoffiziell – hat ihren Namen dann verdient, wenn sie einen Bericht veröffentlicht, der von großen Teilen einer Gesellschaft als ein wenigstens ernsthafter Versuch angesehen wird, zu rekonstruieren, was an systematischen Menschenrechtsverletzungen geschehen ist" (1999: 34 f.).

[3] Vgl. zu diesem Katalog Popkin/Roht-Arriaza (1995: 262).

[4] Im Diagramm wurden die Antworten „sehr wichtig" und „ziemlich wichtig" zusammengefasst, ebenso wie die Antworten „kaum wichtig" und „unwichtig".

[5] Von chilenischer Seite ist deshalb wiederholt der Vorwurf der *double standards* erhoben worden, der natürlich eine gewisse Plausibilität besitzt, nur angesichts einer *neuen Sensibilität in Menschenrechtsfragen* (Pelinka) am wirklichen Punkt vorbeigeht.

Bernd Knittel

Voraussetzungen der Lerngruppen und Skizze der Unterrichtseinheit

Vorbemerkung

Der dokumentierte Unterricht wurde im Fachseminar Geschichte/Sozialkunde in zwei Sitzungen geplant. Das Hauptanliegen war, die Lernenden so vorzubereiten, dass sie selbstständig ein inhaltlich begründetes Urteil zu der Frage: „Soll dem ehemaligen Staatschef Pinochet Straffreiheit (Immunität) gewährt werden?" in einer Hauptlernaktion entwickeln konnten. Die Einheit knüpfte an den Rahmenplaninhalt Sozialkunde für die neunte Klasse: „Funktionen des Rechts" an. Unser Ziel war es auch, die Kompetenzen der beiden Klassen politisch zu urteilen feststellen zu können und mindestens[1] in der 9F in der Auswertungsstunde die neuen Erkenntnisse für die Lernenden fruchtbar zu machen. Die Lerngruppen waren informiert, dass der Videomitschnitt der gemeinsamen Auswertung und Lehrerausbildung dienen sollte.

Der Unterricht in der 9E wurde am 26.2.1999 in der ersten Stunde, der Unterricht in der 9F in der zweiten Stunde an der Schiller-Oberschule (Gymnasium) in Berlin-Charlottenburg aufgezeichnet.

Im Mai 2000 antwortet Janosch aus der damaligen 9F auf die von mir schriftlich an beide Klassen gestellte Frage: „Mich interessiert auch, durchaus konkret, ob Sie sich – falls der Unterricht zur Urteilsbildung einen Beitrag geleistet haben sollte – auch heute noch sicherer fühlen zu urteilen?":

„Durch den Unterricht zum Thema Urteilsbildung wurde mir bewusst, welche einzelnen Denkschritte bei der Urteilsbildung entscheidend und auch notwendig sind. Durch diese Erkenntnis kann ich nun bewusst differenzieren, also verschiedene Maßstäbe anlegen, was mir beim Treffen einer Entscheidung nützlich sein kann. Ich fühle mich insofern sicherer beim Urteilen, als dass ich mich immer auf meinen Maßstab berufen kann und somit selten wirklich unrecht habe. Man kann mir in diesem Fall nur ‚vorwerfen' den falschen Maßstab gewählt zu haben."[2]

Skizze der Unterrichtseinheit

Notwendige inhaltliche Voraussetzungen: Die Sachstruktur des Falles „Pinochet" ist durch eine verwirrende Gemengelage aus nationalem Strafrecht, Gerichtszuständigkeiten, Auslieferungsabkommen, Völkergewohnheitsrecht und jüngerer Entwicklung des Völkerstrafrechts bestimmt.

Als Ergebnis unserer Sachstrukturanalyse und Reduktion legten wir im Fachseminar fest: Mindestens sollten beide Lerngruppen

- die Bedeutung vermeintlich nur formaler Regeln für einen fairen Prozess und damit den Schutz jedes Angeklagten vor Willkür und
- das Recht jedes Angeklagten auf Rechtssicherheit,
- die Ordnungsfunktion und die Gerechtigkeitsfunktion des Rechts,
- die Prinzipien „Keine Strafe ohne Gesetz" („Nullum crimen, nulla poena sine lega scripta") und
- „Ein Gleicher [ein Staat] hat keine Gewalt über einen Gleichen >Staat<." („par in parem non habet imperium") und
- politische und rechtliche Vorwürfe gegen Pinochet kennen [Gewalttätiger Militärputsch. Tausende von chilenischen Zivilpersonen verloren ihr Leben. Schätzungsweise 40.000 Chilenen kamen in Haft. Am 22. September 1973 wurde das Kriegsrecht verhängt, mit dessen Hilfe die bürgerlichen Freiheiten drastisch eingeschränkt und jede beliebige Person verhaftet, verhört, verurteilt und beliebig lange festgehalten werden konnte. Folter war während der Vernehmungen politischer Gefangener eine übliche Praxis].

Für eine – mögliche – politisch-rationale Begründung ihres Urteils war es notwendig, dass die Lernenden sich darüber hinaus auch

- aktuelle, fallbezogene, formale und inhaltliche, rechtliche und politische Argumente für bzw. gegen die beantragte Auslieferung und die Entscheidung des Gerichts erarbeiten konnten.

Als Ergebnis unserer Analyse möglicher Zugangsweisen und Handlungsfolgen legten wir fest:

- Die Vergleichbarkeit der Beiträge in beiden Klassen verlangt vergleichbare Zugangsweisen und Handlungsfolgen in beiden Lerngruppen.
- Die Vermittlung der notwendigen inhaltlichen Voraussetzungen soll zwar problemorientiert (visuell präsentierte Einstiegsfragen), insgesamt aber eher nur informierend (Auswertung von Infotexten) sein, um das selbstständige Urteilen nicht zu sehr vorzubestimmen.
- Die nur steinbruchartige Auswertung in Anspruch und Inhalt unterschiedlicher aktueller Zeitungsartikel aus vier verschiedenen Tageszeitungen soll zur Ermöglichung hoher

pro und contra-Vielfalt der Erläuterungen und sachlicher Genauigkeit der Begründungen erfolgen. Die Lernenden sollen aus dem Angebot vieler Zeitungsartikel wählen können.
- Jeder Schüler soll mindestens einen gut verständlichen und ergiebigen Text bekommen, um Mindestwissen als Voraussetzung zum Urteilen erarbeiten zu können, so dass davon genug Kopien für alle da sein müssen.
- Die Ergebnisse der partnerschaftlichen Zeitungslektüren sollen in Transparenten DIN A3 fokussiert werden, damit für alle Lernenden zügig ein Überblick zur kontroversen Sachstruktur des Falles Pinochet gewonnen werden kann.
- Der zentrale Impuls[3] zum Urteilen muss sowohl offen wie präzise sein, um die Lernenden auf ihren gegenwärtigen Weg zum Urteilen zu entlassen. Hilfsimpulse sollen nicht die Urteile inhaltlich beeinflussen, wohl aber die Lerngruppen – auch schweigende Schülerinnen und Schüler – zur Aspektvielfalt herausfordern, ohne dabei Einzelne in ihrem Urteil zu beeinflussen.
- Eine „Ja/Nein/keine Enthaltung-Abstimmung“ vertieft die Urteilserfahrung und ermöglicht eine ‚Abfrage‘ des zentralen Kriteriums der Entscheidung.

Die Materialien M2-M3 sind lerngruppengerechte Grundlagen zum Erwerb von Mindestwissen zum Verständnis der Zeitungsartikel. Die Zeitungsartikel werden ungekürzt eingesetzt, da sie
- (potentiell) lebensnah sind und
- *nur* als steinbruchartige Fundgrube für Argumente pro/contra dienen sollen und
- keine Textauswertung geplant ist, wohl aber
- die Texte Anschaulichkeit und einen Überblick zur Komplexität des Falles vermitteln können.

M1 Stichworte zur Auseinandersetzung pro/contra Auslieferung in den vervielfältigten Zeitungsartikeln*	
Pro	**Contra**
eher auf Form bezogen	
TSP 30.10.98 Es gibt keine allgemeine Regel, wonach Staatsoberhäupter für Taten, die sie begangen haben, nicht verantwortlich gemacht werden können. Der Schutz im eigenen Land vor Strafverfolgung erstreckt sich nicht auf das Völkerrecht. FAZ 10.11.98 Ein Diplomatenpass allein schützt nicht, gewährt keine Immunität. FAZ 10.11.98 Die kraft Völkerrechts den Staatsoberhäuptern zukommende Immunität für dienstliches wie privates Verhalten steht Pinochet nicht mehr zu. Sie gilt nur für die Dauer der Amtszeit.	SZ 12/13.12.98 Nur chilenische Gerichte sind zuständig. SZ 12/13.12.98 Die chilenische Regierung fordert die Freilassung. NZZ 10.12.98 Souveränität Chiles wird verletzt. NZZ 9.11.98 Pinochet reiste in offiziellem Auftrag unter dem Schutz der Immunität.
NZZ 10.12.98 Auslieferungsgesuch Spaniens ist formgerecht, vorgeworfene Verbrechen sind auch nach britischem Recht strafbar. TSP 13.11.98 Pinochet war verantwortlich für Folter, Verschleppung, Vergewaltigung und systematischen Mord. TSP 30.10.98 Das deutsche Strafrecht erlaubt die Verfolgung von im Ausland an Deutschen begangenen Verbrechen. NZZ 6.11.98 Pinochet ist auch für Verbrechen verantwortlich, die nach dem Putsch geschehen seien, als er formell *nicht* chilenisches Staatsoberhaupt war.	ZEIT 22.12.98 Ein Richter war befangen.
TSP 12.11.98 Rückwirkungsverbot muss bei schweren internationalen Verbrechen zurückstehen; NZZ 6.11.98 Moderne Völkerrechtsprinzipien galten 1973 schon und sind von Großbritannien anerkannt. FAZ 10.11.98 Immunität gilt nicht für Völkermord und neuerdings – seit 1984 – für Verbrechen gegen die Menschlichkeit.	FAZ 10.11.98 Völkermord, Terrorismus und Folter waren zur Tatzeit noch nicht strafbar. „Nullum crimen, nulla poena sine lega scripta".

Stichworte zur Auseinandersetzung pro/contra Auslieferung in den vervielfältigten Zeitungsartikeln*	
Pro	**Contra**
eher auf Inhalte der Völkerrechtsentwicklung/Durchsetzung bezogen	
NZZ 10.12.98 Völkerrechtsentwicklung, Menschenrechtsdeklaration. TSP 30.10.98 Entspricht Nürnberger Prinzipien.	SZ 30.10.98 Der innere Frieden Chiles ist/wird gefährdet.
TSP 13.11.98 Opfer fordern Recht; Pinochet bereut nicht. TSP 12.11.98 Sehnsucht nach Gerechtigkeit.	
TSP 13.11.98 Es soll in Europa keine Reisefreiheit mehr für politische Verbrecher geben.	NZZ 22.10.98 Verfolgung darf keine Ausnahme bleiben: „Ethischer Opportunismus". SZ 10.12.98 Der ehemalige US-Präsident Nixon hat den Putsch gegen Chiles demokratisch gewählten Präsidenten am 11.09.1973 ausdrücklich gebilligt; der CIA hat den Putsch aktiv unterstützt. SZ 28/29.11.98 Ähnliche Fälle, andere Elle: Abdullah Öcalan.

* Zeitungen: NZZ (Neue Zürcher Zeitung), FAZ (Frankfurter Allgemeine Zeitung), SZ (Süddeutsche Zeitung),TSP (Tagesspiegel)

M 2

Aufgaben des Rechts*

Recht hat im Wesentlichen vier Aufgaben (Funktionen).[5]

Diese vier sind:

1. Ordnungsfunktion
2. Gerechtigkeitsfunktion
3. Herrschaftsfunktion
4. Herrschaftskontrollfunktion

Zu 1.: Übliches Beispiel dafür ist der Straßenverkehr. Wie man ihn im Einzelnen regelt, das ist letztlich gleichgültig. Ob Linksverkehr, wie in angelsächsischen Ländern, oder Rechtsverkehr, wie auf dem europäischen Kontinent, das ist egal. Es muss also nur eine bestimmte Ordnung, Regeln geben.

Recht gibt Regeln. Das ist fast immer die Funktion von Recht, nicht nur im Straßenverkehr. In den anderen Bereichen kommt noch anderes hinzu; z.B. die formale Regel „Keine Strafe ohne geschriebenes Gesetz" („Nullum crimen, nulla poena sine lega scripta") .

Zu 2.: Der Gangster Al Capone ist nicht wegen der Morde, die er begangen hat bzw. begehen ließ, verurteilt worden, sondern wegen Steuerhinterziehung. Nur so war es möglich, dass er überhaupt bestraft wurde.

Recht dient also auch der Durchsetzung von Gerechtigkeit. Das ist seine moralische und soziale Aufgabe, die es immer noch nicht voll erfüllen kann. Ein Defizit, das verursacht wird durch die Verbindung mit der dritten Aufgabe, der Aufrechterhaltung von Herrschaft.

Zu 3.: Recht hat nämlich außerdem die Funktion, Herrschaft aufrechtzuerhalten; z.B. wendet die Regierung allgemeine Regeln nach Nützlichkeitserwägungen an.

Damit ist eine Fülle von Problemen verbunden, z.B. Probleme für soziale Gerechtigkeit, Umweltschutz und Frieden, die bis heute nicht gelöst wurden.

Zu 4.: Die zum Teil negativen Wirkungen der Herrschaftsfunktion werden dadurch gemildert, dass das Recht inzwischen auch ein Instrument zur Kontrolle von Herrschaft geworden ist.

Es schützen jeden Bürger der zentrale Gedanke des Rechtsstaates, dass auch staatliche Herrschaft an das Recht gebunden ist und sich kontrollieren lassen muss, der Grundsatz „Nullum crimen, nulla poena sine lega scripta" und Regeln für einen fairen Prozess. Die Kontrolle von Herrschaft für alle Bürger hat die Verwaltungs- und Verfassungsgerichtsbarkeit.

Die Kontrollfunktion des Rechts verlangt, dass gleiches Recht gesprochen wird, ohne Ansehen der Person und von unterschiedlichen Interessen. Regierungsmitglieder und Politiker werden für strafbare Handlungen ebenso verfolgt wie andere Bürger.

Internationales Recht *schützt seit 500 Jahren den freien Verkehr von Botschaftern und fremden Staatsmännern zwischen Staaten. Dieser freie Verkehr macht friedlichen Umgang der Staaten untereinander überhaupt erst möglich.*

*INFO-Blatt für 9. Klasse zur Vermittlung des Mindestwissens[4]

M 3

Militärputsch in Chile 1973 durch General Pinochet[7]

Am 11. September 1973 wurde die verfassungsmäßige Regierung des Präsidenten Salvador Allende durch General Pinochet gestürzt. Der rasche, extrem gewalttätige Staatsstreich, der erste, den es seit 40 Jahren in Chile gegeben hatte, kam nach Monaten sozialer Spannungen und Auseinandersetzungen und beendete eine lange Tradition demokratischer Regierungspraxis.

Tausende von chilenischen Zivilpersonen verloren ihr Leben. Schätzungsweise 40.000 Chilenen kamen in Haft. Alle politischen Parteien, aus denen sich die Regierungskoalition zusammengesetzt hatte, wurden verboten. Die Einheitsgewerkschaft wurde für illegal erklärt und das Streikrecht wurde abgeschafft.

Am 22. September wurde das Kriegsrecht verhängt und der Putsch damit rechtlich formal gerechtfertigt. Auf der Grundlage dieses Kriegsrechts wurden die bürgerlichen Freiheiten eingeschränkt und jede beliebige Person konnte verhaftet, verhört, verurteilt und beliebig lange festgehalten werden, um die innere Ordnung und Sicherheit Chiles zu schützen.

Folter war während der Vernehmungen politischer Gefangener die übliche Praxis. Es gab viele Fälle von Verbrennungen mit Säure oder Zigaretten, von Elektroschocks an allen Teilen des Körpers, Schwangere wurden mit Gewehrkolben geschlagen, bis sie Fehlgeburten hatten. Gefangene wurden gezwungen, Exkremente zu essen, wurden in eiskaltes Wasser getaucht oder mussten viele Stunden nackt in der Sonne stehen. Solche Foltern wurden mit dem Entzug von Nahrung, Wasser und Schlaf ergänzt. In Tejas Verdes starb ein Gefangener, nachdem man seine Beine gebrochen und seine Genitalien verbrannt hatte. Es ist bekannt, dass General Pinochet durch Rundschreiben verlangte, auch unter den Bedingungen des Kriegsrechtes die umfassende Anwendung von Folter unter Kontrolle zu bringen.

(Zusammengefasst aus: Amnesty International: Bericht über die Folter, 1975, Chile, S. 208-215)

Im Februar 1999 entscheiden britische Lordrichter als höchste Rechtsinstanz des Vereinigten Königreichs, ob Chiles Ex-Diktator Augusto Pinochet als ehemaliges Staatsoberhaupt noch Immunität vor Strafverfolgung besitzt. Spanien – der Richter Baltasar Garzón – verlangte von der britischen Regierung Ende 1998 die Festnahme und die Auslieferung Pinochets. Er begründete seinen Antrag, Pinochet könne keine Immunität beanspruchen, denn auch Staatsoberhäupter hätten kein Recht zu morden und zu foltern.

Es bleibt aber dennoch sehr zweifelhaft, ob ein Ex-Staatschef im Ausland für Verbrechen während seiner Regierungszeit überhaupt zur Verantwortung gezogen werden kann.

*INFO-Blatt für 9. Klasse zur Vermittlung des Mindestwissens[4]

Übersicht zum geplanten Unterrichtsverlauf – Verlaufsnotizen

Vor dem 22.2. kurze Information über das Vorhaben

• 22.2. 10.40-11.25 Uhr

Recht als Schutz und Herrschaft

Einstieg: 4 Fälle zum allgemeinen Problem der Funktion des Rechts

Wer liest den Text vor?

Fragen?

Lest still!

Nennt und erklärt die Aufgaben des Rechts!

Kennt ihr andere Beispiele?

Welche Probleme kann es für die Rechtsprechung geben?

INFO M 2 nach Wesel: Recht/Gerechtigkeit; Gleichheit

Vorbereitende Hausaufgabe zum 23.2.:

Informiert euch über den Putsch in Chile und beschreibt Rechtsverletzungen!
INFO M3 Militärputsch in Chile

• 23.2. 4./5. Stunde 9.50-11.25 Uhr

Berichtet über den Putsch in Chile und beschreibt Rechtsverletzungen!

INFO M3 zum Fall Pinochet, zur Kontroverse!

Partnerarbeit: Entwerft zu zweit je ein – begründetes – Transparent für und gegen die Auslieferung Pinochets! Wertet dazu die Zeitungsartikel aus!

Auch in einem Artikel, der für die Auslieferung ist, können Argumente gegen die Auslieferung formuliert sein! Ihr müsst nicht alles im Text genau verstehen!

UND: Bereitet eine mündliche Erklärung vor!

Ihr dürft Notizen dazu machen bzw. Zitate markieren!

Zeitungsartikel

26.2. 9E 8.00-8.45 Uhr[8]

Bitte stellt eure Namensschilder auf!

• Vorbereitung der Präsentation der Transparente an der Tafel!

bis 5 Min. Mögliche Beiträge:

Freiheit für Pinochet!

Gerechtigkeit für die Opfer!

Immunität für Pinochet!

Wo sind die Verschwundenen?

• Erklärt euer Transparent!

bis 10 Min. vgl. Tabelle zu Möglichkeiten

• Stimmt ihr der Entscheidung, dem ehemaligen Staatschef Pinochet Straffreiheit zu gewähren [bzw. nicht] zu? Begründung!

Andere Begründungen?

Widerspruch!

bis 20 Min. ?

• Stimmt als Richter ab!

Enthaltung ist verboten!

Wer ist für die Auslieferung... ?

Wer ist gegen die Auslieferung ... ?

Ihr habt bestimmt Argumente abgewogen.

• *Jeder sagt, was letztlich entscheidend für sein Urteil war!*

Es ist möglich, dass die Lernenden Gerechtigkeit angeben.

Anmerkungen

1 Eine weitere Stunde in der 9E „auszuleihen“ war nicht möglich.

2 Diese Antwort macht deutlich, wie wichtig für den Lernprozess die Auswertung der Stunde war.

3 Im Seminar wurde abgewogen, ob der Impuls: „Darf Pinochet Immunität erhalten?“ oder: „Soll Pinochet Immunität erhalten?“ stärkeren Aufforderungscharakter zum kontroversen Urteilen hat.

4 Zum Einsatz vgl. Notizen zur Verlaufsplanung.

5 Vereinfacht formuliert auf der Grundlage von Uwe Wesel: Geschichte des Rechts: Von den Frühformen bis zum Vertrag von Maastricht, München 1997, 49.

6 Der Leistungskurs Politische Weltkunde nutzte den vollständigen Text von AI als Informationsgrundlage.

7 Zum Einsatz vgl. Notizen zum Verlauf.

8 Die Planungsnotizen für die 9E und 9F unterscheiden sich nur in den Erwartungen möglicher Beiträge.

Unterrichtssequenz I: Wie urteilen Schüler?

Am Beispiel des Falls Pinochet
Transkript des Unterrichts in der Klasse 9E

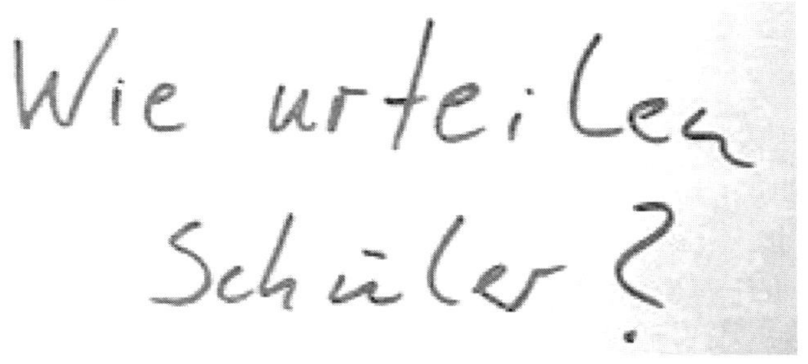

Lehrer: … Zurück. Gut. Was denkt ihr? Soll er (Pinochet) Straffreiheit bekommen? Soll er keine bekommen? – Mehr als vier, fünf. – Sechs. Ihr könnt jetzt nichts Falsches sagen. Ihr könnt nur unterschiedlich nachdenken. Janina.

Urteilsfrage

Janina: Also, ich bin der Meinung, man sollte ihn auf jeden Fall in Haft bringen, weil das, was er gemacht hat, ist echt nicht in Ordnung und das würd' ich ihm auch nicht so schnell – das würde ich ihm niemals verzeihen. Und ich finde, das Mindeste, was man machen kann, ist, dass man ihn in Haft bringt. Für die Todesstrafe bin ich nicht, weil, na ja aber … Also, ich würde ihn in Haft bringen.

Bestrafung

Gerechtigkeit

Lehrer: Miriam.

Miriam: Ja, ich denke auch, dass er auf jeden Fall inhaftiert werden sollte und auch wirklich sein ganzes Leben lang da drin bleiben sollte, weil, ich finde auch, so etwas kann man einfach nicht verzeihen. Wenn der einfach Tausende von Menschen hat einfach verschwinden lassen und gefoltert hat.

Lehrer: Nina.

Nina: Ich finde auch, auf jeden Fall inhaftieren. Aber ich glaub, das ist schwer durchzusetzen, weil – ich mein also – für die Haft sprechen ja eigentlich nur, was heißt nur aber, Menschenrechte, Grundrechte, halt dass so viele Menschen gefoltert wurden, aber ich glaube, es gibt viel mehr Argumente, die dafür sprechen, dass er wieder befreit wird, weil, er hat ja Immunität in Chile und das

Macht
Durchsetzbarkeit

mit dem Gesetz von den Engländern. Dann ist er auch noch ziemlich alt und da werden sie wahrscheinlich irgendwie noch das vermildern, weil er ja, na ja. Also, ich glaub, *ich* wär dafür, dass er lebenslange Haft bekommt, aber ich glaub, es ist schwer durchsetzbar. Ich denke mal, dass er wieder befreit wird.

Recht

Lehrer: Ihr geht jetzt schon einen Schritt weiter. Nicht nur die Frage der Auslieferung, Frage der Straffreiheit, sondern ihr denkt schon über das Urteil nach. Aber es ist im Grunde die gleiche Frage. Sandra.

Sandra: Na ja, ich bin auch dafür, also, ich bin vielleicht auch schon dafür, dass er vielleicht die Todesstrafe erhält, weil, ich finde, wenn jemand so viele Menschen umgebracht hat, dann hat er auch nicht mehr das Recht zu leben. Na ja. Das wär auch für die Verwandten, oder so, der Opfer, wär das auch noch ein Trost und, ich bin einfach für die Todesstrafe.

Gerechtigkeit
Ausgleich

Moral

Lehrer: Hmhm.

Anna: Ich würde sagen, dass er auf jeden Fall verurteilt wird, allerdings denke ich, die Todesstrafe, wenn wir das jetzt mit ihm machen, wenn wir ihn jetzt umbringen, dann ist es dasselbe, was er mit uns, mit den Opfern gemacht hat, und damit sind wir, o.k., es ist nicht ganz so, er hat ja was davor gemacht, es wär dann ein bisschen dasselbe. Dann wären wir genauso wie er. Nicht ganz so krass, aber. Dann denke ich, man sollte ihn einfach in so eine Anstalt stecken, wo er ganz allein ist, dass er dann *(undeutlich) (Lachen)* irgendwann verrückt wird und Selbstmord macht. Also, wo er abgeschnitten ist von der Außenwelt.

Opferperspektive

Rechts-
staatlichkeit

Lehrer: Philipp

Philipp: Vielleicht wäre es ganz sinnvoll, den Prozess gegen Pinochet in einem außereuropäischen demokratischen Land durchzubringen, weil, wenn man ihn in England oder in Chile verurteilen würde, dann würden so viele Gesetze für ihn sprechen und in anderen Ländern wieder der Hass der Menschen und die Gesetze gegen ihn. Da kann man irgendwie nicht so ein richtiges Mittelmaß dazu finden, deshalb vielleicht in einem außenstehenden europäischen Land, wo man die Lage genau kennt.

Recht

Mittelmaß

Lehrer: Damit es nochmals ganz deutlich wird. Das ist ein wichtiger Gedanke, allgemein [was der Schüler gerade gesagt hatte]. Damit es nochmals ganz deutlich wird, worum es geht. Ein spanischer Untersuchungsrichter hat den Antrag gestellt, international, Pinochet, wo immer er auftaucht, festzunehmen. Diese Festnahme ist in London vollzogen worden und gegen die Auslieferung klagt Pinochet vor einem englischen Gericht. Und es ist entschieden, er bleibt so lange festgenommen, bis das Oberste Gericht Englands entschieden hat, ob er ausgeliefert werden darf. Und dazu muss dieses britische Gericht zwei Fragen klären: die eine, da seid ihr gerade bei.

Urteilsfragen

Hat er Immunität? Hat er keine? Und darf er nach englischem Recht ausgeliefert werden? Und ganz so kompliziert müssen wir das nicht diskutieren. Wir bleiben dabei: Straffreiheit oder nicht? Ihr seid gleich schon auf die Strafe selbst eingegangen. Ist auch in Ordnung. Nina.

Strafmaß

Nina: Nochmals zu Anna. Ich weiß nicht, aber wenn wir ihn, was heißt wir, aber wenn er in einen Raum gesperrt wird und dann sozusagen verrückt wird, ist das für mich schlimmer als der Tod. Weil, er hat gemordet und gefoltert. Ich denke, ich weiß nicht, ich finde Folter eigentlich schlimmer, wenn man ihn noch foltern würde. Und ich meine, Sterben tut er sowieso irgendwann. Ich finde, ob der Tod, ich weiß nicht, ob das in England erlaubt ist, aber in Amerika z.B., ich meine, es gibt ja auch irgendwie, weiß ich nicht, Arten von Tod, dass er nicht noch davor leidet und so. Ich denke mal, dass das für ihn auch, was heißt angenehmer, ich fände es besser, wenn schon zu töten als zu foltern.

Urteilsfrage

Lehrer: Also, wir kommen, denke ich, jetzt in ein anderes Thema. Nämlich: Welche Strafe wäre angemessen? Ihr seid einen Schritt weitergegangen. Bleibt bitte zunächst bei der Frage: Verdient er Straffreiheit oder verdient er vor Gericht gestellt zu werden, das dann über eine Strafe befinden muss? Es geht nur zunächst einmal nur um die Frage, hat er Immunität, den Anspruch auf Straffreiheit oder nicht. Sonst müssen wir zu viele Themen gleichzeitig behandeln. Sie sind alle wichtig. Also nur zu der Frage: Straffreiheit – ja oder nein? Verdient er Immunität – ja oder nein? Hat er die – ja oder nein? Nur dazu. – War das eine Handbewegung? Willst du?

Gleichheit vor dem Gesetz

Erfahrung

Historische Parallele

(Aktuelle) Situation

Schüler: Ja, also, ich finde, dass er Straffreiheit nicht verdient hat, denn irgendwie sind wir, alle Menschen, also alle Menschen sind gleich, so steht es glaub ich auch im Gesetz oder so. Und wenn ein Mensch die Macht dazu hat, so viele Menschen, weil anscheinend sind es ja viele gewesen, zu töten und so, dann sollte man nicht nur über seine Schuld nachdenken, sondern auch darüber, wie man das in Zukunft verhindern könnte. Denn irgendwie ist es ja im Zweiten Weltkrieg auch passiert, da hatte auch ein Mann die Macht und hat Millionen von Menschen getötet und nicht nur Tausende oder so. Und ich denke einmal, dieser Fehler wird heute nicht mehr passieren können aufgrund bestimmter Gesetze, die so etwas vermeiden. Man sollte vielleicht auch darüber ein bisschen nachdenken.

Lehrer: Ich kenne euch ja noch gar nicht so. Ich würde gerne im Gespräch noch mehr kennen lernen. Also, wenn sich jetzt noch mehr beteiligen, denken tut ihr alle, fände ich das gut. Ihr denkt ja alle etwas, ihr habt auch schon nachgedacht. – Nicola, was denkst du?

Bestrafung

Nicola: Ich finde *(unverständlich)*, er hat keine Straffreiheit verdient, weil so viele wie er umgebracht hat, das kann man eigentlich nicht entschuldigen *(unverständlich).*

Lehrer: Namorata.

Namorata: Ich, also ich verstehe nicht, warum er Immunität hat – verdient jetzt. Was hat denn England eigentlich damit zu tun? Müssen die dann halt jeden beschützen?

Sinn von Immunität

Lehrer: Es gibt nun internationale Regeln, das ist vorgetragen worden, dass Menschen, die ein Staatsamt haben, für ihre Tätigkeit im Staatsamt strafrechtlich nicht verfolgt werden können. Und er war Staatsoberhaupt und es geht um Taten, die zu seiner Regierungszeit geschehen sind. Und darüber geht der Streit.

Schülerin: (unverständlich)

Lehrer: Er hat doch das Recht auf Immunität.

Schülerin: Das verdient er halt nicht, wenn er so viele umgebracht hat. *(unverständlich)*

Lehrer: Bleib einmal dabei.

Schülerin: (leise) ... wenn er so viele umbringt *(unverständlich)* ... ein paar Leute, da könnte man das verstehen. Aber wenn er so vierzigtausend oder so umbringt, so Massen ...

(Gemurmel)

Lehrer: Das „irgendwie" wäre noch ein bisschen zu klären. Merk' dir das mal. Carla.

Carla: Also, ich würde mich auch der Meinung der anderen anschließen, weil ich auch denke, dass man das nicht mehr gut machen kann, so viele Leute umzubringen. Und gerade auch weil er im Amt war, hätte er es nicht ausnutzen dürfen.

Ausgleich Moral

Lehrer: Caroline.

Caroline: Ich denke auch, dass er keine Immunität bekommen darf, da es ja auch bewiesen ist, dass er zahlreiche Taten auch kurz nach dem Putsch begangen hat und da noch kein Staatsoberhaupt war und noch nicht die Immunität genießt.

Differenzierung

Lehrer: Das ist ein ganz wichtiger Gesichtspunkt. Die Verteidiger haben nämlich formal Recht, kann man sagen, Staatsoberhäupter verdienen Straffreiheit. Und hier hat jemand eine Lücke gefunden zwischen dem 11. September und dem 22. September, da hat er auch schon Straftaten begangen und kann nicht in Anspruch nehmen, Immunität zu bekommen. Da ist ein kluger Staatsanwalt. – Philipp.

Philipp: Ich finde es eigentlich ganz lächerlich, in Chile, dass sie ihm da Straffreiheit geben. Denn da hat er wohl das größte Unheil angerichtet, und somit verstoßen die gegen die eigenen Gesetze. Es ist ein demokratisches Land.

Chiles Perspektive Widersprüche

Lehrer: So, ihr vier jetzt bitte noch.

Schülerin: Vielleicht fordert der Pinochet sein Recht auf Immunität, aber die Opfer, die fordern ja auch ihr Recht.

Kontroverse Recht

Lehrer: (leise) Ja.

Schülerin: Ja, ich finde auch, also vielleicht könnte man ihm die Immunität absprechen, weil er ist ja durch diesen Militärputsch an die Macht gelangt. Also Chile war ja damals demokratisch schon. Und dass sie ihn nicht gewählt haben, sondern dass er mit Gewalt schon an die Macht gekommen ist. Und ich glaube, das ist, ich finde, das ist auch schon ein Verbrechen. Also, ich glaube, nicht nur diese Morde und die Folter.

Legitimität Militärputsch

Lehrer: Sandra.

Sandra: Ich finde auch, dass er keine Immunität verdient, weil er, ich finde, dass er die irgendwie ein bisschen ausgenutzt hat, weil, er wusste ganz genau, dass er nicht bestraft werden kann und dann hat er halt einfach Leute umgebracht.

Macht

Lehrer: Er hat offensichtlich nicht damit gerechnet, in London festgenommen zu werden. Anna zum Schluss.

Anna: Ich wollte auch das sagen, was die gesagt haben und dass man solche Sachen nicht damit entschuldigen sollte, dass man ein Staatsoberhaupt war oder, weil, jeder andere, der Menschen umgebracht hat, wird bestraft. Ich kann doch so etwas nicht damit entschuldigen, dass ich Staatsoberhaupt war, wo er doch Menschen umgebracht hat, als er noch nicht an der Macht war.

Verhältnismäßigkeit

Recht

Lehrer: Gut. Ja. Ist das noch ganz wichtig? Überlege, entscheide. Hier ist noch ein Plakat, da habt ihr nicht weiter mit argumentiert, nicht genutzt, was noch für Pinochet spricht. Da sind ja doch immerhin Chilenen, die sagen: „Wir haben ihm verziehen. Wir – Betroffene – sind die wahren Richter." Und es könnte ja sein, dass in Chile neue Unruhe entsteht, und um, ja, ihr habt viel von Gerechtigkeit gesprochen, um diese Gerechtigkeit zu wahren, viele neue Opfer die Folge sind, wenn es in Chile zu heftigen Auseinandersetzungen kommt. Das wollte ich nur noch mal zu bedenken geben. Das Gericht in London ist jetzt schon länger am Nachdenken als ich gedacht habe, ich dachte, so etwa gestern, vorgestern wird das Urteil gefällt. So weit ist es noch nicht. Ihr habt so drei, vier Tage euch mit dem Fall beschäftigt und ich möchte jetzt, dass ihr *ein Urteil fällt*, euch also entscheidet, für Straffreiheit, gegen Straffreiheit. Und das bedeutet, wenn ihr für Straffreiheit seid, wird er nicht vor Gericht gestellt, wenn ihr gegen Straffreiheit seid, wird er vor Gericht gestellt. Und bevor ihr den Arm hebt, denkt ihr bitte, was der *letzte Grund* ist, weshalb ihr den Arm hebt. Den Moment, bevor ihr den Arm hebt, behaltet im Gedächtnis, was der Grund für euer Urteil ist. – Wer ist für Straffreiheit? Wer ist für Straffreiheit für Pinochet? Arm heben. *(Keine Reaktion)* – Was habt ihr für Schwierigkeiten? Wie bitte? – *Wer ist für Straffreiheit? (Keiner meldet sich) – Wer ist gegen Straffreiheit? (Alle melden sich)* Das habe ich im Gespräch unterschätzt. Das ist Zustimmung? Man muss sich nämlich bei Gericht entscheiden. Martin, wo war deine Hand? *(Lachen)* Ich muss die sehen, im Gericht muss man die Hand heben. Gut. Danke. Jetzt geht es darum, jeder sagt, einmal die Runde, seinen *letzten Grund*, weshalb er die Hand gehoben hat. Und es ist klar, dass es Wiederholungen geben wird. Wiederholungen sind erlaubt. Da müsst ihr euch nicht zurückhalten. Willst du anfangen? Deinen letzten Grund, den du hattest, als du die Hand gehoben hast.

Carla: Also, weil er halt Massenmord begangen hat, und als Staatsoberhaupt muss er auch eine Vorbildfunktion haben, dass andere Staatsoberhäupter es nicht nachmachen.

Legitimität

Lehrer: Anna.

Anna: Ich bin eigentlich für die Rechte der Opfer.

Opferperspektive

Schülerin: Ich denke, als Staatsoberhaupt soll man sein Land beschützen und es nicht durch

Legitimität

Massenmorde vernichten und deshalb bin ich (gegen Straffreiheit). *(Leise)*

Schülerin: Ich bin eigentlich auch wegen den Morden und, eigentlich nur wegen den Morden dafür und dass halt auch die Angehörigen Gerechtigkeit sehen.

Ausgleichende Gerechtigkeit

Schülerin: Ich fand das von Carla ganz gut, dass man auch versucht, das was legal ist, was gegen kein eigenes Gesetz verstößt, dass man ihn halt deswegen anklagt oder verurteilt, weil er bevor er Staatsoberhaupt war auch schon Straftaten begangen hat und auch diesen Militärputsch.

Gesetze

Schülerin: Er hat Menschenrechte verletzt und das kann man nicht damit entschuldigen, dass man Staatsoberhaupt ist.

Menschenrechte

Schülerin: Ich denke auch, dass ich für die Bestrafung bin, weil das was er getan hat einfach nicht zu entschuldigen ist, niemals, und es wird auch in Zukunft nicht zu entschuldigen sein.

Moral

Schülerin: Ich denke, ich schließe mich dem irgendwie an, weil ich meine, das kann man wirklich nicht entschuldigen, und ich denke einmal, er hat, er muss auch einsehen, dass nicht alle seine Meinung vertreten, dass er nicht deswegen, weil jemand seine Meinung vertritt, dass er den irgendwie vernichten kann.

Moral

Schülerin: Ich finde auch, dass die Opfer dieses Recht kriegen, dass er bestraft wird. Ich denke, man kann nicht, gerade auch mit dem Foltern, es ist nicht der Tod allein, das kann man nicht entschuldigen.

Ausgleich durch Recht

Lehrer: Janina.

Janina: Ich wollte sagen, wie Anna, natürlich wegen den Morden, aber auch hauptsächlich wegen den krassen Folterungen.

Sühne

Lehrer: Miriam.

Miriam: Also, ich auch nur – in Anführungsstrichen natürlich – wegen den Folterungen, aber das, was Christine, glaub ich, gesagt hat, dass er auch schon vorher, bevor er Staatsoberhaupt wurde, Morde begangen hat, das hat den letzten Grund gegeben.

Gesetze

Lehrer: Hm. Vanessa.

Vanessa: Mein letzter Gedanke war eigentlich der, sagen wir mal, *Hass* auf so einen Menschen, der so etwas tun kann und danach nicht einmal den Übriggebliebenen halt sich entschuldigen kann dafür und noch nicht einmal eingesteht, was er getan hat.

Moral

Schüler: Ich finde, nur weil der Staatsoberhaupt ist, hat er noch lange kein Recht, die Zivilbevölkerung abzuschlachten.

Moral

Schüler: Ich denke, wegen der allgemeinen Verletzung der Menschenrechte und wegen den Menschen, die durch ihn umgekommen sind, wäre es gerecht.

Menschenrechte

Lehrer: Philipp.

Philipp: Weil er so viele Leute umgebracht hat. *(unverständlich)*

Verbrechen

Schüler: Ich bin auch dafür, dass er keine Immunität besitzt, genießt. Außerdem sagen alle, er ist Staatsoberhaupt. Eigentlich hat er sich nur durch Gewalt reingebracht. Er ist gar nicht von der Verfassung richtig anerkannt worden, sondern hat die nur zu seinen Gunsten umgeändert. Deshalb sollte er genau wie der normale Bürger behandelt werden.

Legitimität

Lehrer: Martin.

Martin: ... auf grausame Art gestorben sind ... Betroffenen *(unverständlich)*

Schüler: Ich bin auch für die Bestrafung aufgrund der Morde und der Folterungen.

Verbrechen

Schüler: Ja, ich bin auch dagegen, es sagen hier alle aufgrund der Morde und Folterungen. Ich denke, wir bringen es echt ein bisschen weiter, weil, es sind so viele Menschen gewesen. Jeder dieser Menschen hätte so viel werden können, hätte so viel machen können in seinem Leben. Und außerdem finde ich das Recht, dass ein Staatsoberhaupt sich Immunität verschafft, bisschen blöd, ehrlich gesagt, denn ein Staatsoberhaupt, das mordet, ist viel schlimmer als ein Bürger, der mordet. Denn der ist irgendwie der Führer des Volkes, na ja, und das Vorbild manchmal.

Opferperspektive

Lehrer: Gabriele.

Gabriele: Ich denke, was ich vorhin schon gesagt habe und was Miriam jetzt auch nochmals erwähnt hat, dass er auch Morde begangen hat, als er noch nicht Staatschef war und wenigstens dafür müsste er bestraft werden.

Gesetze

Schülerin: Ich finde auch, dass es grausam war, wie er die Opfer gefoltert hat und nicht nur umgebracht hat.

Moral

Schülerin: Für mich ist es die gesamte Verletzung der Menschenrechte. Aber als rechtliche Begründung würde ich auch nennen, dass er gemordet hat, bevor er Staatsoberhaupt war.

Menschenrechte
Recht

Lehrer: Eine ganz spannende Formulierung: „Als rechtliche Begründung würde ich nennen". Dominika.

Dominika: Ja, ich finde, dass er auch bestraft werden soll, weil, ich meine, man kann doch nicht von den Leuten verlangen, dass sie ihm verzeihen, obwohl Verwandte von denen doch gestorben sind. Ich würde dem das nicht verzeihen können.

Moral

Lehrer: Es hat uns allen hier sehr geholfen, wie ihr jetzt nachgedacht habt. Ich hätte gerne mehr Zeit bei so viel Sachen, die kamen, die ich gerne mit euch weiter besprechen würde. Auf eine Sache möchte ich noch eingehen. Dein Namensschild ist weg. Kann ich es noch mal sehen? Nina, Miriam und Caroline haben eine etwas andere Begründung gehabt als letztlich fast alle anderen. Ja, die meisten Begründungen gingen darauf hin, Gerechtigkeit, aus der Sicht der Opfer denken, es geht um Menschenrechte,

Gerechtigkeit
Opferperspektive
Menschenrechte

Menschenwürde, das darf nicht verletzt werden, die dürfen nicht verletzt werden, Staatsoberhaupt muss gesetzestreu sein. Und Miriam, Caroline und Sandra haben …

Schülerin: Nina.

Lehrer: … Und Nina haben ein wenig anders begründet. Habt ihr das bemerkt, was ihr anders begründet habt?

Schülerin: Nicht mit Gerechtigkeit, dass man Gerechtigkeit schaffen soll, sondern dass man nach dem Recht urteilen soll.

Recht

Lehrer: Und noch eine Spitze drauf. Du hast noch mehr nachgedacht. Nicht nur nach dem Recht. Das andere ist ja auch um nach dem Recht zu urteilen.

Schülerin: Nach den Gesetzen.

Lehrer: Ja.

Schülerin: Ich glaube, das hatten wir doch in der ersten Stunde besprochen mit diesem Al Capone, dass er zwar auch gemordet hat, dass man ihm das aber nicht nachweisen konnte, also, dass er deswegen nicht verurteilt werden konnte, dass man ihn dann trotzdem für etwas anderes, wegen dieser Steuerhinterziehung, doch noch anklagen konnte und es auch gemacht hat und er auch verurteilt wurde.

Rechtsstaatlichkeit

Lehrer: Es gab ja auch das Argument, einen rechtmäßigen, einen formal rechtmäßigen Weg zu finden, ihn zu verurteilen, und nicht nur, was ja sehr wertvoll ist, aus dem Gefühl, dem Willen des Eintretens für Gerechtigkeit. *(Klingeln)* Leider stört die Klingel.

(Ende der Stunde)

Hans-Werner Kuhn

Schlüsselszene: Fachdidaktische Interpretation

Architektur eines Schülerinnen-Urteils

Nina: Innerer Diskurs

Lehrer: Nina.

Schülerin: Ich finde auch, auf jeden Fall inhaftieren. Aber ich glaub, das ist schwer durchzusetzen, weil – ich mein also – für die Haft sprechen ja eigentlich nur, was heißt nur aber, Menschenrechte, Grundrechte, halt dass so viele Menschen gefoltert wurden, aber ich glaube, es gibt viel mehr Argumente, die dafür sprechen, dass er wieder befreit wird, weil, er hat ja Immunität in Chile und das mit dem Gesetz von den Engländern. Dann ist er auch noch ziemlich alt und da werden sie wahrscheinlich irgendwie noch das vermildern, weil er ja, na ja. Also, ich glaub, *ich* wär dafür, dass er lebenslange Haft bekommt, aber ich glaub, es ist schwer durchsetzbar. Ich denke mal, dass er wieder befreit wird.

Lehrer: Ihr geht jetzt schon einen Schritt weiter. Nicht nur die Frage der Auslieferung, Frage der Straffreiheit, sondern ihr denkt gleich über das Urteil nach. Aber es ist im Grunde die gleiche Frage.

Nina nimmt den Gesprächsfaden ihrer Mitschülerinnen auf. Die Ausgangsfrage lautete: Soll Pinochet Straffreiheit bekommen? Im Wort „auch“ sucht sie Anschluss an die vorherigen Beiträge und stellt einen breiten Konsens fest: Straffheit darf nicht sein, „inhaftieren“ sei das mindeste. Dann folgen aber massive Zweifel, ausgedrückt im unmittelbar folgenden „aber“. Dieses Aber wird an ein zentrales politisches Kriterium gebunden, nämlich die Durchsetzbarkeit von gesinnungsethisch „richtigen“ Positionen. Anschließend stellt Nina sehr reflektierte Überlegungen an, die das Dilemma im Fall Pinochets deutlich machen. Implizit fragt sie abwägend, was dafür, was dagegen spräche, die Haft Pinochets durchzusetzen. Ihr Denken im Sprechen lässt sich im nächsten Satz erahnen. Für die Haft sprächen „eigentlich nur“ Menschenrechte und Grundrechte. Ihr eigener Einschub: „was heißt nur“ zeigt an, dass ihr das Spannungsverhältnis durchaus bewusst ist: Menschenrechte und Grundrechte gelten ohne Relativierung, das „nur“ dagegen stellt eine solche Relativierung dar. Für die Jugendliche erscheint es skeptisch, ob der universelle Anspruch realistisch sei. Das „eigentlich“ verweist auf die Differenz zwischen idealistischem Programm und harter (menschenrechtsverletzender) Praxis. Gegen die Haft Pinochets sprächen starke Argumente, nämlich bestehende Gesetze in Chile und Großbritannien. Außerdem sei – und damit wechselt sie von den allgemeinen Gesetzen zum individuellen Einzelfall – er „ziemlich alt“; das hohe Alter gelte als Milderungsgrund. Die letzte Aussage liest sich aus heutiger Perspektive fast als hellseherische Prognose, denn aufgrund von Verhandlungsunfähigkeit veranlassten Ärzte in Großbritannien Pinochets Abschiebung nach Chile Anfang März 2000.

Im letzten Teil des Statements betont die Schülerin, dass sie persönlich engagiert lebenslange Haft fordere, diese aber schwer durchsetzbar sei. Eher würde Pinochet wieder „befreit". Im Feedback ordnet der Lehrer den Beitrag in sein Planungskonzept ein. Für ihn bricht die Schülerin etwas zu weit vor („einen Schritt weiter"): sie verlängere die Frage der Auslieferung bzw. Straffreiheit zur Frage nach einem möglichen Urteil. Parallel zur Verlaufsplanung signalisiert er aber auf der inhaltlichen Ebene seine Zustimmung zum Denken der Schülerinnen und Schüler: „im Grunde" sei es „die gleiche Frage". Unter fachdidaktischer Perspektive fallen zwei Besonderheiten an dieser Schlüsselszene auf:

– Der Lehrer agiert auf drei Ebenen gleichzeitig. Zum einen nimmt er den Beitrag der Schülerin inhaltlich wahr; es handelt sich um die Formulierung eines Urteils; zum zweiten hat er – quasi im Hinterkopf – sein Planungskonzept, das auf einer bestimmten Schrittfolge, einem gestuften Phasenverlauf basiert; zum dritten handelt er in der konkreten Situation, indem er den Beitrag der Schülerin spiegelt und in sein Konzept einordnet. Man kann an dieser Mikrosequenz festhalten, dass Lehrerinnen und Lehrer die Komplexität von Unterricht mit Hilfe ihrer Wahrnehmungs-, Planungs- und Handlungskompetenz zu bewältigen suchen – als Teil ihrer Professionalität.
– Die zweite Besonderheit bezieht sich auf die Aussagen der Schülerin Nina. Unter fachdidaktischer Perspektive werden Merkmale einer „Architektur eines Schüler-Urteils" erkennbar: zum einen der Versuch, Anschluss zu gewinnen an die bisherige Diskussion in der Lerngruppe und dabei konsensfähige Urteile zu bestimmen. Damit erfolgt so etwas wie eine Zwischenbilanz (im Sinne eines vorläufigen Urteils). Zugleich wird dieser Konsens einer Prüfung unterzogen: worin liegen die Pro- und Contra-Argumente? Der abwägende Vergleich erfolgt anhand eines politischen Kriteriums: der Durchsetzbarkeit. Dahinter verbergen sich eine Reihe politologischer Kriterien wie historische Erfahrungen in ähnlichen Fällen, positives Recht und Gesetze (im Unterschied zur Gerechtigkeit), aktuelle Machtverhältnisse und spezifische Situationsbedingungen.

In anderer Lesart wird von der Schülerin das Spannungsverhältnis zwischen Legitimität und Effizienz treffend analysiert. Sie bleibt aber nicht bei dieser „nüchternen" (rationalen) Analyse stehen, sondern formuliert im letzten Teil ihr dezidiertes persönliches Urteil: Im genannten Spannungsverhältnis schlägt sie sich auf die Seite der Legitimität, auch wenn sie an den Realitäten scheitert. Implizit kritisiert sie damit gesellschaftliche Verhältnisse, die scheinbar vordringlich aufgrund von Macht die Durchsetzbarkeit legitimer Forderungen boykottieren. Es läge an der „hermeneutischen Kompetenz" der Fachlehrerin bzw. des Fachlehrers, diese „Architektur eines Schüler-Urteils" im flüchtigen Medium der Sprache wahrzunehmen; fast scheint sie aber nur auf der Grundlage von Aufzeichnungen und Transkripten – sozusagen in Zeitlupe – überhaupt im Detail rekonstruierbar zu sein.

Unterrichtssequenz II: Wie urteilen Schüler?

Am Beispiel des Falls Pinochet
Transkript des Unterrichts in der Klasse 9F

Schiller-OG
9F
26. 2. 1999

Lehrer: Es geht ja nicht darum, ob Mord gerechtfertigt ist, sondern ob er Straffreiheit haben soll. Rahel hat jetzt angefangen. Was ihr selber denkt. Soll er *(Pinochet)* Straffreiheit gewährt bekommen – wie es viele Regeln nahe legen – oder nicht? ... Schaffst du deinen Beitrag so zu organisieren, dass er passt? Gut.

Urteilsfrage

Schülerin: Ich will *(sagen)*, gerade passend auch zu dem Plakat von Gregor, weil ich nicht finde, dass man so einen Mann in Frieden sterben lassen sollte. Weil es einfach, ich finde, dass er es erstens nicht verdient hat, und zweitens mal, sollte man nicht sagen, ja o.k., er ist sowieso schon alt, ja dann sollte er entweder schon gleich weg oder (*Lachen*), aber man kann nicht sagen, o.k. dann lassen wir ihn, nur weil er alt ist. Darauf kann man jetzt auch keine Rücksicht mehr nehmen.

Bestrafung

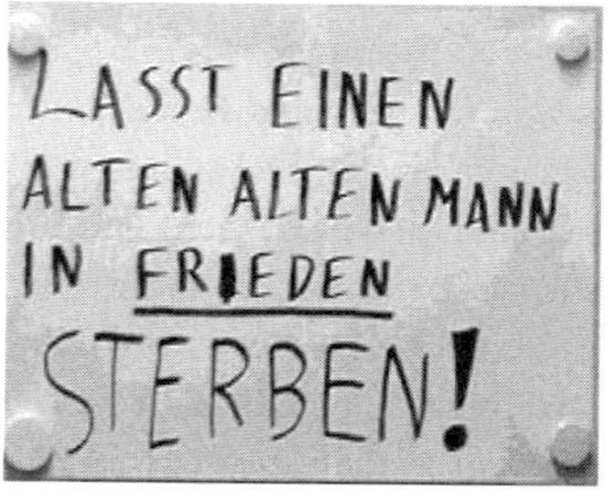

Lehrer: Henriette.

Henriette: Ich finde das eigentlich ziemlich krass, wenn man ihm Immunität gewährt. Ich meine, letztendlich hat er sich das Recht genommen, über Tausende von Leben zu entscheiden, und auch wenn die das überlebt haben, finde ich, wenn man ohne Grund gefoltert wird, dann finde ich das eine ziemlich schlimme Handlung. Und ich verstehe wirklich nicht, warum die

Recht
moralisches Verständnis

Leute darauf Rücksicht nehmen, dass er Staatsführer war. Weil, ich finde erstens, man kann die Menschen nicht in Klassen teilen, und ich finde nicht, dass jemand, nur weil jemand eine höhere Position hat, das Recht hat, Leute umzubringen, zu foltern oder sonst was. Weil, das ist einfach gegen die Menschenrechte. Und daran hat sich für meinen Geschmack jeder dran zu halten, und nicht nur …

gleiches Recht
Gerechtigkeit

Lehrer: Nur einmal ganz kurz dazu. Dieser Grundsatz, dass Staatschefs nicht verfolgt werden – hier steht es drin –, hat ja auch vielen Menschen Frieden und Sicherheit im Reiseverkehr, in staatlichen Beziehungen gegeben. *(Widerspruch der Schülerin)* Ich lasse es einmal so stehen. Kein Widerspruch. Nur mal gesagt. Gregor.

Immunität

Gregor: Ich finde, dass diese Regel sehr sinnvoll ist, eigentlich. Bloß und ich finde auch, dass, da es diese Regeln gibt, Pinochet nicht ausgeliefert werden dürfte. Aber ich finde, man sollte die Regeln dann nach Pinochet wenigstens soweit versuchen zu ändern, dass das nur für amtierende Staatschefs gilt, weil der Sinn und Zweck dieses Gesetzes ist ja, dass der Staatschef oder jeder Staatschef in ein anderes Land reisen darf, ohne Angst zu haben. Aber wenn er nun kein Staatschef mehr ist, ja, dann hat er Pech gehabt.

politischer Sinn
von Immunität

Lehrer: Rahel.

Rahel: Ja ich meine, der braucht doch keine Angst … Ich verstehe das nicht. Ich denke, bei Folter und Mord *muss* man eine Ausnahme machen, auf jeden Fall. Weil, ich mein, o.k., es gefährdet den Frieden, aber ich mein … selbst wenn dieses Gesetz halt nicht da ist, dass die nicht verhaftet werden können. Ich mein, wenn sie nichts begangen haben, keine Straftat, dann können sie doch gar nicht verhaftet werden, dann brauchen sie doch keine zu Angst haben. Dann braucht man das Gesetz doch gar nicht, oder?

Schlussfolgerung
Urteilsstruktur:
wenn – dann

Sinn von
Immunität
bleibt unklar

Lehrer: Da könnte man auch wieder sagen, man könnte ja da was konstruieren, um da jemand ein paar …

Rahel: Ja, nein, aber ich meine, es gibt doch noch Beweise, dass das da nichts gemacht hat.

Nadine: Ja, ich denk auch, dass man da eine Ausnahme machen sollte, weil er hat wirklich Tausende von Menschen umgebracht. Jetzt wurde ja auch gerade jemand hingerichtet, der hat nur einen Menschen umgebracht. Ich finde es auch ziemlich ungerecht, nur weil es ein Staatschef ist. Jetzt ist er außerdem keiner mehr. Und wenn man jetzt noch lange diskutiert da drüber – ich glaub, der ist jetzt 82, und wenn man jetzt noch lange darüber diskutiert, ich mein, vielleicht stirbt er dann wirklich, ohne Strafe. Das finde ich ziemlich ungerecht, wenn er jetzt sein Leben lang für das, was er gemacht hat, nicht bestraft wird.

gleiches Recht
Gerechtigkeit

Bestrafung

Lehrer: Ich denke, es ist jetzt schon sehr viel Wichtiges gesagt. Ihr vier, die ihr euch jetzt meldet, hat noch jemand etwas im Kopf, was er unbedingt sagen möchte? Dann sind es sechs. Gut, wir machen einfach die Reihe.

Janosch: Ja, ich denk, dass wir jetzt hier darüber diskutieren, ob er bestraft werden soll oder nicht. Also dass er soll, ist ja wohl eigentlich, denk ich, die Meinung von allen. Die Frage ist doch viel mehr, ob der „darf". Also ich denke, das ist viel interessanter als zu sagen, er muss, weil wer ist denn schon dafür, dass er *nicht* bestraft wird. *(Lachen)* Also und von daher sollten wir in die Richtung mal weiter diskutieren, denk ich.

(indirekt:) rechtliche Situation

(Meta-) Kommunikation/ Lehrerrolle

Lehrer: Kannst du das noch erläutern, warum du meinst, warum die Frage: „darf" ist wichtiger als „soll".

Janosch: Die Frage „sollen" ist ziemlich klar, sag ich mal. Also, wir sagen alle mehr oder weniger das Gleiche. Dass es eben nach unserem Gerechtigkeitssinn nicht so ist, wie es letztendlich ist, dass da nämlich so ein großes Theater drum gemacht wird. Und wir sagen alle: ja er muss doch, und: warum denn nicht? Dann sollten wir uns damit mal auseinandersetzen: warum denn nicht? Was da die Gründe sind.

(indirekt:) rechtliche Situation

(Zusammenfassung des bisherigen) Konsens

Lehrer: Die Reihenfolge?

Schülerin: Ja gut, wenn wir jetzt bei „sollen" und „dürfen" sind. Warum soll dieser Mann in Frieden sterben dürfen, wenn alle seine Opfer es auch nicht durften?

Moral Opfer Perspektivenwechsel

Janosch: Da haben wir wieder *„sollen"*.

Schülerin: Na ja, „sollen-dürfen" *(Lachen).* Warum sollte er in Frieden sterben *dürfen*? Da habe ich beides drin gemacht *(Lachen).*

Kurze Unterbrechung des Videos: An dieser Stelle dreiminütige Unterbrechung des Videos wegen eines Batteriewechsels. In diesen drei Minuten passiert folgendes: Es folgen Redebeiträge von vier oder fünf Schülerinnen und Schülern, die sich gemeldet haben. Sie nehmen Janoschs Differenzierung nicht auf und diskutieren ausschließlich die Frage, ob Pinochet bestraft werden *soll* oder nicht. Erst Gregor geht dann wieder auf Janoschs Differenzierung ein.

Der Lehrer, Herr Knittel, entschließt sich an dieser Stelle, von seiner Planung abzuweichen: Statt wie geplant eine Abstimmung durchzuführen und anschließend alle Schüler/-innen nach dem zentralen Argument für ihr persönliches Urteil zu fragen, lässt er Janosch und Gregor gegen die Klasse argumentieren.

Herr Knittel begründet die Abweichung später inhaltlich und pädagogisch:

– Inhaltlich habe er seine Planung geändert, weil die Klasse gerade an der Schwelle war, den Unterschied zwischen moralischen und rechtlichen Urteilen herauszuarbeiten.

– Aus pädagogischen Gründen habe er sich für die Abweichung entschieden, weil Janosch ein beliebter Schüler ist, Gregor ein Außenseiter, dem die Klasse oft nicht zuhört. Die gemeinsame Verteidigung ihrer Position sollte Gregor stärken.

Schülerin: ... warum beruft er sich auf sein Recht? Das ist ja auch klar. Weil früher, als er Staatsoberhaupt war, hat er viele Menschenrechte gestrichen und es einfach so, wie es ihm passt, sage ich jetzt mal, gemacht, und die Menschen damit sozusagen getötet und auch in Haft genommen, obwohl es nach den Menschenrechten theoretisch eigentlich nicht ging. Aber er hat sie einfach ...

Recht i.S. von Überlebensinteresse

Theoriebegriff i.S. von Ideal/Norm

Lehrer: Das ist eine Position und andere vertreten eine andere. Jetzt verteidigt mal *eure Position*, und es ist von Janosch ja richtig gesagt worden, dass der Gedanke Gerechtigkeit viele in der Begründung trägt. Und ihr habt was wirklich Wichtiges hier eingeführt und verteidigt eure Position. Und ihr *(zeigt auf die Klasse)* argumentiert jetzt zu Janosch und Gregor und ihr *(zeigt auf Janosch und Gregor)* antwortet.

Schülerin: Ich wollte eigentlich mal sagen, dass ich das ziemlich doof *(?)* finde. Ich mein, es gibt die Menschenrechte und es gibt die Gesetze. Irgendwie, sie widersprechen sich nicht direkt. Aber ich meine, er hat ja die Menschenrechte im Prinzip auch schon verletzt, kann man ja so sagen ... Aber andererseits, in den geschriebenen Gesetzen steht, dass er, weil er Staatschef ist, nicht bestraft werden darf. Ich meine, dann ist es doch sinnlos eigentlich, überhaupt Menschenrechte zu haben, wenn irgendjemand sie missachten *darf*, dass es Ziel ist, dass jemand sie missachten *darf*. Denn wozu gibt es die?

Widerspruch zwischen zwei Gesetzen

Gewichtung: Priorität der Menschenrechte

Lehrer: Janosch und Gregor dazu.

Janosch: Ich denke mal, es ist halt so. Das ist halt ein ganz spezielles Gesetz, das eben, dieses internationale Gesetz, das besagt, dass Staatsoberhäupter und Ex-Staatsoberhäupter, die noch im Dienst sind oder auch nicht mehr, dass die nicht bestraft werden können, hat seine Gründe *(zustimmendes Gemurmel)*. Das ist natürlich sehr weitläufig auch. Ich mein, wie man an Pinochet sieht, kann man ja das auch ziemlich ausnutzen.

spezielles Gesetz vs. allgemeine Menschenrechte

Fakten anerkennen

Schülerin: Ja aber, der wird ja auch nicht bestraft ... *(undeutlich)*

Lehrer: Gregor darf noch ergänzen ...

Es folgen verschiedene Einwände, meist undeutlich:

Janosch: Ob er jetzt bestraft wird, wissen wir ja noch nicht richtig, nicht wirklich. Er könnte nicht bestraft werden ...

Unklarheit über die rechtliche Situation

Schülerin: Ja, aber wir hoffen doch alle, dass er bestraft wird ...

Schüler: Da sind wir ja wieder bei der Wichtigkeit …

Janosch: Das hängt auch damit zusammen, dass es in Großbritannien passiert ist und nicht in Deutschland …

Lehrer: Gregor noch, ergänzend dazu, dann wieder zu … *(undeutlich)*

Gregor: Also mir geht es gar nicht mal darum, dass er jetzt Morde begangen hat und dass er dafür nicht bestraft wird. Sondern mir geht es darum, dass er im Auftrag von Chile nach Großbritannien gereist ist und dadurch diese diplomatische Immunität hat und es unnütz ist, ein Gesetz, bei dem zu sagen, ja bei dem gefällt es mir, bei dem nicht. Dann sind wir wieder bei der Willkür des Gesetzes.

politischer Auftrag Pinochets

Willkür von Gesetzen

indirekt: Rechtssicherheit

Schülerin: Das widerspricht sich so ein bisschen. *(Da)* sind die Gesetze für den Staatschef, und dann gibt es halt, was ich gesagt habe, den neuen Ständigen Strafgerichtshof. Das bei, wie gesagt, bei Verbrechen gegen die Menschlichkeit die Immunität abgelehnt werden *muss*, das steht *auch* geschrieben. Das sind zwei Gesetze, finde ich, die sich so'n bisschen ineinander widersprechen.

Widerspruch zwischen zwei Gesetzen

Schülerin: Ein bisschen … ?

Lehrer: Seit wann gilt denn das Gesetz, auf das du dich jetzt beziehst?

Schülerin: Das mit dem Strafgerichtshof?

Lehrer: Ja. Wie lange gibt es denn das? Dieses gibt es erst, nachdem Pinochet freiwillig aus dem Amt getreten ist, und hier steht was dran *(zeigt auf Schülerplakat an der Tafel: „Nulla poena sine lege"). (Gemurmel)* Schwer. Janosch direkt.

Janosch: Ja, außerdem, wurde ja auch – das internationale Gesetz wird ja geschrieben. Und dann liegt es aber an den Staaten, in welcher Form sie das übernehmen in ihr eigenes Recht. Und England hat es eben so übernommen, dass es absolute Immunität für Staatschefs gibt, also dass es keine Ausnahmen gibt. Es gibt andere Staaten, Deutschland denke ich, die also da Einschränkungen getroffen haben, eben bei solchen Verbrechen gegen die Menschlichkeit.

Unklarheit über Verhältnis internationaler zu nationalen Rechten

Lehrer: Philipp.

Philipp: Aber England hat doch gleichzeitig auch diese Folterkonvention unterschrieben und die besagt, dass es den ausliefern muss.

Lehrer: Wann?

Philipp: Die ist seit 1984 in Kraft.

Lehrer: Und hat das Parlament diese Unterschrift, das britische Parlament diese Unterschrift der Regierung schon bestätigt? Nein. Also, die Regierung hat unterschrieben, aber innerbritisch ist diese Unterschrift noch nicht Gesetz geworden, weil die Zustimmungen des Unter- und Oberhauses fehlen. Schwierig. Gutes Argument *(des Schülers)*. Auch ein Argument! *(Körpersprache!)*

Verhältnis internationaler zu nationalen Rechten

Schülerin: (*So kann man*) einfach keinen Staat schützen, weil er hat irgendwie einfach seine Macht ausgenutzt. Ich meine, wenn er *(den Staat)* schützen wollte, dann kann er es anders machen, dann soll er sie *(die politischen Gegner)* einsperren oder irgendwas. Aber er kann sie doch nicht einfach foltern und umbringen. Das ist dann auch kein Schützen mehr.

Staat schützenswert

neu: Perspektive Pinochets

Lehrer: Noch mal, damit es klar wird. Worüber muss denn das Gericht in England jetzt entscheiden?

Axel: Ob er die Immunität hat *(leise)*.

Lehrer: Axel, machst du es für uns alle laut und deutlich, bitte.

Axel: Die handeln nicht irgendwie nach Mord, sondern die werden jetzt erst mal sehen, ob er Immunität genießen darf oder nicht. Die handeln jetzt nicht, ob er für seine Morde bestraft werden darf. Die müssen erst einmal sehen, ob er überhaupt Immunität hat oder genießen darf. Dann können sie danach handeln, wenn sie merken, er kann keine Immunität genießen. Und die handeln außerdem auch nur nach Gesetzen, die können nicht irgendwie sagen: Ja ich finde das nicht gut, was du gemacht hast, jetzt kriegst du hier lebenslänglich oder so was. Die müssen nach Gesetzen handeln.

Auch Richter müssen sich nach Gesetzen richten

indirekt: Rechtsstaat/ Gewaltenteilung

Schülerin: Ja aber die wissen doch auch, was er gemacht hat.

Axel: Ja, natürlich, aber ... es ist halt hier mit dieser Immunität, die müssen das prüfen.

Schülerin: (Einwand)(unverständlich)

Schüler: Natürlich, nach der Gerechtigkeit müsste er eigentlich Todesstrafe kriegen, nach meiner Meinung. Aber es geht nun mal nicht.

Widerspruch Gesetze/ Gerechtigkeit

Lehrer: Stefan.

Stefan: Ich finde das ganze Theater total dumm, weil letztes Jahr wurde in Europa so ein Europäischer Gerichtshof einberufen, der extra auf solche Fälle spezialisiert ist. Und jetzt tritt dieser Fall ein und jetzt wird dieser Europäische Gerichtshof nicht eingeschaltet. Das finde ich eine totale Frechheit.

weiteres rechtliches Argument nicht zutreffend

Lehrer: Gut. Noch einmal Janosch. Dagegen?

Janosch: Ich denke mal, der Europäische Gerichtshof wird hauptsächlich nur für europäische Fälle zuständig sein ...

Lehrer: Nein, das ist jetzt nur eine Vermutung. Du hast ein viel einfacheres Argument. *(Gemurmel)* Hier laut *(zeigt auf Rahel).*

Rahel: Das ist zu spät. Also, auch jetzt, nach allem, was ich gehört habe, darf der, muss der, also darf der Immunität genießen. Weil irgendwie die ganzen Gesetze, die da jetzt sind, über Mord und Folter wird eine Ausnahme gemacht und all diese Sachen, die eigentlich, wo wir sagen würden: Ja, das ist gerecht. Das ist alles zu spät. Das kommt viel zu spät. Der hat so Schwein gehabt, der hat so Glück gehabt, weil er darf Immunität besitzen, weil, eigentlich ist es, es ist so richtig *ungerecht*, aber es *ist* so. Weil, es ist so, es ist erst anerkannt worden oder teilweise sogar noch nicht und veröffentlicht worden, aber halt alles viel später. Also erst *nachdem* er das gemacht hat.

mehr Information differenzierteres Urteil

Zeitpunkt der Tat Anwendbarkeit bestehender Gesetze

Widerspruch Gesetze/ Gerechtigkeit

Lehrer: Der Anfang: „Nach allem, was ich jetzt gehört habe“: Wo steckt denn das Problem, das Rahel hat in diesen Sätzen, in dieser Formulierung: „Nach allem, was ich jetzt gehört habe“. Was hat denn Rahel sehr aufmerksam gehört?

Schülerin: Ja, dass man, je mehr man hört, einfach viel mehr für ihn spricht als gegen ihn, obwohl es ungerecht ist. Aber, je mehr man das mitkriegt und je mehr man darüber nachdenkt vielleicht auch: Es ist zwar ungerecht, aber man merkt, dass einfach viel mehr für ihn spricht.

Anerkennung von Fakten

Lehrer: Und dieses *„mehr“* möchte ich *(von mehreren?)* nochmals ganz deutlich hören, damit es für alle klar ist. Was steckt in diesem „mehr“ drin?

Rahel: Ja „mehr“ ist, dass es also irgendwie, dass wir alle merken, dass er so ein richtiges „Arschloch“ ist. Ich mein, so etwas benutzt man nicht, aber war er. Ich meine, er hat Leute umgebracht, gefoltert, was auch immer. Ich denk, die Gerechtigkeit schreit zum Himmel und irgendwie, wir sitzen jetzt alle hier und können diskutieren ... *Wir sitzen hier und diskutieren und können nichts machen, gar nichts.* Ich denke, da könnte man heulen, da könnte man ewig heulen und traurig sein. Und das Schlimme ist daran, dass man nichts machen kann. Und ich denke, es stinkt uns allen. Darüber können wir uns auch aufregen. Aber irgendwie, wir können halt nichts machen wegen diesen Gesetzen.

Emotionen Betroffenheit

verletztes Gerechtigkeitsgefühl

Widerspruch Gesetz/Gerechtigkeit

Lehrer: Henriette

Henriette: Ich wollte sagen, also ich habe da jetzt für mich eine ganz komische Schlussfolgerung draus gezogen. Nämlich, dass es wenn man Staatsoberhaupt ist oder so, man sich im Prinzip ja an gar kein Rechte halten muss, weil, ich mein, nicht jetzt, dass man alle Rechte missachten kann, aber wenn man

falscher Lerneffekt: keine Gleichheit

schon Leute umbringt und foltert und dafür nicht bestraft wird, also nicht so bestraft wird wie die anderen Leute. Also wenn ich jetzt zwanzig Leute umbringen würde, ich würde lebenslang in Haft sitzen ... und er kann es machen.

Rahel: Das stimmt ja nicht.

Lehrer: Das macht das Problem noch mal deutlich und stimmt nicht. Rahel sagt jetzt was dazu.

Rahel: Das stimmt ja nicht. *Jetzt* darf man es ja. Als Pinochet es gemacht hat, da durfte man es noch nicht, aber jetzt, wo diese Gesetze *(da)* sind, jetzt darf man, also *jetzt ist es gerecht.*

Zeitpunkt
indirekt: Möglichkeit der Änderung von Gesetzen

Lehrer: Schön, dass du das so sagst. Ich wollte erst noch drauf eingehen auf deinen Satz: „Man kann ja nichts machen".

Rahel: Jetzt kann man.

Lehrer: Aber die Gesetze haben sich ja auch geändert. Also es ist nicht hoffnungslos damit umzugehen.

Rahel: Also, für alle Leute, die jetzt, also für alle Staatschefs oder Staatsoberhäupter, die das *jetzt* machen. Die kommen da nicht so raus wie Pinochet. Weil, jetzt gibt es diese Gesetze, die ihn dann verurteilen und wo dann halt diese Immunität wegfällt bei Mord und Folter, und da wird er dann bestraft. Aber für Pinochet ist es einfach zu spät, diese, diese Gesetze.

indirekt: Möglichkeiten der Änderung von Gesetzen, um Gerechtigkeit zu erreichen

Gregor: Ja ich find' außerdem, dass auch, also soweit ich das jetzt verstanden habe in der Zeitung, das ist auch eine Sache eines Landes, eines Volkes in einem Lande *(Klingeln zum Stundenende)*, ihren Staatschef halt für solche Verbrechen zu bestrafen, und da jetzt diese, die Argentinier *(korrigiert sich)*, die Chilenen, keine Ahnung, jedenfalls haben die auch unterschrieben, dass sie ihm Straffreiheit gewähren, und deshalb, ich denk mal, das ist eine Sache, *nicht von uns*, auch nicht von den Briten, ich denk mal, das ist ein Sache von dem Volk von Chile. Und wenn die gesagt haben, o.k., wir bestrafen ihn nicht, dann ist es doch o.k.

staatliche Souveränität

Lehrer: Ganz am Anfang habe ich mir aufgeschrieben: Gesetz – Gerechtigkeit. Das hat jemand von euch bei der Plakatvorstellung gesagt. Ich fand es wirklich sehr gut, dass ihr *selbst* das Spannungsverhältnis zwischen Gerechtigkeit und Gesetzlichkeit, zwischen Regeln und Gerechtigkeit umzusetzen, auch aus der Sicht der Opfer, hier herausgefunden habt und dass drei, vier, fünf von euch so sorgfältig die Zeitung gelesen haben, dass ihr dieses schwierige formale Regelwerk wirklich gut habt vertreten können. Ich wünsche euch heute auch noch viel Freude neben dem ... *(unverständlich)*.

Lob/Feedback

(Ende der Unterrichtsstunde)

Hans-Werner Kuhn

Schlüsselszenen: Fachdidaktische Interpretation

Moral und/oder Politik?

Rahel: Schlüsselszene Moral

Rahel: Ja ich meine, der braucht doch keine Angst ... Ich verstehe das nicht. Ich denke, bei Folter und Mord *muss* man eine Ausnahme machen, auf jeden Fall. Weil, ich mein, o.k., es gefährdet den Frieden, aber ich mein ... selbst wenn dieses Gesetz halt nicht da ist, dass die nicht verhaftet werden können. Ich mein, wenn sie nichts begangen haben, keine Straftat, dann können sie doch gar nicht verhaftet zu werden, dann brauchen sie doch keine Angst haben. Dann braucht man das Gesetz doch gar nicht, oder?

Rahel: Das ist zu spät. Also, auch jetzt, nach allem, was ich gehört habe, darf der, muss der, also darf der Immunität genießen. Weil irgendwie die ganzen Gesetze, die da jetzt sind, über Mord und Folter wird eine Ausnahme gemacht und all diese Sachen, die eigentlich, wo wir sagen würden: Ja, das ist gerecht. Das ist alles zu spät. Das kommt viel zu spät. Der hat so Schwein gehabt, der hat so Glück gehabt, weil er darf Immunität besitzen, weil, eigentlich ist es, es ist so richtig *ungerecht*, aber es *ist* so. Weil, es ist so, es ist erst anerkannt worden oder teilweise sogar noch nicht und veröffentlicht worden, aber halt alles viel später. Also erst *nachdem* er das gemacht hat.

Rahel: Ja „mehr" ist, dass es also irgendwie, dass wir alle merken, dass er so ein richtiges „Arschloch" ist. Ich mein, so etwas benutzt man nicht, aber war er. Ich meine, er hat Leute umgebracht, gefoltert, was auch immer. Ich denk, die Gerechtigkeit schreit zum Himmel und irgendwie, wir sitzen jetzt alle hier und können diskutieren ... *Wir sitzen hier und diskutieren und können nichts machen, gar nichts.* Ich denke, da könnte man heulen, da könnte man ewig heulen und traurig sein. Und das Schlimme ist daran, dass man nichts machen kann. Und ich denke, es stinkt uns allen. Darüber können wir uns auch aufregen. Aber irgendwie, wir können halt nichts machen wegen diesen Gesetzen.

Rahel: Das stimmt ja nicht.

Lehrer: Das macht das Problem noch mal deutlich und stimmt nicht. Rahel sagt jetzt was dazu.

Rahel: Das stimmt ja nicht. *Jetzt* darf man es ja. Als Pinochet es gemacht hat, da durfte man es noch nicht, aber jetzt, wo diese Gesetze *(da)* sind, jetzt darf man, also *jetzt ist es gerecht.*

Lehrer: Schön, dass du das so sagst. Ich wollte erst noch drauf eingehen auf deinen Satz: „Man kann ja nichts machen".

Rahel: Jetzt kann man.

Lehrer: Aber die Gesetze haben sich ja auch geändert. Also es ist nicht hoffnungslos damit umzugehen.

Rahel: Also, für alle Leute, die jetzt, also für alle Staatschefs oder Staatsoberhäupter, die das *jetzt* machen. Die kommen da nicht so raus wie Pinochet. Weil, jetzt gibt es diese Gesetze, die ihn dann verurteilen und wo dann halt diese Immunität wegfällt bei Mord und Folter, und da wird er dann bestraft. Aber für Pinochet ist es einfach zu spät, diese, diese Gesetze.

An Rahels Beiträgen kann ein individueller Lernprozess aufgezeigt werden. Dabei zeigt bereits eine genauere Analyse ihres ersten Statements ihren „inneren Monolog". Sprachlich erkennbar an Unterbrechungen, unvollständigen Sätzen, Bemerkungen wie „ich verstehe das nicht" oder ihr energisches: „hier *muss* man eine Ausnahme machen" sind Indikatoren ihrer Auseinandersetzung. Polar stehen sich gegenüber: die allgemeine Gültigkeit von Gesetzen zu notwendigen Ausnahmen für Einzelfälle, der positive Sinn von Immunität gegen die Notwendigkeit, Straftaten zu verfolgen, die Existenz von Gesetzen gegen deren mangelnde Anwendbarkeit. Rahel führt quasi einen Dialog mit sich selbst. Mehrere Dilemmata sind im Fall Pinochet gegenwärtig, die sicher auch für andere Fälle gelten. Wie entwickeln sich diese Widersprüche weiter? Rahels zweiter und dritter Beitrag zeigen nicht nur ihre moralische Verurteilung des Ex-Diktators, sondern auch die Ohnmacht politischen Handelns. Hinzu kommt die eigene Ohnmacht, hieran etwas zu verändern („Das ist zu spät"). Zugespitzt werden die Widersprüche als moralische Anklage formuliert: „Es ist so richtig *ungerecht*, aber es *ist* so."

Ihre Bürgerinnenrolle (bzw. Schülerinnenrolle) muss sich auf distanzierte Beobachtung des Falles reduzieren („wir sitzen hier und diskutieren und können nichts machen, gar nichts"). Wenigstens teilweise lösen sich die Dilemmata in ihrer abschließenden Erkenntnis auf: nachdem eine Mitschülerin sinngemäß behauptet hatte, Staatsoberhäupter könnten machen, was sie wollten, antwortet Rahel: „Das stimmt ja nicht. Jetzt darf man es ja. Als Pinochet es gemacht hat, da durfte man es noch nicht, aber jetzt, wo diese Gesetze (da) sind, jetzt darf man, jetzt ist es gerecht." Und: „Also, für alle Leute, die jetzt, also für alle Staatschefs oder Staatsoberhäupter, die das jetzt machen. Die kommen da nicht so raus wie Pinochet. Weil, jetzt gibt es diese Gesetze, die ihn dann verurteilen, und wo dann halt diese Immunität wegfällt bei Mord und Folter, und da wird er dann bestraft. Aber für Pinochet ist es einfach zu spät, diese, diese Gesetze."

Die fachdidaktische Interpretation von Rahels Beiträgen führt zum Ergebnis, dass in der Klassendiskussion ein Weg beschritten wurde von moralischer Entrüstung zu politisch-rechtlicher Argumentation. Nicht resignative Politikverdrossenheit, sondern – am Fall gewonnene – Einsicht in die Gestaltungsmöglichkeiten internationaler Politik werden von der Schülerin selbst formuliert. Da sie als eine der Meinungsführerinnen der Klasse angesehen werden kann, wird diese Entwicklung auch für die anderen Schülerinnen und Schüler bedeutsam sein. Der Weg von der Moral zu Recht und Politik kann inhaltlich als eine Strategie angesehen werden, politische Urteilsbildung anzubahnen; wenn solche Erkenntnisse von Schülerinnen und Schülern selbst entwickelt werden, kann der Lehrende sich auf sensible Beobachtungen, Nachfragen, Problematisierungen und Verstärkungen beschränken, was sicher nachhaltiger Lernprozesse in Gang setzt als dozierte Merksätze.

Janosch: Schlüsselszene Politik

Janosch: Ja ich denk, dass wir jetzt hier darüber diskutieren, ob er bestraft werden soll oder nicht. Also dass er soll, ist ja wohl eigentlich, denk ich, die Meinung von allen. Die Frage ist doch viel mehr, ob der „darf". Also ich denke, das ist viel interessanter als zu sagen, er muss, weil wer ist denn schon dafür, dass er *nicht* bestraft wird. *(Lachen)* Also und von daher sollten wir in die Richtung mal weiter diskutieren, denk ich.

Lehrer: Kannst du das noch erläutern, warum du meinst, warum die Frage: „darf" ist wichtiger als „soll".

Janosch: Die Frage „sollen" ist ziemlich klar, sag ich mal. Also, wir sagen alle mehr oder weniger das Gleiche. Dass es eben nach unserem Gerechtigkeitssinn nicht so ist, wie es letztendlich ist, dass da nämlich so ein großes Theater drum gemacht wird. Und wir sagen alle: ja er muss doch, und: warum denn nicht? Dann sollten wir uns damit mal auseinandersetzen: warum denn nicht? Was da die Gründe sind.

Janosch: Ich denke mal, es ist halt so. Das ist halt ein ganz spezielles Gesetz, das eben, dieses internationale Gesetz, das besagt, dass Staatsoberhäupter und Ex-Staatsoberhäupter, die noch im Dienst sind oder auch nicht mehr, dass die nicht bestraft werden können, hat seine Gründe *(zustimmendes Gemurmel)*. Das ist natürlich sehr weitläufig auch. Ich mein, wie man an Pinochet sieht, kann man ja das auch ziemlich ausnutzen.

Janosch: Ja, außerdem, wurde ja auch – das internationale Gesetz wird ja geschrieben. Und dann liegt es aber an den Staaten, in welcher Form sie das übernehmen in ihr eigenes Recht. Und England hat es eben so übernommen, dass es absolute Immunität für Staatschefs gibt, also dass es keine Ausnahmen gibt. Es gibt andere Staaten, Deutschland denke ich, die also da Einschränkungen getroffen haben, eben bei solchen Verbrechen gegen die Menschlichkeit.

An den Statements Janoschs lässt sich die Entstehung eines politischen Urteils nachvollziehen. Er versucht nicht nur die Diskussion der Klasse auf eine weiterführende Ebene zu bringen, indem er die Unterscheidung von „soll" und „darf" einführt. Er argumentiert zunehmend mit politischen Kriterien.

Dass er (und Gregor) durch die Umplanung des Fachlehrers in der konkreten Unterrichtssituation – die Klasse soll sich mit der Position von Janosch und Gregor auseinandersetzen – bestärkt wird, macht die polare Struktur von Urteilsprozessen deutlich.

Während sich zunächst ein scheinbar problemloser Konsens in der moralischen Verurteilung des Ex-Diktators herstellt, wird dieser Konsens durch Hinzuziehung rechtlicher und politischer Überlegungen relativiert bzw. umgekehrt. Im Einzelnen: Janosch benennt den Konsens aus der ersten Phase der Diskussion („die Meinung von allen ..."). Dann thematisiert er die für ihn spannendere Frage: „darf Pinochet bestraft werden" – und fordert die Mitschülerinnen und Mitschüler auf, darüber „mehr zu diskutieren". Janosch übernimmt die Rolle eines Moderators und setzt einen weiterführenden Impuls, der die Diskussion umlenkt auf Gegenargumente zu den bisher formulierten Urteilen. Noch deutlicher wird dies im zweiten Statement („Wir sagen alle mehr oder weniger das Gleiche"). Grundlage dieses Konsenses sei der „Gerechtigkeitssinn". Dem widerspräche aber die harte gesellschaftliche Realität. Wenn man sich nicht enttäuscht vor ihr zurückziehen wolle –

lediglich gesinnungsethisch motiviert –, dann bleibe nur die Aufklärung über mögliche Gründe: „Warum denn nicht? Was da die Gründe sind?“

Janosch formuliert nicht nur rhetorische Fragen, sondern zwingt seine Mitschülerinnen und Mitschüler, sich mit möglichen Gründen auseinanderzusetzen. Der Impuls wird vom Lehrer dankbar aufgegriffen. Janoschs dritter Beitrag nimmt rechtliche und politische Aspekte auf (internationales Gesetz; England – andere Staaten).

Als Merkmale im Prozess politischer Urteilsbildung zeigen sich in seiner Argumentation, dass

- nicht nur die Mehrheitsmeinung zählt,
- harte gesellschaftliche Tatsachen erklärungs- und aufklärungsbedürftig sind,
- über Vergleiche und Zusatzkriterien Urteile auf eine breitere Grundlage gestellt werden können.

Nimmt man noch Gregors Beitrag hinzu, dann wird deutlich, dass der Ausgangspunkt von Janoschs und seiner „Minderheitenposition“ die erweiterte Problemdefinition ist („Mir geht es darum ...“). Vor diesem Hintergrund wird nicht nur der positive Sinn von Immunität beleuchtet, sondern auch die Schranke der Rechtsstaatlichkeit benannt: würden sich Gesetze nur am Einzelfall orientieren, wären sie willkürlich.

Beide Interpretationen offenbaren auch didaktisch-methodische Implikationen des Versuchs, Schülerinnen und Schüler zu eigenständigen Urteilen zu verhelfen:

- notwendig erscheint ein Fall, der eine Reihe von Dilemmata und Widersprüchen enthält;
- hinzu kommt ein prägnanter Impuls, der eine offene Diskussion provoziert;
- die Dynamik der Diskussion lässt Positionen und Gegenpositionen erkennen;
- der Lehrer markiert und spiegelt die weiterführenden bzw. kontroversen Angebote der Schülerinnen und Schüler;
- quasi als Selbstlernprozesse und Selbsterkenntnisse entwickeln die Schülerinnen und Schüler Kriterien eigener Urteile, die den realen politischen Entscheidungsprozess zur Grundlage haben, diesen zugleich aber unter moralischen, rechtlichen und politischen Kategorien bewerten.

Beide Interpretationen sind zugleich ein Beispiel dafür, dass nicht nur Unterrichtsgespräche analysiert werden können, sondern dass es auch lohnenswert ist, die Fortschritte und Entwicklungen einzelner Schülerinnen und Schüler („marked pupils“) hermeneutisch zu interpretieren.

Bernd Knittel

Auswertungsstunde Klasse 9F

Oft wird bei dem Vorhaben, Lernenden Kompetenzen zum politisch-rationalen Urteilen zu vermitteln, vergessen, dass der Lernende in seinem Kopf ein für ihn verständliches, hinreichend auf einfache Grundstrukturen reduziertes Modell des Zusammenhanges verschiedener Kriterien – d.h. oft noch unbewusster Maßstäbe – konstruieren muss, mit dem er in seiner geistigen Wirklichkeit verantwortlich und selbstständig umgehen kann und will. Wenn er nur übernimmt, was der Lehrer ihm vorstellt und vorredet, wenn er keine Gelegenheit hat, das Dargebotene in die Sprache seines Kopfes und seiner Emotionen zu übersetzen und so umzuwandeln, dass es für sein Leben sinnhaft wird, dann lernt er im Grunde nichts, nur leere Formen und Begriffe, die seinem Gedächtnis bald wieder entschwunden sein werden.[1]

Uns war deshalb in der Auswertungsstunde in der 9F[2] am 1.3.1999 wichtig, dass die Klasse die Videoaufzeichnung zu der Frage „Soll dem ehemaligen Staatschef Pinochet Straffreiheit (Immunität) gewährt werden?" unter den Beobachtungsschwerpunkten

- „Meine Leistung",
- „Unsere Leistung",
- „Wir urteilten anhand folgender Maßstäbe"

unzensiert ansehen, aktiv und selbstständig auswerten konnten, und die Lernenden sich so selbst den Weg und ihre zentralen Kriterien der Urteilsfindung bewusst machen konnten.[3] Erst die Auswertung der in diesem Band dokumentierten Stunde hat m.E. zu ersten bewussten Kompetenzen zum Urteilen, zum Beginn des Aufbaus eines Kriterienrepertoires bei einigen Lernenden beigetragen.

Die Schülerbeiträge zu den Auswertungsaufgaben belegen, dass gerade in dem Feld Urteilsbildung die Lernenden schließlich selbst bestimmen, ob sie fachgerechte Kriterien und Wege zum Urteilen lernen und die Bereitschaft zum reflektierten Urteilen entwickeln wollen. Wichtig ist es daher, den Lernprozess sehr langfristig zu planen und transparent zu gestalten, die Lernenden bei der Urteilsbildung zwar zu fordern, eher aber zu unterstützen und zu fördern und am Beginn des Lernprozesses z.B. immer wieder nur zu fragen, kannst Du (mir) erklären, wie Du zu diesem Urteil gekommen bist, und zunächst nur wenige Kriterien bewusst zu machen und einzufordern. Wichtig ist auch, stets zu versuchen, den Gedankengang der Urteilsfindung der Lernenden als Lehrender nachzuvollziehen und zu verstehen.

Neue Kriterien können erst dann effektiv in übergeordnete Wissensstrukturen eingeordnet werden, wenn die Lernenden an Vertrautes anknüpfen können und der neue Urteilsmaßstab in ein bereits bestehendes Kriterienrepertoire eingefügt werden kann. Je strukturierter und vielseitiger vernetzt die bereits gespeicherten Kriterien sind, desto einfacher können neue Kriterien gelernt und vielfältig verknüpft werden. Der Politikunterricht muss, um die Lernenden zur politisch-rationalen Urteilskompetenz zu führen, mehr leisten, als neue Kriterien zu nennen, sagen zu lassen, anzuschreiben, abzuschreiben und lernen zu lassen.

Sarah notierte am 1.3.1999 das für sie zentrale Lernergebnis: „Zuerst haben die meisten von uns nach dem Maßstab der Gerechtigkeit geurteilt. Wir haben uns auf Gesetze berufen, die aber zu spät in Kraft traten. Aber später haben wir kapiert, dass es einfach nicht geht, und nach dem Maßstab des Möglichen und des zur Strafzeit [Tatzeit] geschriebenen Gesetzes geurteilt. Es war unsere Leistung, dass wir irgendwann erkannt haben, dass es nicht darum geht, was er verdient und was wir uns alle [als Strafe] für Pinochet wünschen, sondern darum, ob er überhaupt [formal] bestraft werden kann."

Janosch notierte kurz und knapp am gleichen Tag sich bestätigend: „Wir urteilten anhand folgender Maßstäbe: Gerechtigkeit, Gesetze; die Diskussion war zu kurz."

Sophie hat den Prozess der Selbsttätigkeit und das Ergebnis beobachtet: „Wir haben uns die Frage aus vielen Gesichtspunkten gestellt und [sind zu dem Ergebnis] gekommen, dass Gesetze in diesem Fall wichtiger sind als die Gerechtigkeit. Wir urteilten anhand folgender Maßstäbe: Gerechtigkeit, Gesetze."

Mona notierte stolz über Leistungen der Lerngruppe: „Dass wir ganz gut als Klasse arbeiten können und dass einen mögliche durch Meinungsverschiedenheit entstehende Diskussionen und auch die Beiträge der anderen weiterbringen, und wir auch recht konzentriert und unterrichtsfördernd arbeiten." Diese Beobachtung der Schülerin weist auf die Bedeutung positiver Emotionen in dem hier geschilderten Lernzusammenhang hin.

Sophie hat für sich das Thema inhaltlich als bedeutsam erfahren und notiert: „Ich denke, es hat sehr viel gebracht einmal ausführlicher über solch ein Thema zu diskutieren. Das Thema war interessant, so dass ich mir auch außerhalb der Schule darüber Gedanken gemacht und mit Freunden darüber geredet habe." Das Angebot über Urteilsfähigkeit zu reflektieren hat sie noch nicht angenommen. Es ruht noch in ihren Gedanken.

Janosch wurde durch den Unterricht zum Thema Urteilsbildung langfristig wirksam bewusst, dass einzelne Denkschritte bei der Urteilsbildung entscheidend und auch notwendig sind. Er ist sich auch über ein Jahr nach dem Unterricht noch sicher, nun bewusst differenzieren, also verschiedene Maßstäbe anlegen zu können. Er fühlt sich sicherer beim Urteilen, da er sich immer auf [s]einen Maßstab berufen kann.[4]

Die Langfristigkeit und Selbstständigkeit als zentrale Voraussetzung von Urteilsbildungskompetenz wird auch in der Antwort eines ehemaligen Schülers des Leistungskurses Politische Weltkunde[5] deutlich, der insgesamt drei Schuljahre in seiner Antwort reflektiert. Seine Ausführungen belegen auch die große Bedeutung der Transparenz des Unterrichtskonzeptes und von Möglichkeiten zur Vernetzung für den Lernprozess. Matthäus führt auf vier Fragen zur Urteilsbildung im Mai 2000 ein Jahr nach seinem Abitur aus:

„1. Sind Sie im vorangegangenen Unterricht (z.B. auch im Geschichtsunterricht oder durch ein Angebot von Urteilsmaßstäben oder durch ...) auf die Herausforderung zum URTEILEN vorbereitet worden?[6]

Sinnvoll anhand von bestimmten Kriterien und aufgrund von Fakten zu urteilen sollte ein Ziel der geisteswissenschaftlichen Fächer sein. Die früheste Vorbereitung bot wohl der Geschichtsunterricht durch die Aufgabenstellungen zu Quellentexten (z.B. zu einem Quellentext über die Provinzverwaltung Roms die Fragen: Wie haben die Römer so lange über andere starke Völker herrschen können? Erkläre das Prinzip: Teile und Herrsche!, Welche Handlungsmöglichkeiten blieben einem unterworfenen Volk, um die Unabhängigkeit wiederzuerlangen?). Allerdings ließen sich diese Fragen meist ohne zusätzliches Wissen beantworten und die Urteilskriterien waren durch die Fragestellungen vorgegeben. Im einfachsten Fall ließen sich die Fragestellungen durch das Zitat eines Satzes aus dem Text beantworten. Daher möchte ich nur von der Vorbereitung auf Urteilsfähigkeit sprechen. Wirkliches Urteilen, wie ich es im PW Unterricht kennen gelernt habe, wurde nicht oder zumindest höchst selten verlangt. Es gab kein Abwägen, ob Martin Luther gut oder schlecht gehandelt hatte, weil die Antwort bereits feststand. Aber es bestand die Gelegenheit zumindest Kritik zu äußern.

2. Welche ähnlichen Urteilsleistungen mussten Sie im Unterricht schon erbringen?

Im Leistungskurs Englisch und Grundkurs Deutsch wurde anhand von behandelten Büchern geurteilt. Inhaltlich wurden beispielsweise die weiteren Handlungsmöglichkeiten eines Charakters nach/vor einer Entscheidung besprochen. Es wurden Wahrscheinlichkeiten abgewogen (wie hätte er reagiert, hätte er gewusst ...). Es wurde eine große Vorstellungskraft verlangt, weil es sich um fiktive Personen handelte, in welche man sich hineinzusetzen versuchen musste. Die Kriterien waren meistens vorgegeben oder ergaben sich aus den Idealen des Charakters (z.B.: er will nicht töten; er darf sich nicht verraten, weil ...). Anders als im Geschichtsunterricht konnten hier die Antworten nicht so leicht aus dem Text abgeleitet werden, weil die Texte zu umfangreich waren und eine Entscheidung mit deren Konsequenzen schon vorgaben. Außerdem waren die Ergebnisse schon seltener von Seiten des Lehrers eindeutig festgelegt.

3. Sie hatten durchaus unterschiedliche Maßstäbe (Kategorien) für Ihre Urteile. Von heute aus gesehen geben Sie die Maßstäbe an!

Meine Maßstäbe für ein Urteil begrenzten sich meist darauf, wie sich die Situation für die Betroffenen verändert hatte. Welche Kosten bzw. Nutzen sind entstanden? Wie war das

Chance/Risiko-Verhältnis? Wurde rechtlich legitim gehandelt? Wessen Einflussbereich oder Handlungsmöglichkeiten haben sich verändert? War dieser neue Zustand/die Entscheidung stabil? Wenn er im Vorfeld als instabil angesehen werden konnte, lag das an den Werten der Betroffenen, ihrer Gegner, oder war der Grund auf fundamentale Bedingungen, wie die Wirtschaftslage oder die Gesetzeslage zurückzuführen? Die Frage nach anhaltender Stabilität konnte später Ansatz für die frühzeitige Erkennung eines neuen Problems sein.

Im Unterricht wurden bestimmte Maßstäbe transparent gemacht und angeregt, eigene, selbst gewählte Kriterien anzusetzen. Wird ein bestimmter Maßstab benutzt, lässt er sich oft in viele Kategorien aufspalten, welche sich wieder in noch kleinere Kategorien aufteilen lassen. Anfangs können beispielsweise alle Betroffenen festgestellt werden. Dann wird begonnen, die Interessen der Betroffenen zu analysieren und deren Handlungsmöglichkeiten. Theoretische Handlungsmöglichkeiten können die sein, die nicht oder wahrscheinlich nicht angewendet werden (weil die Kosten zu hoch sind, die Akzeptanz zu gering ist, die Akteure nicht die Kompetenz oder den Willen dazu haben). Praktische Handlungsmöglichkeiten wären welche, die wahrscheinlich angewendet werden (, weil ...).

Da die Anwendung von Handlungsmöglichkeiten bzw. Machtmitteln spekulativ ist, werden nur Chancen und Risiken beurteilt. Für ein umfangreicheres Urteil sollten noch andere Maßstäbe herangezogen werden und auch diese sollten von kleineren Schichten aufwärts analysiert werden.

Weitere Ansatzpunkte für ein politisches Urteil kann die Frage nach der Legitimität einer Entscheidung sein. Wurde sie eindeutig oder vielleicht nur eingeschränkt gewährleistet? Stehen Ziele und Mittel noch miteinander in Einklang oder wurden Ziele verfehlt? Stimmen diese noch mit den Grundwerten überein und werden das auch zukünftige Entscheidungen noch tun? Eine Aktion oder Entscheidung in Bezug zu den anderen möglichen Aktionen lässt ein politisches Urteil zu, wenn man die Konsequenzen in Betracht zieht. Verschiedene Entscheidungen lassen verschiedene Konsequenzen zu. Ob ein Ergebnis besser oder schlechter als eine andere Konsequenz ist, lässt sich wiederum anhand vieler Kriterien, wie die neu gewonnene Leistungsfähigkeit oder Stabilität eines Systems, ermitteln.

4. Mich interessiert auch – durchaus konkret – ob Sie sich – falls der Unterricht zur Urteilsbildung einen Beitrag geleistet haben sollte – auch heute noch sicherer fühlen zu urteilen.

Es steht auf jeden Fall fest, dass der PW Unterricht meine Fähigkeit zu urteilen deutlich geprägt hat. Ich meine nicht, dass diese Fähigkeit in relevanter Weise nachgelassen hat. Es wurde auf zahlreiche Möglichkeiten der Urteilsbildung aufmerksam gemacht und dazu ermutigt, diese auch anzuwenden. Daher kann ich behaupten, dass ich mich sicherer fühle.

Ob ich mich sicher genug fühle, ein eigenes stichhaltiges Urteil zu bilden, ist eine andere

Frage. Denn dazu gehört die Kenntnis aller Tatsachen. Vorausgesetzt, dass diese bekannt sind, müssen sie aus verschiedensten Blickwinkeln betrachtet werden, um genügend Maßstäbe ansetzen zu können. Es ist wichtig, z.B. sowohl nach der Effektivität bzw. dem Nutzen/Risiko/Chance/Potential/etc. eines Lösungsansatzes zu fragen, als auch deren Legitimität/Durchsetzbarkeit/Akzeptanz/etc. in Betracht zu ziehen. Eine bestimmte Maßstabskategorie anzusetzen fällt mir nicht so schwer, wie die Betrachtung aus sehr unterschiedlichen Sichtweisen; also die Verwendung von sehr unterschiedlichen Maßstäben. Meine Urteile sind daher oft nicht differenziert genug. Persönlicher Einschätzung nach könnte ich diese Schwäche aber durch häufiges Urteilen ablegen. Daher sind Diskussion und Austausch mit anderen Personen sehr wichtig. In Gesprächen weisen andere Teilnehmer auf neue Gesichtspunkte hin und werfen neue Fragen auf. So kann man entweder gemeinsam oder zumindest für sich einen persönlichen Standpunkt ermitteln."

Dieses ausführliche Zitat eines ehemaligen Schülers und die angeführten Beiträge der gegenwärtigen Zehntklässler weisen auf einen noch größeren Zusammenhang von Unterrichtsvorhaben zur politisch rationalen Urteilsbildung hin: die Kompetenz, als Bürger in der parlamentarischen Demokratie aktiv werden zu können. Institutionen und formale Regeln des Gemeinwesens wurden – schließlich – respektiert. Die Notwendigkeit von Leistungsbereitschaft und Selbstdisziplin wurden positiv erlebt. Mindestens für den Fall Pinochet wurde ein lebhaftes Interesse an Politik geweckt sowie Möglichkeiten zum und auch Grenzen von Engagement selbstkritisch reflektiert.

Vage wurden auch die Fähigkeiten weiterentwickelt, beurteilen zu können, wann Einmischung nötig wird und wie sie wirksam werden könnte.

Anmerkungen

[1]Vgl. Dieter Pütz: Lehren, Lernen, Organisieren, Baltmannsweiler 1998, 7-10.

[2]Leider ließ sich eine Auswertung in der 9E nicht organisieren. Das kritisiert Laura noch im Mai 2000. „Zuerst muss ich einmal Kritik äußern, dass wir erst jetzt diese Fragen zur Straffreiheit Pinochets gestellt bekommen. Selbstverständlich hat es auch sein Gutes, da wir nun unsere damaligen Aussagen mit Abstand betrachten und auch anders Stellung dazu nehmen können. Es hätte jedoch sehr genützt schon damals über das Erarbeitete diese oder ähnliche Fragen zu stellen, damit man besser die eventuell geänderte Meinung feststellen und nachvollziehen kann."

[3]Vgl. dazu die im letzten Kapitel des Buches vorgestellte Unterrichtsstrategie „Metakommunikation".

[4]Vgl. wörtliches Zitat von Janosch oben (S. 55 in diesem Band).

[5]Der Fall Pinochet wurde ebenfalls in einem Leistungskurs PW (Politische Weltkunde) behandelt. Der Unterricht wird in diesem Buch nicht dokumentiert.

[6]Matthäus hat die Fragen 1-4 in seinen Text wörtlich aufgenommen.

Peter Massing

Kategoriale politische Urteilsbildung

Einführung

In der politischen Bildung besteht heute weitgehend Einigkeit darüber, dass es einerseits eine zentrale Aufgabe des Politikunterrichts ist, Schülerinnen und Schüler zur politischen Urteilsbildung zu befähigen, dass aber andererseits diese Aufgabe zu den schwierigsten der Unterrichtspraxis gehört (vgl. Ackermann 1994: 81-89; Massing 1995; Massing/Weißeno 1997). Dennoch hat sich die Politikdidaktik erst in jüngster Zeit intensiver mit dieser Problematik beschäftigt. Die in dem 1997 publizierten Sammelband zur politischen Urteilsbildung beschriebenen „offenen Fragen" (vgl. S. 95 ff.) sind bisher aber nur ungenügend in der theoretischen Diskussion aufgegriffen worden und es fehlen weiterhin umfangreichere empirische Forschungen zur Urteilsbildung im Politikunterricht.[1] Die Folge davon ist, dass die politikdidaktische Diskussion in vielen Bereichen nur wenig über den Stand von 1997 hinausgelangt ist.

Dies gilt auch für die Frage, was unter einem politischen Urteil zu verstehen ist und durch welche Begriffsmerkmale es bestimmt ist. Zwar wird der Begriff des Urteils in vielen wissenschaftlichen Disziplinen verwendet (vgl. Grammes 1997), in der Jurisprudenz und in der Philosophie gehört er sogar zu den Schlüsselbegriffen, inwieweit sich jedoch daraus Analogien zu politischen Urteilen herstellen lassen, ist noch nicht ausreichend geklärt.

Das politische Urteil. Versuche einer Begriffsklärung

In der Politikdidaktik hat Peter Weinbrenner eine einschlägige Definition eines politischen Urteils entwickelt (vgl. Weinbrenner 1997). Als vorläufige Arbeitsdefinition schlägt er vor: „Urteile im weitesten Sinne sind alle Aussagen eines Individuums über Menschen und Sachen, die konstatierenden und/oder qualifizierenden Charakter haben" (Weinbrenner 1997: 74). Das Urteil enthält also immer eine subjektive Situationsbestimmung und

Weltdeutung, politische Urteile implizieren darüber hinaus auch noch Werturteile. Zum Zweck der Systematisierung unterscheidet Weinbrenner dann zwischen konstatierenden, deutenden und erklärenden sowie wertenden Urteilen, zwischen deskriptiven und präskriptiven Urteilen und zwischen politischen und moralischen Urteilen. Abgesehen davon, dass in diesen Systematisierungsversuchen immer noch nicht wirklich deutlich wird, was das Spezifische des *politischen* Urteils ausmacht, werden, sieht man sich die Beispiele Weinbrenners für die verschiedenen Urteilsarten an (Konstatierendes Urteil: Die Arbeitslosigkeit steigt. Deutendes und erklärendes Urteil: Die Arbeitslosigkeit steigt, weil der Export durch die starke DM zurückgegangen ist. Werturteil: Vollbeschäftigung ist das wichtigste Ziel der Wirtschaftspolitik), alle möglichen Aussagen, die ein Individuum treffen kann, als Urteile bezeichnet. Damit verliert der Begriff aber nicht nur erheblich an Trennschärfe, er verdeckt auch ein wichtiges Merkmal des politischen Urteils, dass es nämlich kein als „richtig" zu ermittelndes Urteil auf drängende politische Fragen gibt, während dagegen jedes konstatierende Urteil als „richtig" oder „falsch" gekennzeichnet werden kann. Ein weiteres Problem dieses Systematisierungsversuchs besteht darin, dass er im Ergebnis zu einer Komplexität geführt hat, die in der Praxis zu Verwirrungen führen kann.

Für die weiteren Ausführungen wird daher eine schlichtere Definition des politischen Urteils bevorzugt. Sie erfolgt in mehreren Schritten:

Erstens: Ganz allgemein soll unter einem Urteil jede Stellungnahme eines Individuums zu einer Person oder zu einer Sache verstanden werden.

Zweitens: Von einem politischen Urteil sprechen wir dann, wenn diese *wertende* Stellungnahme gegenüber einer politischen Person oder Sache vorgenommen wird, wenn der zu bewertende Gegenstand also sich auf das Politische oder auf Teile davon bezieht.[2]

Legt man die drei Dimensionen des Politischen zugrunde, die als eine formale Bestimmung von Politik in der Politikwissenschaft weitgehend Anerkennung gefunden haben, dann ließe sich ein politisches Urteil als die wertende Stellungnahme eines Individuums bezeichnen, die sich auf eine Person oder einen Sachverhalt bezieht, die oder der in irgendeiner Weise durch die Dimension der politischen Form (polity), der politischen Inhalte (policy) oder des politischen Prozesses (politics) betroffen ist. Das Politische des Urteils würde sich im Wesentlichen durch den Gegenstand ergeben, über den geurteilt wird. Dies kann jedoch nicht befriedigen. Auch wenn der Gegenstand, über den geurteilt werden soll, das Politische ist, kann das Urteil selbst z.B. ein rein „moralisches" Urteil sein. Anders ausgedrückt: der Gegenstand des Urteils ist zwar die Politik, das Urteil selbst aber nichts anderes als eine „gesinnungs-ethische Moralisierung von Politik unter Vernachlässigung ihrer situativen, interessen- und machtbedingten Zusammenhänge" (Sutor 1971: 30). Eine politisch angemessene Urteilsbildung muss sich aber auch anderer als moralischer Kategorien bedienen. Das Problem besteht darin, dass eine reine Werte-, Normen- oder Prinzipienorientierung des Urteils der Komplexität politischer Probleme, Auseinandersetzungen und Entscheidungen nicht gerecht wird und Urteile über Politik allein auf dieser Ebene zwangsläufig „gesinnungsethisch" verkürzt sind. Knapper formuliert: ich urteile zwar über Politik, aber ich urteile nicht angemessen über Politik, ich urteile nicht „politisch" über Politik. Ein politisches Urteil bezieht sich also nicht nur auf den Gegenstand, es erfordert auch eine bestimmte Qualität des Urteilens selbst.

Damit kommen wir zum *dritten Schritt*. Die beiden Qualitätsmerkmale, die ein politisches Urteil kennzeichnen, sind Begründbarkeit und Diskursivität.

Um ein politisches Urteil begründen zu können, benötigt man Kategorien, die sich zur Begründung heranziehen lassen. Solche Kategorien können aus dem zentralen politischen Urteilsmaßstab „Politisch-gesellschaftliche Rationalität"[3] abgeleitet werden. Politisch-gesellschaftliche Rationalität umfasst zwei Formen von Rationalität: Zweckrationalität und Wertrationalität, die in den Kategorien Effizienz und Legitimität ausgedrückt werden können (vgl. zum Folgenden: Massing 1997: 121). Zweckrationalität beinhaltet in ihrem Kern eine Zweck-Mittel-Relation. Sie fragt nach den zweckmäßigen Mitteln für vorgegebene, beliebige Zwecke. Die daraus abgeleitete Kategorie Effizienz meint dann „Wirksamkeit", „Leistungsfähigkeit", „Problemlösungsfähigkeit", „Wirtschaftlichkeit", „Ergiebigkeit", „Genauigkeit", „Schnelligkeit" usw. Effizienz spielt in vielen gesellschaftlichen Teilsystemen eine wichtige Rolle, in Planungssystemen ebenso wie in bürokratischen Organisationen oder in ökonomischen Systemen. Auch Politik muss ein gewisses Niveau an Effizienz aufweisen, um gesellschaftliche Akzeptanz zu erreichen.

Wertrationalität meint nun, dass politisches Handeln zumindest in der Demokratie immer auch wertbezogenes Handeln ist, dass Politik an die Grundwerte menschenwürdigen Handelns gebunden sein muss und Ziele ausschließt, die ihnen widersprechen. Dabei ist Wertrationalität als eine ‚weiche' Rationalität weniger eindeutig zu bestimmen. Unterhalb von obersten Grundwerten, wie etwa Freiheit oder Gerechtigkeit, die in dieser Allgemeinheit noch keine Handlungsnormen sein können, müssen die konkreteren Werte, die handlungsleitend wirken können, erst in gesellschaftlichen Diskursen, in einer ständigen und öffentlichen Auseinandersetzung von allen betroffenen Menschen geklärt werden. Was Freiheit oder Gerechtigkeit unter je gegebenen historischen und gesellschaftlichen Bedingungen konkret heißt und heißen kann, muss immer wieder neu bestimmt werden. Die zentrale Kategorie, in der sich Wertrationalität ausdrückt, ist die der Legitimität. Legitimität bedeutet die Anerkennungswürdigkeit einer politischen Ordnung oder einer politischen Entscheidung. Im Gegensatz zur Effizienz, die in vielen Bereichen der Gesellschaft Bedeutung besitzt, ist Legitimität eine Kategorie, die sich allein auf den Bereich der Politik bezieht. Nur politische Ordnungen oder politische Entscheidungen können Legitimität haben, nicht haben oder verlieren. Legitimität stützt sich zugleich auf *Grundnormen*, auf *konstitutionelle Verfahren* (Legalität) wie auf die *Anerkennung* (den Legitimitätsglauben) der Bürger. Wird der Politikbegriff also im Wesentlichen auf die

Herbeiführung und Durchsetzung gesellschaftlich verbindlicher Entscheidungen bezogen, dann sind die Kategorien Effizienz und Legitimität Maßstäbe, an denen eine „gute" Politik gemessen wird oder zumindest gemessen, d.h. beurteilt werden kann. Effizienz und Legitimität akzentuieren zwar unterschiedliche Aspekte der Beurteilung, müssen aber in politischen Urteilen beide berücksichtigt werden. Es ist ein zentrales Merkmal politischer Urteile, dass sie nicht auf die eine oder die andere Kategorie reduziert werden können.

Die zweite qualitative Anforderung, der ein politisches Urteil entsprechen muss, ist, dass es sich im Dialog erörtern lässt. Politisches Urteilsvermögen entsteht erst in dialogischer Praxis. Voraussetzung dafür ist zum einen, dass die Bewertungsmaßstäbe (die Kategorien) offengelegt werden, zum anderen „die Bürgertugend der Argumentation", d.h. der Bereitschaft, sich für das eigene Urteil öffentlich zu rechtfertigen. „Gerade weil es kein philosophisch als ‚richtig' zu ermittelndes Urteil auf drängende politische Fragen gibt, ist die Qualität des politischen Urteilens angewiesen auf die Einbeziehung möglichst vieler divergenter Perspektiven. Aus dieser kommunikativen Infrastruktur erwachsen qualitative Mindestanforderungen für politische Urteile" (Buchstein/Schmalz-Bruns 1994: 297).

Vor dem Hintergrund dieser Ausführungen bietet sich nun folgende Definition an: *Ein politisches Urteil ist die wertende Stellungnahme eines Individuums über einen politischen Akteur oder einen politischen Sachverhalt unter Berücksichtigung der Kategorien Effizienz und Legitimität mit der Bereitschaft, sich dafür öffentlich zu rechtfertigen.*

Auch wenn mit diesen Ausführungen etwas deutlicher geworden sein sollte, was unter einem politischen Urteil verstanden werden kann, ist damit noch nicht der Weg klarer, der zur politischen Urteilsbildung führt, auch nicht im Politikunterricht.

Wege zur politischen Urteilsbildung

Um Wege zur politischen Urteilsbildung im Politikunterricht aufzeigen zu können, ist es notwendig, kurz auf Erfahrungen der Unterrichtspraxis zurückzugreifen. Diskutiert man mit Lehrerinnen und Lehrern über ihren Politikunterricht, dann hört man mit schöner Regelmäßigkeit die Klage, dass vor allem in schriftlichen Arbeiten – Klausuren und Tests – Schülerinnen und Schüler besondere Schwierigkeiten mit dem Anforderungsbereich III haben. Dieser Anforderungsbereich zielt ab auf Fähigkeiten wie: erörtern, bewerten, beurteilen oder kritisch Stellung nehmen. Er umfasst also letztlich all das, was bisher unter der Fähigkeit zum politischen Urteil verstanden wurde. Sieht man sich dann den konkreten Politikunterricht an, fällt auf, dass die Fähigkeiten, die innerhalb dieses Anforderungsbereichs erwartet werden, nur sehr selten ausdrücklich Gegenstand des Unterrichts sind.

Obwohl Lehrerinnen und Lehrer die Aufgabe der politischen Urteilsbildung für bedeutend halten, widmen sie dieser Aufgabe nur wenig Zeit und Aufmerksamkeit. Häufig endet der Unterricht, bevor die Schülerinnen und Schüler zu einem eigenen, begründeten Urteil gelangen konnten. Die Diskussion über differierende Urteile, über divergente Perspektiven oder über die Gründe, mit denen die jeweiligen Urteile gerechtfertigt werden, erhält wenig Raum. In der Regel werden Schülerinnen und Schüler zwar am Ende der Stunde nach ihrer Meinung zu einem politischen Problem, einem politischen Sachverhalt gefragt, aber schon der Begriff der Meinung signalisiert ein reduziertes Anforderungsniveau. Meinung bezeichnet ein unsicheres Wissen und die Wertungen, die darin enthalten sind, enthalten ein erhebliches Maß an Ungewissheit und Unsicherheit (vgl. Sutor 1997: 97). Schülerinnen und Schüler versuchen einer solchen „Meinungsäußerung" dann entweder auszuweichen und lassen sich nur schwer festlegen,[4] oder wenn sie ihre Meinung äußern, versuchen sie diese gegen Einwände in der Weise zu immunisieren, dass sie ihren Satz beginnen: „Meine *ganz persönliche Meinung* ist ..."

Meinungen erhalten auf diese Weise etwas Unverbindliches, Beliebiges. Jeder hat ein Recht auf seine persönliche Meinung und als Meinung sind sie gleich-„wertig". Dass Meinungen (Urteile) qualitativen Mindestanforderungen entsprechen müssen und sich danach auch qualitativ durch ihre Begründungen unterscheiden, gerät so aus dem Blick.

Dennoch urteilen Schülerinnen und Schüler implizit oder explizit ständig im Politikunterricht über Politik. Die Urteilskriterien, die sie dabei anwenden, sind mehr oder weniger bewusst, wenig differenziert oder reflektiert, häufig emotional, gelegentlich auch irrational.

Die Aufgabe der Lehrerin oder des Lehrers im Politikunterricht besteht nun darin, an diese bei Schülerinnen und Schülern immer schon vorhandenen Urteile und Urteilsbegründungen anzuknüpfen, sie bewusst zu machen, sie zu ordnen und so dem Diskurs zugänglich zu machen, sie vorsichtig zu erweitern und die Schülerinnen und Schüler mit zusätzlichen, anderen abweichenden Urteilen und divergenten Urteilsbegründungen vertraut zu machen und sie anzuregen, sich damit auseinanderzusetzen. Politikunterricht muss versuchen, Mindestkriterien zur Beurteilung von Analysen, Lösungsvorschlägen und Entscheidungen zu vermitteln und Anregungen zum Nachdenken über eigene Analyse- und Lösungsvorschläge zu geben.[5] Politikunterricht darf dabei nicht ein bestimmtes oder gar das „richtige" Urteil anstreben – im Gegenteil, er sollte so angelegt sein, dass Schüle-rinnen und Schüler zu unterschiedlichen Urteilen kommen können. Er zielt vor allem auf die Kategorien, mit denen politische Urteile begründet werden können. Um hier einen Lernprozess in Gang setzen zu können, benötigen allerdings die Lehrerinnen und Lehrer selbst ein Ensemble von Urteilskategorien, die in ihrer Zahl und ihrer Differenziertheit über die der Schülerinnen und Schüler hinausgehen.

Kategorien zur Begründung politischer Urteile. Ein Modell

Um zu einer solchen komplexen und systematisierten Sammlung von Gründen, mit denen politische Urteile gerechtfertigt werden können, zu gelangen, wird noch einmal auf die Definition des politischen Urteils zurückgegriffen. Der zentrale Beurteilungsmaßstab, an dem Politik gemessen wurde, war „Politisch-gesellschaftliche Rationalität". Sie enthielt zwei Kategorien, mit denen sich politische Urteile rechtfertigen lassen: die Kategorie Effizienz und die Kategorie Legitimität. Eine weitere Differenzierungsmöglichkeit ergibt sich aus dem Gedanken, dass die Begründung von politischen Urteilen nicht nur von den verwendeten Kategorien abhängt, sondern davon, in welchem Verhältnis ich selbst zur Politik stehe oder in welches Verhältnis ich mich zur Politik stelle. Nehme ich die Perspektive der politischen Akteure ein, die eine bestimmte Position, ein bestimmtes Urteil zu einem Sachverhalt getroffen haben und dies jetzt nach außen, gegenüber dem Wähler bzw. der Öffentlichkeit vertreten müssen, oder nehme ich die Perspektive der Adressaten ein, die von Politik in einer bestimmten Weise betroffen sind, diese aus ihrer spezifischen Betroffenheit heraus beurteilen. Da Politik in der Demokratie immer auch die Folgen ihres Handelns im Bezug auf die langfristige Stabilität des demokratischen Systems selbst bedenken muss, lassen sich auch aus dieser (eher distanzierten) Perspektive Begründungen für politische Urteile entnehmen. Jede dieser Perspektiven oder Sichtweisen ist für sich selektiv und akzentuiert unterschiedliche Aspekte. Sie müssen sich gegenseitig nicht ausschließen, können aber in einem Spannungsverhältnis zueinander stehen.

Verknüpft man nun die Bewertungskategorien Effizienz und Legitimität, die sich kategorial noch weiter ausdifferenzieren lassen, mit den drei Perspektiven oder Sichtweisen, ergibt sich ein komplexer Zusammenhang von Begründungsmöglichkeiten, der zur Rechtfertigung von politischen Urteilen herangezogen werden kann (vgl. Abb. 1).

Haben Lehrerinnen und Lehrer diese Begründungsmöglichkeiten gedanklich zur Verfügung, können sie sie in einem ersten Schritt als Diagnoseinstrument nutzen. Das heißt, sie können im dialogischen Unterrichtsprozess feststellen, aus welcher Sichtweise und mit welchen Kategorien ihre Schülerinnen und Schüler ihre Urteile überwiegend begründen. Stellen sie Einseitigkeiten oder blinde Flecken fest, können sie ihnen diese, in einem zweiten Schritt, bewusst machen und sie dazu anregen, unterschiedliche Sichtweisen einzunehmen und auch andere Kategorien bei der Begründung ihrer Urteile zu berücksichtigen. Dabei kann den Schülerinnen und Schülern deutlich werden, dass die Unterschiedlichkeit von Urteilen neben der Informationsbasis[5] im Wesentlichen davon abhängt, welche Sichtweise man einnimmt und welche Kategorien bei der Begründung dominieren. Politische Urteile erscheinen dann nachvollziehbar und der Prozess der Urteilsbildung kann zur Toleranz gegenüber anderen, abweichenden Urteilen führen.

Abb. 1: Begründungsmöglichkeiten eines politischen Urteils

Beurteilungsmaßstab	**Sichtweisen (Perspektiven)**		
Politisch-gesell-schaftliche Rationalität	**Politische Akteure**	**Adressaten**	**System**
Kategorie: Effizienz	Handlungsmög-lichkeiten, Handlungsrestrik-tionen, Kompe-tenzen, Macht, Aufwand, Kosten	Individueller Nutzen, Individuelle Kosten, Individuelle Interes-sen	Funktionsfähigkeit, Leistungsfähigkeit, Stabilität
Kategorie: Legitimität	Menschenrechte, Demokratische Normen und Werte, Demokra-tische Prinzipien, Interessenberück-sichtigung, Gemeinwohlorien-tierung, Akzep-tanz, Transpa-renz, Partizipation	Selbstbestimmung, Mitbestimmung, Identität, Verallgemeinerba-re Interessen, Verallgemeinerba-re Werte	Grund- und Menschenrechte, Demokratie, Rechtsstaatliche Prinzipien, Sozialstaatliche Prinzipien, Alternativen

Diese Sammlung von Begründungskategorien für politische Urteilsbildung im Politikunterricht hatte zunächst die Funktion, Lehrerinnen und Lehrern selbst ein Kategorieninstrumentarium zur Begründung politischer Urteile an die Hand zu geben, um sie zum einen für die Frage der politischen Urteilsbildung im Politikunterricht stärker zu sensibilisieren; zum anderen sollte ihnen dieses Instrumentarium helfen, die Phase der Urteilsbildung im Unterricht gezielter zu steuern. Bei dem Versuch, dieses Instrumentarium Schülerinnen und Schülern zu vermitteln, zeigt sich allerdings eine Reihe von Problemen. Zum einen wurde deutlich, dass die vorgeschlagenen Kategorien für Schülerinnen und Schüler der Klasse 10 zu allgemein, zu abstrakt und von ihrer Lebenswelt zu weit entfernt waren. Sie konnten im Unterrichtsgespräch nicht gemeinsam mit ihnen erarbeitet werden, sondern der Lehrer musste sie mehr oder weniger vorgeben (vgl. Kuhn/Lach 1997: 179 ff.). Der Abstraktionsgrad der Kategorien entsprach nicht dem kognitiven Entwicklungsniveau der Schülerinnen und Schüler und stellte eine prinzipielle Überforderung dar. Bernd Knittel hat daher das oben vorgestellte Schema für den Unterricht in der Sekundarstufe II umgearbeitet (abgedruckt in Massing 1997: 128):

Abb. 2: Wie komme ich zu einem politisch begründeten Urteil über eine politische Entscheidung?

Subjektiv kann ... ich eine politische Entscheidung anhand folgender Fragen bewerten: War sie klug, gerecht, maßvoll, mutig, verallgemeinerbar? Könnte ich sie als Betroffener akzeptieren?			
Rationale Maßstäbe muss ich auch haben!	**Ich muss verschiedene Aspekte bei der Abwägung meines politischen Urteils berücksichtigen**		
Eine erste zentrale Frage kann sein: Ist Effizienz erhöht/ erhalten/verringert? Ich kann, um diese Frage zu beantworten, z.B. Leistung, Kosten, Chancen und Risiken der zu beurteilenden Entscheidung abwägen.	Ich kann dazu Handlungsmöglichkeiten (individuelle und objektive) Kompetenzen und Machtmittel der Akteure einschätzen	Ich kann dazu Individuellen Nutzen Individuelle Kosten Individuelle Interessen der Betroffenen einschätzen	Ich kann dazu Auswirkungen auf Funktionsfähigkeit Leistungsfähigkeit Stabilität des Systems einschätzen
Die zweite zentrale Frage kann sein: Ist Legitimität gewährleistet/gefährdet/verletzt? Ich kann, um diese Frage zu beantworten, z.B. Folgen der zu beurteilenden Entscheidung abwägen, vorhersehen oder mindestens vermuten. Prioritäten aufstellen, Chancen und Risiken, Leistungen und Kosten abwägen und einschätzen, ob Ziele und Mittel im Einklang mit den Grundwerten stehen.	Ich kann dazu allgemeine Auswirkungen auf Menschenrechte Demokratische Normen und Werte (Freiheit, Gleichheit, Gerechtigkeit) das Gemeinwohl Akzeptanz der Betroffenen Transparenz der Entscheidungsfindung Überlebensfähigkeit (Ökologie) einschätzen	Ich kann dazu allgemeine Auswirkungen auf Selbstbestimmung Mitbestimmung Identität Interessen (z.B. Besitzstandswahrung; Sicherheit) Werte (z.B. Freiheit, Gleichheit, Gerechtigkeit) Betroffener einschätzen	Ich kann dazu Auswirkungen auf Prinzipien unseres Systems: Demokratie Rechtsstaat Sozialstaat Bundesstaat Offenhalten von Alternativen Revisionsmöglichkeiten von Entscheidungen einschätzen
Ich muss beachten, dass sich Legitimität von unterschiedlichen Wertsystemen unterschiedlich begründen lässt.			

Das Kategorienmodell als Diagnoseinstrument

Eine oben schon erwähnte Ausgangsthese hieß: Haben Lehrerinnen und Lehrer selbst ein systematisches Ensemble von Kategorien zur Begründung von politischen Urteilen gedanklich zur Verfügung, können sie diese in einem ersten Schritt als Diagnoseinstrument nutzen. Das heißt, sie können damit besser erkennen, aus welcher Perspektive Schülerinnen und Schüler überwiegend urteilen und wie, mit welchen Kategorien, sie ihre politischen Urteile vor allem begründen. Damit gewinnen sie einen Ausgangspunkt, an dem Lernprozesse ansetzen können, wobei das Kategorienensemble gleichzeitig Orientierung für die Lernprozesse bietet.

Im Folgenden soll nun diese Diagnosefunktion des Kategorienmodells am Beispiel der beiden vorliegenden Unterrichtsstunden näher überprüft werden.

In beiden Unterrichtsstunden, die in zwei neunten Klassen des gleichen Gymnasiums durchgeführt wurden, steht im Mittelpunkt „Politische Urteilsbildung". Schülerinnen und Schüler sollen sich zu der Frage: Soll der ehemalige chilenische Staatschef Pinochet ausgeliefert werden, damit er vor Gericht gestellt werden kann?, ein politisches Urteil bilden und dieses Urteil begründen.

Bevor die beiden Unterrichtsstunden analysiert werden, sind zwei Vorbemerkungen notwendig.

Erstens: Der Lehrer kennt nur eine der beiden Klassen, die 9F. In dieser Klasse unterrichtet er selbst und diese Klasse hat zumindest einmal im Unterricht eine politische Entscheidung beurteilt und ihr Urteil zu begründen versucht. Die zweite Klasse, 9E, kennt der Lehrer nicht und über den vorausgegangenen Sozialkundeunterricht ist nichts bekannt. Prinzipiell scheint die Situation günstig, um zu versuchen, im Vergleich herauszufinden, wie die Schülerinnen und Schüler der beiden Klassen urteilen und wie sie ihr Urteil begründen.

Zweitens: Inhaltlich geht es im Unterricht verkürzt gesagt um den „Fall Pinochet". Über diesen Fall wird zwar zum Zeitpunkt der Unterrichtsstunden intensiv und ausführlich in den Medien berichtet, der historische Hintergrund „Pinochets Militärputsch in Chile und seine Folgen", ist den Jugendlichen unbekannt und muss von ihnen erst erarbeitet werden. Darüber hinaus ist der aktuelle Fall Pinochet äußerst komplex und kompliziert. In ihm verknüpfen sich zumindest drei Ebenen: ein moralische, eine rechtliche und eine politische, die in einem Spannungsverhältnis zueinander stehen und die gegeneinander abgewogen werden müssen, um zu einem politischen Urteil zu gelangen. Das Ganze wird noch dadurch erschwert, dass die einzelnen Ebenen auch in sich hoch komplex sind und durch eigene Spannungsverhältnisse geprägt werden. Während die moralische Ebene noch relativ klar strukturiert erscheint, es geht um Massenmord, Verschleppungen, Folter, ist schon die rechtliche Ebene eine undurchsichtige Gemengelage aus Völkerrecht einerseits, nationalen

Rechtssystemen andererseits, Gerichtszuständigkeiten und jüngeren Entwicklungen des Völkerrechts; geprägt durch Spannungsverhältnisse wie dem zwischen der Schutz- und der Herrschaftsfunktion von Recht oder dem von Recht und Gerechtigkeit. Die politische Ebene dagegen ist nur schwer erkennbar, weil einerseits die politischen Akteure ihre politischen Intentionen hinter rechtlichen Argumentationen verbergen, andererseits zum Zeitpunkt des Unterrichts die erkennbar Handelnden Gerichte sind und die Politik ihre Entscheidungen abwartet.[7]

Wie urteilen nun Schülerinnen und Schüler und wie begründen sie ihre Urteile?

Klasse 9E

Auf die Impulsfrage des Lehrers: „Soll er (Pinochet) Straffreiheit bekommen?" äußern sich die beiden ersten Schülerinnen eindeutig. Beide sind der Meinung, dass Pinochet „auf jeden Fall" inhaftiert werden muss. Sie begründen ihr Urteil im Wesentlichen mit den Taten des ehemaligen Diktators. „... ich finde auch, so etwas kann man einfach nicht verzeihen. Wenn der einfach Tausende von Menschen hat einfach verschwinden lassen und gefoltert hat."[8] Auch die dritte Schülerin ist in ihrer eigenen Position eindeutig: „... auf jeden Fall inhaftieren ...", aber sie führt einen neuen Gedanken ein, indem sie auf den Unterschied aufmerksam macht, zwischen dem, was man selbst (subjektiv) für richtig hält, und dem, was objektiv möglich ist. „... es gibt viel mehr Argumente, die dafür sprechen, dass er wieder befreit wird, weil, er hat ja Immunität in Chile und das mit dem Gesetz von den Engländern. Dann ist er auch noch ziemlich alt." Drei wichtige Hinweise auf seine Immunität, auf die rechtliche Situation in England, die bedacht werden muss, und auf den Tatbestand, dass das Alter von Angeklagten in der Regel durch das Recht und die Rechtsprechung gewürdigt wird. Das Weiterführende geht allerdings dadurch etwas verloren, dass sie ihren Diskussionsbeitrag abschließt: „Also ich glaub, *ich* wäre dafür, dass er lebenslang Haft bekommt, aber ich glaub, es ist schwer durchsetzbar. Ich denke mal, dass er wieder befreit wird." Obwohl auch in dieser Aussage das Spannungsverhältnis von subjektiver Einstellung und objektiven Gegebenheiten zum Ausdruck kommt, geht der Lehrer nicht darauf ein, sondern setzt an dem Aspekt an, in dem sich die drei Beiträge gleichen. „Ihr geht jetzt schon einen Schritt weiter. Nicht nur die Frage der Auslieferung, Frage der Straffreiheit, sondern ihr denkt schon über das Urteil nach." Dadurch geht nun die neue und andere Perspektive der Schülerin völlig verloren und trotz der Intervention des Lehrers setzt die Klasse die ursprüngliche Diskussion unbeirrt fort. Die folgende Schülerin ist für die Todesstrafe, weil jemand, der soviel Menschen umgebracht hat, nicht das Recht habe weiter zu leben. Die nächste Schülerin (Anna) ist gegen die Todesstrafe, will ihn aber so lange in eine Anstalt einsperren, „dass er dann ... irgendwann verrückt wird und Selbstmord macht."

Der nächste Beitrag eines Schülers bringt wieder einen neuen Gedanken. Er verweist, wenn auch sehr undeutlich, auf die rechtliche Lage, die bedacht werden muss. „Vielleicht wäre es ganz sinnvoll, den Prozess gegen Pinochet in einem außereuropäischen demokratischen Land durchzubringen, weil, wenn man ihn in England oder in Chile verurteilen würde, dann würden so viele Gesetze für ihn sprechen ...". Diesen Impuls greift der Lehrer nun auf und verstärkt ihn: „Das ist ein wichtiger Gedanke". Gleichzeitig nutzt er die Gelegenheit, um nochmals die rechtliche Situation und die eigentliche Fragestellung, um die es geht, deutlich zu machen.

Für die Klasse ist jedoch die Frage nach der Strafe offensichtlich viel interessanter. Die Diskussion geht weiter, als hätte es die Hinweise und Steuerungsversuche des Lehrers nie gegeben.

„Nochmals zu Anna" beginnt denn auch eine Schülerin den nächsten Diskussionsbeitrag, um dann darüber nachzudenken, ob lebenslang eingesperrt zu sein schlimmer als der Tod ist, und entscheidet sich dann für die Todesstrafe. Nach diesem Beitrag versucht der Lehrer etwas energischer zu steuern: „Also, wir kommen, denke ich, jetzt in ein anderes Thema ... Also nur zu der Frage: Straffreiheit – ja oder nein? Verdient er Immunität – ja oder nein? Hat er die – ja oder nein? Nur dazu." Der nächste Beitrag eines Schülers lässt sich darauf ein: „Ja, also, ich finde, dass er Straffreiheit nicht verdient hat ...". Er begründet dies zum einen mit den Taten Pinochets, zum anderen mit dem Prinzip der Gleichheit vor dem Gesetz. Zusätzlich bringt er einen neuen Gedanken ein, indem er darauf hinweist, dass es nicht nur um die Frage der Schuld geht, sondern auch darum, zu überlegen, wie man dies in Zukunft verhindern könnte. Indirekt wird hier die Schutzfunktion des Rechts angesprochen. Dieser neue Gedanke wird jedoch vom Lehrer nicht erkannt, wird vielleicht auch deshalb übersehen, weil er gerade versucht, auch andere Schülerinnen und Schüler zu motivieren, sich an der Diskussion zu beteiligen. Die nächste Schülerin, die der Lehrer direkt anspricht, setzt dann wieder am alten Stand der Diskussion an. Sie ist der Meinung, dass Pinochet keine Straffreiheit verdient, weil er so viele umgebracht hat, dass man das nicht entschuldigen kann.

Auf welcher unsicheren Wissensbasis die Schülerinnen und Schüler bisher diskutiert haben, wird deutlich, als die nächste Schülerin fragt: „... ich verstehe nicht, warum er Immunität hat – verdient jetzt. Was hat denn England eigentlich damit zu tun? Müssen die dann halt jeden beschützen?" Inwieweit darin die Verständnisprobleme einer einzelnen Schülerin zum Ausdruck kommen, muss offen bleiben. Die Diskussion insgesamt legt jedoch eher den Schluss nahe, dass auch bei dem Rest der Klasse Unklarheit über die rechtliche Situation herrscht. Der Lehrer nutzt die Frage der Schülerin, um noch einmal kurz die Rechtslage zu erklären, und schließt: „Er hat doch das Recht auf Immunität." Das ändert allerdings nichts an dem Urteil der Schülerin, dass er dieses Recht nicht verdient hat, „wenn er so viele umgebracht hat". Eine weitere Schülerin schließt sich diesem Urteil und der Begründung an. Auch die nächste Schülerin hat das gleiche Urteil, begründet es aber über einen neuen Gedanken, der rechtliche Aspekte in den Mittelpunkt stellt: „Ich denke auch, dass er keine Immunität bekommen darf, da es ja auch bewiesen ist, dass er zahlreiche Taten auch kurz nach dem Putsch begangen hat und da noch kein Staatsoberhaupt war und noch nicht Immunität genießt". Der Lehrer geht auf diesen Gedanken ein und verstärkt ihn: „Das ist ein ganz wichtiger Gesichtspunkt". Dennoch greift die Klasse dieses rechtliche Argument nicht auf. Zwar kommen auch alle folgenden Beiträge zu dem Urteil, dass Pinochet keine Immunität verdient hat, sie ziehen allerdings sehr unterschiedliche Gesichtspunkte zur Begründung heran: Eine Schülerin verweist auf das Recht der Opfer, eine andere darauf, dass schon ein Militärputsch in einer Demokratie und nicht erst die späteren Taten ein Verbrechen gewesen sei. Eine weitere Schülerin meint, dass er den Schutz der Immunität bewusst ausgenutzt habe, und der letzte Beitrag eines Schülers greift nochmals das Prinzip der Gleichheit vor dem Gesetz auf.

Zusammenfassend lässt sich sagen, dass die Schülerinnen und Schüler im Wesentlichen moralisch argumentieren. Sie sind eindeutig gegen Immunität und für Strafe und begründen dies mit der Schwere der Taten: Massenmord und Folter. Vorsichtige Versuche einiger Schüler, aber auch nachdrücklichere Interventionen des Lehrers, stärker die objektive Rechtslage in der Argumentation zu berücksichtigen, werden nicht aufgegriffen oder weitergeführt. Prinzipien des Rechtsstaats wie Gleichheit vor dem Gesetz, werden zwar erwähnt, aber nicht vertieft. Als Spannungsverhältnis erscheint in einem Beitrag der Widerspruch zwischen dem Recht der Täter und dem Recht der Opfer. Auch hierauf wird nicht weiter eingegangen. Die gesamte Diskussion, vor allem in ihrem ersten Teil, wird überlagert durch die Frage nach dem angemessenen Strafmaß, die allerdings letztlich mit dem Thema nichts zu tun hat. Ein Lernprozess im Sinne von neuen Einsichten und Erkenntnissen scheint nicht eingetreten zu sein. Über die Gründe dieser einseitigen und wenig differenzierten Diskussion lässt sich nur spekulieren: Der bisherige Sozialkundeunterricht? Eine unzureichende Wissensbasis? Die starke Betroffenheit der Schülerinnen und Schüler durch die Taten Pinochets, die eine Distanzierung verhinderte? Der Tatbestand, dass der Lehrer mehrmals weiterführende Argumentationen nicht erkannt oder nicht aufgriffen hat oder seine manchmal unklaren Impulse, z.B.: „Und ganz so kompliziert müssen wir das nicht diskutieren. Wir bleiben dabei: Straffreiheit oder nicht? Ihr seid gleich schon auf die Strafe selbst eingegangen. Ist auch in Ordnung ..." Insgesamt fällt die geringe Steuerung durch den Lehrer auf und die geringe Bereitschaft der Klasse, auf Interventionen einzugehen, was vielleicht darauf zurückzuführen ist, dass beide sich fremd sind.

Legt man das oben entwickelte Kategorienmodell als Diagnoseinstrumentarium zu Grunde, lässt sich festhalten: Die Schülerinnen und Schüler urteilen im Wesentlichen aus der Sicht der Betroffenen (genauer, aus der Sicht derjenigen, die gerade jetzt von den schrecklichen Taten Pinochets erfahren haben) und sie begründen ihr Urteil im Wesentlichen moralisch bis moralisierend. Aufgabe eines zukünftigen Politikunterrichts könnte sein, an diesen Urteilsmaßstäben der Schülerinnen und Schüler anzusetzen, sie ihnen stärker bewusst zu machen und sie über die Kategorie Legitimität weiter auszudifferenzieren und zu systematisieren sowie sie mit anderen Argumenten aus der Kategorie Effizienz und mit anderen Perspektiven zu konfrontieren.

Klasse 9F

Der Lehrer beginnt die Unterrichtssequenz mit der Urteilsfrage: „Es geht ja nicht darum, ob Mord gerechtfertigt ist, sondern ob er Straffreiheit haben soll ... Was ihr selber denkt."

Die ersten beiden Schülerinnen, die auf diese Frage antworten, sind eindeutig gegen Straffreiheit. Sie begründen ihr Urteil mit den Taten Pinochets: Mord und Folter. Diese würden eine Rücksichtnahme auf sein Alter nicht rechtfertigen. Auch dass er einmal Staatschef war, dürfe dabei keine Rolle spielen, da Pinochet Menschenrechte missachtet hätte, die für alle gelten würden. Der Lehrer versucht, gegen diese überwiegend moralische Begründung die Funktion der geltenden rechtlichen Regelungen ins Spiel zu bringen. „Dieser Grundsatz, dass Staatschefs nicht verfolgt werden – hier steht es drin –, hat ja auch vielen Menschen Frieden und Sicherheit im Reiseverkehr, in staatlichen Beziehungen gegeben." Der folgende Diskussionsbeitrag eines Schülers greift den Hinweis des Lehrers auf. Er findet diese Regelung sinnvoll, und wenn es diese Regelung gebe, dann dürfe Pinochet auch nicht ausgeliefert werden. Dennoch sieht auch dieser Schüler die Gerechtigkeitslücke, die dabei entsteht, und schlägt vor, die Regeln nach Pinochet insoweit zu ändern, dass sie nur noch für amtierende Staatschefs gelten. Gegen diese Position, die im Wesentlichen mit der Kategorie Recht begründet wird, argumentieren die beiden folgenden Schülerinnen wieder stark moralisch. Beide fordern, dass bei Mord und Folter eine Ausnahme gemacht werden müsse, und sie finden es ungerecht, wenn jemand allein auf Grund des Tatbestandes, dass er Staatschef ist, unter Umständen „sein Leben lang für das, was er gemacht hat, nicht bestraft wird".

Der darauf folgende Diskussionsbeitrag versucht nun zum einen das Problem zu präzisieren, zum anderen der Diskussion eine neue weiterführende Richtung zu geben. „Ja, ich denk, dass wir jetzt hier darüber diskutieren, ob er bestraft werden soll oder nicht. Also dass er soll, ist ja wohl eigentlich, denk ich, die Meinung von allen. Die Frage ist doch viel mehr, ob der ‚darf'. Also ich denke, das ist viel interessanter als zu sagen, er muss, weil wer ist denn schon dafür, dass er *nicht* bestraft wird. Also und von daher sollten wir in die Richtung mal weiter diskutieren, denk ich." Der Lehrer greift die Anregung des Schülers zustimmend auf und fordert ihn auf, noch genauer zu erläutern, warum die Frage „darf" wichtiger ist als „soll".

Die Position des Schülers (Janosch) ist klar: Alle in der Klasse sind der Meinung, dass Pinochet bestraft werden soll und dass es ihrem Gerechtigkeitssinn widerspräche, wenn er nicht bestraft würde. Wenn aber alle der gleichen Meinung seien, gebe es eigentlich nichts zu diskutieren. Es erscheint ihm daher notwendig, sich einmal genauer mit den rechtlichen Regelungen auseinanderzusetzen (das meint er mit „darf"), aber auch mit den Positionen, nach denen Pinochet nicht bestraft werden dürfe: „Was da die Gründe sind". Der Schüler schlägt damit zum einen einen Ebenenwechsel vor: von der moralischen zur rechtlichen Ebene, zum anderen einen Perspektivenwechsel: von der Perspektive derjenigen, die für Bestrafung sind, zu der der anderen, die die Position vertreten, dass er nicht bestraft werden darf, und hier sind es vor allem die Begründungen, die ihn interessieren. Die Klasse lässt sich jedoch zunächst auf diese Differenzierung nicht ein. Im ersten Diskussionsbeitrag danach wird der Unterschied zwischen „sollen" und „dürfen" nicht erkannt und in den folgenden tritt der moralische Aspekt wieder in den Vordergrund. Dabei wird eher auf einer präkonventionellen Stufe der Moral geurteilt: Er hat selbst Menschenrechte verletzt, also hat er kein Recht, sich selbst auf das Recht zu berufen. In den folgenden Beiträgen wird dann wieder ausschließlich die Frage diskutiert, ob Pinochet bestraft werden soll oder nicht.[9] Erst ein späterer Beitrag versucht an den Differenzierungen des Schülers Janosch anzusetzen. Der Lehrer erkennt jetzt, dass sich in der Klasse zwei Positionen herauskristallisiert haben, in denen der Unterschied zwischen moralischen und rechtlichen Urteilen deutlich wird. Um diesen Unterschied für alle deutlicher werden zu lassen, entschließt sich der Lehrer von seiner Planung abzuweichen und einen Methodenwechsel zu versuchen: von der Diskussion zur Debatte. In der Debatte sollen unterschiedliche Positionen kurz und prägnant einander gegenübergestellt und argumentativ begründet werden. Sinn einer Debatte ist es, Schülerinnen und Schüler mit unterschiedlichen Begründungen vertraut zu machen, mit denen politische Urteile gerechtfertigt werden können (vgl. Massing 1998: 46 ff.).

Lehrer: „Das ist eine Position und andere vertreten eine andere. Jetzt verteidigt mal *eure Position*, und es ist von Janosch ja richtig gesagt worden, dass der Gedanke Gerechtigkeit viele in der Begründung trägt. Und ihr habt was wirklich Wichtiges hier eingeführt und verteidigt eure Position. Und ihr *(zeigt auf die Klasse)* argumentiert jetzt zu Janosch und Gregor und ihr *(zeigt auf Janosch und Gregor)* antwortet."

Eine Schülerin beginnt die Debatte, indem sie auf das Spannungsverhältnis zwischen Recht (Völkerrecht) und Gerechtigkeit (Menschenrechte) verweist und aus diesem Spannungsverhältnis auf die Sinnlosigkeit der Menschenrechte schließt. Dagegen wendet Janosch ein, dass das internationale Recht besagt, „dass Staatsoberhäupter ... dass die nicht bestraft werden können" und dass dies seine Gründe habe. Ergänzend verweist er auf die unterschiedliche rechtliche Lage in Großbritannien im Vergleich zu Deutschland. Gregor, der die gleiche Position vertritt, argumentiert, dass Gesetze, wie das zur diplomatischen Immunität, unnütz seien, wenn sie willkürlich außer Kraft gesetzt werden könnten. Dieses Argument wendet sich vor allem gegen Vorstellungen, man müsse bei Pinochet eine Ausnahme machen.

Ohne auf dieses Argument einzugehen, verweist eine Schülerin auf einen neuen Aspekt, der die verworrene rechtliche Lage illustriert: „... und dann gibt es halt, was ich gesagt habe, den neuen Ständigen Strafgerichtshof. Das bei, wie gesagt, bei Verbrechen gegen die Menschlichkeit die Immunität abgelehnt werden *muss*, das steht *auch* geschrieben. Das sind zwei Gesetze, finde ich, die sich so'n bisschen ineinander widersprechen." Eine zweite Schülerin versucht diese Position zu stärken, indem sie ironisch fragt: „Ein bisschen ...?"

In der folgenden Sequenz versuchen Lehrer und Schüler gemeinsam das Problem zu entwirren. Sie weisen darauf hin, dass das Gesetz sehr viel jüngeren Datums ist und erst gilt, nachdem Pinochet sein Amt aufgegeben hat. Während seiner Amtszeit galt eine andere rechtliche Regelung, diese habe aber heute für ihn Gültigkeit. Die Situation wird allerdings dann wieder völlig unübersichtlich durch den Hinweis, dass internationales Recht von den Staaten unterschiedlich übernommen werde und dass diese Übernahme, um nationales Recht zu werden, vom Parlament bestätigt werden müsse. Lehrer: „Und hat das Parlament diese Unterschrift, das britische Parlament diese Unterschrift der Regierung schon bestätigt? Nein. Also, die Regierung hat unterschrieben, aber innerbritisch ist diese Unterschrift noch nicht Gesetz geworden, weil die Zustimmungen des Unter- und Oberhauses fehlen. Schwierig ..." Diese formal rechtliche Diskussion wird durch einen sehr emotionalen Einwand einer Schülerin, die nochmals ihre moralische Empörung zum Ausdruck bringen will, unterbrochen: „... Aber er kann sie doch nicht einfach foltern und umbringen." Der Lehrer versucht der Gefahr, dass wieder auf einer rein moralischen Ebene diskutiert wird, zu begegnen, in dem er nochmals an die Fragestellung erinnert: „Noch mal, damit es klar wird. Worüber muss denn das Gericht in England jetzt entscheiden?" „Ob er die Immunität hat", antwortet ein Schüler leise und wird vom Lehrer aufgefordert, dies nochmals für alle deutlich zu machen. Der Schüler konkretisiert daraufhin, dass es nicht um Mord geht oder darum, dass Pinochet für seine Taten bestraft werden solle, sondern allein um die Frage: Hat er Immunität oder nicht? Und bei der Beantwortung dieser Frage müsse sich das Gericht an die geltenden Gesetze halten. Dies scheint nun genau der Punkt zu sein, an dem die Stimmung in der Klasse umschlägt. Obwohl die moralische Empörung sich noch steigert, „... ich denk die Gerechtigkeit schreit zum Himmel ...", wächst die Einsicht, dass geltendes Recht nicht einfach außer Kraft gesetzt werden kann. Die Einsicht in das unauflösliche Spannungsverhältnis zwischen Recht und Gerechtigkeit scheint nun jedoch in Resignation zu münden. „Aber irgendwie, wir können halt nichts machen wegen dieser Gesetze." Eine Schülerin zieht für sich sogar den Schluss, dass man sich als Staatsoberhaupt offensichtlich an gar keine Gesetze halten müsse. Die Schülerinnen und Schüler finden jedoch selbst aus dieser Sackgasse heraus. Die überzogene Schlussfolgerung führt zur Erkenntnis: „Das stimmt ja nicht. *Jetzt* darf man es ja. Als Pinochet es gemacht hat, da durfte man es noch nicht, aber jetzt, wo diese Gesetze *(da)* sind, jetzt darf man, also *jetzt ist es gerecht*." Man kann also doch etwas tun, Gesetze sind nicht naturgegeben, sie sind von Menschen ge-macht und damit änderbar. Der Lehrer verstärkt diese Einsicht noch einmal: „Aber die Gesetze haben sich ja auch geändert. Also es ist nicht hoffnungslos damit umzugehen." Er schließt die Stunde dann mit der zentralen Einsicht der Klasse: „... Ich fand es wirklich sehr gut, dass ihr selbst das Spannungsverhältnis zwischen Gerechtigkeit und Gesetzlichkeit ... herausgefunden habt."

Wie die andere neunte Klasse beginnt auch diese die Diskussion auf einer rein moralischen Ebene. Alle sind der Meinung, Pinochet müsse bestraft werden, und begründen dies mit der Schwere der Taten. Auffällig ist zum einen, dass das Strafmaß in der Diskussion keine Rolle spielt. Zum anderen, dass der Lehrer sehr viel früher interveniert und die Schülerinnen und Schüler versuchen darauf einzugehen. Dennoch ist auch in dieser Klasse die Betroffenheit so groß, dass Aspekte der Moral, der Gerechtigkeit immer wieder in den Vordergrund rücken. Der Umschwung in der Diskussion kommt allerdings aus der Klasse selbst. Wir sind doch alle der Meinung, dass Pinochet bestraft werden soll, darüber brauchen wir nicht mehr zu diskutieren, viel interessanter ist doch der rechtliche Aspekt, ob er bestraft werden darf. Obwohl die Klasse zu diesem Zeitpunkt noch nicht bereit ist, sich auf diese Differenzierung einzulassen, leitet dieser Diskussionsbeitrag die Wende ein. Nachdem ein anderer Schüler die gleiche Position bezieht, wird deutlich, dass es in der Klassen zwei unterschiedliche Meinungen gibt. Der Methodenwechsel des Lehrers, hin zur Debatte, „zwingt" die Klasse sich jetzt stärker mit den jeweiligen Positionen auseinanderzusetzen und stärker aufeinander einzugehen. Jetzt gelingt es ziemlich rasch, die unterschiedlichen Begründungsebenen herauszuarbeiten. Der Lernfortschritt der Klasse wird an der Schülerin Rahel deutlich. Sie behält zwar ihren moralischen Standpunkt bei „eigentlich müsste Pinochet bestraft werden", sieht aber auch ein, dass geltendes Recht nicht außer Kraft gesetzt werden kann, auch dann nicht, wenn daraus Folgen resultieren, die man moralisch verurteilt.

Insgesamt gelingt es dieser Klasse besser als der anderen, sich von ihrer emotionalen Betroffenheit zu lösen und sowohl die Kategorie Recht als auch in Ansätzen die Kategorie Effizienz (Funktion der rechtlichen Regelungen für internationale Beziehungen) in die Diskussion und die Begründungsversuche mit einzubeziehen. Die Urteile sowie ihre Begründungen werden zunehmend differenzierter, so dass von einem Lernprozess gesprochen werden kann. Betrachtet man den Unterricht vor dem Hintergrund des oben entwickelten Urteilsrasters, kommt man zu der Diagnose, dass die Schülerinnen und Schüler dieser Klasse in ihrem Urteil differenzierter sind, unterschiedliche Ebenen und Kategorien – Recht, Gerechtigkeit, Effizienz – und unterschiedliche Perspektiven berücksichtigen. Die Aufgabe des zukünftigen Politikunterrichts würde hier zunächst darin bestehen, die vorhandenen Urteilskriterien noch bewusster zu machen und weiter zu vertiefen.

Schlussbemerkung

Insgesamt wird in beiden Unterrichtsstunden deutlich, wie schwierig sich politische Urteilsbildung in der Praxis gestaltet. Dieses Ziel kann nur erreicht werden, wenn die Urteilsbildung der Schülerinnen und Schüler immer wieder ausdrücklich zum Gegenstand des Unterrichts gemacht wird. Die Vorstellung, die Fähigkeiten politische Urteile zu formulieren und zu begründen entstünden quasi „nebenbei", seien ein Ergebnis des „alltäglichen" Politikunterrichts, ist sicherlich falsch. Der Unterricht macht aber auch deutlich, dass politische Urteilsbildung vom Lehrenden ein hohes Maß an Professionalität verlangt: Ständige Aufmerksamkeit und Sensibilität für versteckte Differenzierungen und weiterführende Gedanken in den Diskussionsbeiträgen der Schülerinnen und Schüler. Es passiert nur allzu leicht, besonders wenn man die Klasse noch nicht gut kennt, dass man wichtige Wendungen überhört oder nicht erkennt. Es scheint daher sinnvoll, zur Ergänzung auch in schriftlichen Arbeiten stärker Fragen der politischen Urteilsbildung zu berücksichtigen. Diese lassen sich in sehr viel größerer Ruhe analysieren. In beiden Fällen aber erweist sich das vorgestellte Modell als hilfreich. Vor diesem Hintergrund fällt es der Lehrerin oder dem Lehrer leichter, zu einer Diagnose über den Stand der Urteilsbildung in der Klasse zu gelangen und Richtungen zu erkennen, in die politische Urteilsbildung im weiteren Politikunterricht führen muss. Ob es sich in dieser Form auch für die Schülerinnen und Schüler selbst eignet, muss offen bleiben. Zunächst ist es vor allem ein Modell für die Hand der Lehrenden.

Literatur

Ackermann, Paul u.a.: Politikdidaktik – kurzgefaßt. Schwalbach/Ts. 1994.

Buchstein, Hubertus/Schmalz-Bruns, Rainer: Republikanische Demokratie, Nachwort zu Benjamin Barber: Starke Demokratie, Hamburg 1994, S. 297-310.

Grammes, Tilman: Bestandsaufnahme und Dokumentation, in: Massing/Weißeno 1997, a.a.O., S. 19-70.

Grosser, Dieter: Schwierigkeitsgrade beim Urteil über Politik. Beispiel: Urteile über Wirtschaftspolitik, in: Siegfried Schiele, Herbert Schneider (Hrsg.): Konsens und Dissens in der politischen Bildung, Stuttgart 1987, S. 165-177.

Hättich, Manfred: Rationalität als Ziel politischer Bildung, München 1977.

Kuhn, Hans-Werner/Lach, Kurt: Politische Urteilsbildung – am Beispiel: Castor-Transport. Unterrichtsaufzeichnung, in: Massing/Weißeno 1997, a.a.O., S. 179-220.

Massing, Peter: Was heißt und wie ermögliche ich politische Urteilsbildung?, in: Massing/Weißeno (Hrsg.): Politik als Kern der politischen Bildung, Opladen 1995, S. 205-224.

Massing, Peter: Kategorien politischen Urteilens und Wege zur politischen Urteilsbildung, in: Massing/Weißeno 1997, a.a.O., S. 115-133.

Massing, Peter/Weißeno, Georg (Hrsg.): Politische Urteilsbildung. Zentrale Aufgabe für den Politikunterricht, Schwalbach/Ts. 1997.

Massing, Peter: Handlungsorientierter Politikunterricht. Ausgewählte Methoden, Schwalbach/Ts. 1998.

Sutor, Bernhard: Didaktik des politischen Unterrichts. Eine Theorie der politischen Bildung, Paderborn 1971.

Sutor, Bernhard: Kategorien politischer Urteilsbildung, in: Massing/Weißeno 1997, a.a.O., S. 95-108.

Weinbrenner, Peter: Politische Urteilsbildung als Ziel und Inhalt des Politikunterrichts, in: Massing/Weißeno 1997, a.a.O., S. 73-94.

Anmerkungen

[1]Daher sind der hier vorliegende Band von Hans-Werner Kuhn und die Unterrichtsstunden von Bernd Knittel gar nicht hoch genug einzuschätzen.

[2]Damit gerät das politische Urteil in einen engen Zusammenhang zur Diskussion um den Politikbegriff, seine „Begrenzungen“ und „Entgrenzungen“. Es ist nicht möglich auf diese Diskussion hier nochmals einzugehen.

[3]Der Begriff stammt von Peter Weinbrenner.

[4]Dies wird auch deutlich aus dem Unterrichtstranskript zur Castor-Stunde. Vgl. Massing/Weißeno 1997: 200 f.
Lehrer: ... War das Handeln der Demonstranten gerechtfertigt? Eure ganz private Meinung? Jetzt geht's los. Christiane. Jetzt bist du dran. *Christiane:* Ich muß erst überlegen. (Unruhe). *Lehrer:* Stephanie. *Stephanie:* Also irgendwie war alles gerechtfertigt. Aber es gibt halt keine andere Möglichkeit, wo man mit diesem Müll hin kann. Man müßte Alternativen finden. .... *Lehrer:* Ja und welche Meinung hast du jetzt? Was ist deine eigene, deine ureigene (Meinung)? *Blanca:* Ich habe nicht soviel damit zu tun. Deswegen würde ich jetzt die zweite Position (Sowohl als auch P.M.) nehmen. Das ist meine Meinung.

[5]Dies darf allerdings auch nicht dazu führen, Schülerinnen und Schüler bei der Urteilsbildung zu überfordern. „Urteilsfähigkeit über Politik darf ... nicht mit Urteilsfähigkeit über alle wichtigen, von der Politik zu regelnde Sachverhalte gleichgesetzt werden; angesichts der Vielfalt und Komplexität dieser Sachverhalte wäre das ganz unrealistisch“ (Grosser 1987: 165). Es kann also nicht darum gehen, unumstrittene Lageanalysen oder sichere Lösungen politischer Gestaltungsprobleme zu liefern. Dieter Grosser hat sehr überzeugend auf die Schwierigkeitsgrade politischen Urteilens am Beispiel der Wirtschaftspolitik hingewiesen, die in ähnlicher Weise für die meisten anderen politischen Bereiche gelten.

[6]Auf die Notwendigkeit von Informationen wurde bisher noch nicht verwiesen. Tatsächlich beruhen politische Urteile immer auch auf einer Wissensgrundlage, d.h. auf Informationen über die zu beurteilende Sache. Je mehr Informationen in das Urteil einfließen, um so überzeugender lässt es sich begründen. Urteile können nicht zuletzt dadurch falsch werden, dass den Urteilenden nicht alle Informationen zur Verfügung stehen. Gemessen am gegebenen Informationsstand können sie dennoch rational sein. Hingegen nimmt die Rationalität eines Urteils ab, wenn jemand sich gegen leicht zugängliche Informationen sperrt, weil er befürchtet, sein Urteil müsste dann in einem nicht gewünschten Sinne ausfallen (Hättich 1977: 18). Im Politikunterricht stellt sich dieses Problem noch etwas anders. Es besteht Einigkeit, dass eine Grundlage politischen Urteilens Wissen und Fakten sind. Wie hoch allerdings der Wissensstand sein muss, um überhaupt politisch urteilen zu können, ist noch völlig ungeklärt. Politisches Urteilen im Politikunterricht wird immer Urteilen auf der Grundlage unvollständigen Wissens sein müssen. Allein dieser Tatbestand müsste schon dazu führen, auf „Absolutheitsansprüche“ zu verzichten und politische Urteile als Hypothesen zu begreifen, die im Lichte neuer Informationen auch ganz anders ausfallen könnten.

[7]Vor diesem Hintergrund könnte man prinzipiell die Frage stellen, ob ein solch komplexer Gegenstandsbereich, der noch dazu sehr stark durch rechtliche Aspekte überlagert ist, sich für politische Urteilsbildung in einer neunten Klasse eignet.

[8]Interessant ist, dass die erste Schülerin diesem Satz eine sehr persönliche Wendung gibt. „Das werde ich ihm niemals verzeihen.“ Vielleicht wird hier die starke Betroffenheit der Schülerinnen und Schüler deutlich, die sich durch den ganzen Unterricht zieht.

[9]Auf Grund einer dreiminütigen Unterbrechung der Videoaufzeichnung lässt sich die genaue Argumentation nicht nachvollziehen. Die Tendenz der Diskussionsbeiträge ergibt sich aus dem Bericht von Hans-Werner Kuhn.

Karin Kroll

Nichts von dem, was wir im anderen verachten, ist uns selbst ganz fremd*

Die Auseinandersetzung mit Diktaturen und Diktatoren im Politikunterricht ist eine politisch-pädagogische Herausforderung. Rückblickend und aus der sicheren Position – sozusagen aus dem weichen Sessel heraus – lässt sich nur zu schnell und bequem behaupten, selbstverständlich auf der Seite der Guten, der moralisch einwandfrei Handelnden, der Widerstandskämpfer gewesen zu sein. Hätte das Schicksal die jugendlichen Schülerinnen und Schüler nicht gnädig in eine Zeit des lang anhaltenden Friedens geboren, in ein System der Demokratie, lebten sie nicht in relativem Wohlstand und unter dem Schutz von Rechtsstaatlichkeit, dann wären sie alle die Geschwister Scholl. Vorausgesetzt, sie gehören nicht zu den von jungen und alten Nazis Verführten.

Wie verhalten sich Menschen, wenn sie vor die Entscheidung gestellt werden, entweder zu den Gewinnern oder zu den Verlierern zu gehören, sich auf die Seite der aktuell Mächtigen zu schlagen oder auf die Seite der Ohnmächtigen, der Opfer dieser Mächtigen? Wie zivilisiert und kultiviert bleibt der Umgang, wenn es eng wird, wenn der Platz an der Sonne – der Wohlstand – gefährdet ist? Wo bleibt die viel gepriesene Zivilgesellschaft mit ihren bürgerlichen Tugenden, die Solidargemeinschaft? Sie bröckelt im reichen Deutschland schon bei den Beiträgen zur gesetzlichen Krankenversicherung.

Die Grundfrage, die in jedem Unterricht zum Thema Menschenrechtsverletzungen, politischem und ökonomischem Machtmissbrauch, zum Gesetzes- und Verfassungsbruch existiert, ist: wie dünn ist der Firnis der Zivilisation? Gleichgültig ob die Frage artikuliert wird oder nicht, macht die Tatsache Angst, dass Einzelne Recht und Gesetz außer Kraft setzen können und an die Spitze des Staates gelangen. Grausamkeiten wie Folter und Mord werden dann wie im Fall Pinochet nicht geahndet, sondern befohlen. Ist der Mensch, wie Hobbes behauptet, dem Menschen ein Wolf? Dass der Mensch ein Einzelgänger sei, nach Herrschaft über andere strebe, meinen auch so unterschiedliche Philosophen und Gelehrte wie La Rochefaucould, Macchiavelli, Kant, Hegel, Freud und Bataille. In der Zeitgeschichte, die die Schülerinnen und Schüler selbst überblicken, scheint sich wiederum zu

* Dieser Satz stammt von Carl Bonhoeffer und Prof. Dr. Peter Steinbach hat ihn in seinem Vortrag auf dem Symposium zum Umgang mit Gedenkorten von nationaler Bedeutung in der Bundesrepublik Deutschland im November 1998 im Deutschen Historischen Museum zitiert. Der Vortrag ist veröffentlicht in: Burkhard Asmuss, Hans-Martin Hinz (Hrsg.): Zum Umgang mit historischen Stätten aus der Zeit des Nationalsozialismus, Berlin 1998, S. 222 f.

bestätigen, dass der Mensch in Wirklichkeit ein reißendes Tier ist. Das radikal Böse – wie Hannah Arendt es in Bezug auf den Nationalsozialismus nennt – ist auch jetzt immer da, im ehemaligen Jugoslawien, in Tschetschenien, in Afrika und auf unseren Straßen, wenn nichtweiße Nichtdeutsche zu Tode gehetzt werden.

Der Mensch als Einzelgänger, der sich nur aus Schwäche und Sucht nach Anerkennung in Gesellschaft begibt, der Mensch, der sich asozial verhält, ist nicht nur eine philosophische Denkfigur oder ein ferner Tyrann, sondern ein Nachbar. Hautnah erfahrbar z.B. für Schülerinnen und Schüler als der Typ von Streber, der bei Lehrern schleimt, z.B. Randnotizen eines anderen strahlend als seine eigenen Denkergebnisse präsentiert und den Beifall in Gegenwart des geistigen Urhebers erfreut entgegennimmt. Die miesen Tricks, Intrigen und Gehässigkeiten, mit denen der Einzelgänger andere gegeneinander ausspielt, sich Anhänger verschafft und Macht ausübt, werden nicht nur, aber auch schon in der Schule geübt, wie die Biografen von Helmut Kohl berichten.[1] Hannah Arendt unterscheidet zu Recht hier zwischen dem radikal Bösen und der Schlechtigkeit – die Verhältnismäßigkeit muss gewahrt bleiben.[2] Zwischen einem Kind, das zu solch schlechten, ineffektiven Mitteln greift, weil es verzweifelt um Liebe und Anerkennung kämpft, und einem Erwachsenen, der als Staatsmann Verbrechen gegen die Menschlichkeit verübt, liegen Welten. Wenn auch nicht ausgeschlossen werden kann, dass Hitler und Milosevic aus ihren Verletzungen und Demütigungen in der Kindheit heraus zu Führern derer mutierten, die ihre eigenen Demütigungen zur moralischen Begründung, anderen Leid zuzufügen, missbrauchten.

Der Politikunterricht vermittelt die Notwendigkeit und die Verteidigung dieser dünnen Schicht Zivilisation. Mit welchen rechtsstaatlichen Regeln und demokratischen Mitteln sollen dann aber diejenigen zur Rechenschaft gezogen werden, die brutale Gewalt zu ihrer Machtergreifung und zu ihrem Machterhalt angewendet haben? Nach dem alttestamentarischen Prinzip, Auge um Auge, Zahn um Zahn, wie ein Mädchen im Unterricht der Klasse 9E fordert, bleibt die Menschlichkeit auf der Strecke.

(Zeile 35-37) Sandra: „... ich bin auch dafür, ich bin vielleicht auch schon dafür, dass er vielleicht die Todesstrafe erhält, weil, ich finde, wenn jemand so viele Menschen umgebracht hat, dann hat er auch nicht mehr das Recht zu leben." Eine andere Schülerin reagiert unverzüglich auf diesen Beitrag:

(Zeile 41-46) „Ich würde sagen, dass er auf jeden Fall verurteilt wird, allerdings denke ich, die Todesstrafe, wenn wir das jetzt mit ihm machen, wenn wir ihn jetzt umbringen, dann ist es dasselbe, was er mit uns, mit den Opfern gemacht hat, und damit sind wir, o.k., es ist nicht ganz so, er hat ja was davor gemacht, es wär dann ein bisschen dasselbe. Dann wären wir genauso wie er ..."

Das wäre ein später Triumph für den pensionierten Diktator Pinochet, wenn er seine Ankläger auf dieselbe niedrige Ebene hinunterholt, auf der er sich selbst befindet und agiert!

Was macht nun die zivilisatorische Überlegenheit der Demokratie aus und wie kann sie im Politikunterricht am Beispiel des Falles Pinochet vermittelt werden, ohne die Schülerinnen und Schüler zu indoktrinieren? Wie kann politische Urteilsbildung durch Unterricht initiiert, unterstützt, gefördert werden? Herr Knittel, der Lehrer, gibt im Interview die Antwort:

„Zunächst habe ich begonnen, an die Schüler, an die Lernenden Kategorien heranzutragen, um sie fähig zu machen, politisch rational zu urteilen. Das hatte durchaus Erfolg, aber nicht den vergleichbaren Erfolg, den ich jetzt im zweiten Verfahren ausprobiert habe, den Lernenden zunächst einmal sehr aufmerksam zuzuhören, anhand welcher Maßstäbe sie urteilen, und zwar nicht nur eine Stunde, sondern über einen längeren Zeitraum hinweg. Also, das bedeutet einige Monate, damit man die Lerngruppe wirklich da fassen kann, wo sie sind. Meine Erfahrung ist, die Lerngruppen sind durchaus unterschiedlich, bei allen Gemeinsamkeiten. Ich habe schließlich meine Aufgabe darin gesehen, den Lernenden ihre Maßstäbe ... transparent zu machen und auf die Weise zu beginnen, weiter an ihren Fähigkeiten zur rationalen Urteilsfindung zu arbeiten, und das war deutlich erfolgreicher ...“ (S. 126 f.)

Herr Knittel, ein erfahrener Lehrer, seit Jahren in der zweiten Phase der Lehrerausbildung tätig, formuliert nicht nur ein Credo der Lehrkunst, sondern beweist, dass es im Schulalltag umgesetzt werden kann. Seine Impulse sind sparsam gesetzt, jede Schülerin und jeder Schüler erhält für ihren/seinen Beitrag Aufmerksamkeit. In der Klasse 9E, die der Lehrer kaum kennt, unterstreicht er sein Interesse, zu erfahren, was die Schülerinnen und Schüler über Pinochets Recht auf Immunität denken.

(Zeile 107-115) Lehrer: „Ich kenne euch ja noch gar nicht so. Ich würde gerne im Gespräch noch mehr kennen lernen. Also, wenn sich jetzt noch mehr beteiligen, denken tut ihr alle, fände ich das gut. Ihr denkt ja alle etwas, ihr habt auch schon nachgedacht. – Nicola, was denkst du?“

Die Schülerinnen und Schüler der 9E reagieren auf diese Aufforderung positiv. Sie teilen dem Lehrer ihre Gedanken, die sie sich über Recht und Gerechtigkeit, komplizierte Gesetzeslage und ihre Meinung zum Fall Pinochet gemacht haben, mit. Selbst wenn sie über die vom Lehrer gestellte Frage in der Diskussion hinaus schießen, indem sie über mögliche Strafen diskutieren, weist er sie zwar darauf hin, blockt sie aber nicht ab. Der Lehrer kann durch seine Handlungen, sein aktives Zuhören den Schülerinnen und Schülern glaubhaft machen, dass er an ihren Gedanken und Meinungen ernsthaft interessiert ist.

Im Interview sagt Herr Knittel: „Ganz wichtig, denke ich, ist, dass es allen Kollegen, die in einer Klasse unterrichten, natürlich auch dem Politiklehrer, allgemein gelungen ist, eine *angstfreie Lernatmosphäre* in der Klasse herzustellen, als unmittelbare Voraussetzung für jedes Lernen. Also, Schülerinnen und Schüler werden eine Scheu haben, wenn ihre Meinung auf dem Weg zur Urteilsbildung hämisch begleitet wird, sie überhaupt zu äußern.“ (S. 132 f.)

Was wie das kleine Einmaleins des Unterrichtens klingt, wie eine Binsenweisheit, ist weder im Schulalltag noch in fachdidaktischen Seminaren an der Universität eine Selbstverständlichkeit. Die Annahme, selbst viel klüger als andere zu sein, stellt im Lehrberuf eine nicht zu unterschätzende Verlockung dar. Borniertheit, stolz zur Schau gestellte Verachtung gegenüber den Schülerinnen und Schülern – oder wie es Herr Knittel nennt – Häme kann verbal oder nonverbal als Botschaft übermittelt werden. Herabgezogene Mundwinkel, hochgezogene Augenbrauen, zynische Bemerkungen oder unbemerkt belauschte Kollegengespräche auf dem Flur über „dumme" Schüler oder minderbemittelte Studenten verraten den Lernenden mehr, als die Lehrenden in ihrer maßlosen Überheblichkeit ahnen, dass sie nur als Statisten für Besserwisser fungieren. Die Reaktion auf dieses Lehrverhalten, dessen Grund Unfähigkeit für den Lehrberuf ist, stellt die mehr oder weniger offene Verweigerung des Lernens dar. Geringe Beteiligung am Unterrichtsgespräch, zähes Abfragen von Fakten und „beredtes" Schweigen sind das Ergebnis dieser misslungenen Kommunikation.

Keine Methode, kein „Unterrichtsrezept", kein kunstvoll formulierter Arbeitsbogen oder anspruchsvoller Text vermag die Hürde der empfundenen Atmosphäre der Verachtung überwinden. Dagegen verzeihen Schülerinnen und Schüler z.B. jedem Berufsanfänger formale Fehler, wie z.B. Doppelfragen, zu lange Texte, das Verwenden zu vieler unbekannter Fremdwörter, Namensverwechslungen etc., wenn die Grundhaltung gegenüber den Lernenden stimmt, wenn sie ernst genommen werden. Das Gespür bei Kindern und Jugendlichen ist noch sehr fein ausgeprägt und lässt sich nicht so schnell betrügen wie im Erwachsenenalter.

Herr Knittel verfügt über eine weitere Fähigkeit, die nicht jeder erfahrene Lehrer oder jede erfahrene Lehrerin beherrscht: er hört Mädchen und Jungen gleichermaßen aufmerksam zu und ist an dem, was sie denken, interessiert. Unabhängig von der Geschlechtszugehörigkeit nimmt er sich die Zeit, ihren Gedanken zu folgen. Auch wenn viele Lehrerinnen und Lehrer behaupten, dass sie Mädchen und Jungen gleichberechtigt im Unterricht behandeln, hält diese Selbsteinschätzung empirischer Überprüfung selten stand.[3]

Dieser erfahrene Lehrer macht etwas für alltäglichen Schulunterricht sehr Ungewöhnliches und deshalb ist es wahrscheinlich hocheffektiv: Bevor die Schülerinnen und Schüler der Klasse 9E ihm die erste Frage beantworten sollen, stellt er fest, dass sie nichts Falsches sagen können.

(Zeile 1-4) „Soll er (Pinochet) Straffreiheit bekommen? Soll er keine bekommen? – Mehr als vier, fünf. – Sechs. Ihr könnt jetzt nichts Falsches sagen. Ihr könnt nur unterschiedlich nachdenken. Janina."

Das heißt für die Schülerinnen und Schüler, der Lehrer interessiert sich tatsächlich dafür, wie sie sich in einem Konfliktfall entscheiden und welche Gedanken ihrer Entscheidung zugrunde liegen. Kein Beitrag wird als falsch bewertet, alle Gedanken sind unzensiert zugelassen. Diese Offenheit des Lehrers gegenüber den Leistungen des Denkens wird zusätzlich dadurch bestätigt, dass er die individuelle, weil unterschiedliche gedankliche

Auseinandersetzung der Schülerinnen und Schüler mit der Frage nach Straffreiheit antizipiert. Die Folge ist, dass jeder einzelne Schüler und jede einzelne Schülerin sich an dem Gedankenaustausch beteiligt. Das aufmerksame Zuhören des Lehrers überträgt sich auf die Schülerinnen und Schüler und sie hören sich gegenseitig konzentriert zu. In der Klasse entsteht eine dichte, ernsthafte Arbeitsatmosphäre, die dem Thema angemessen ist. Diese Situation ist das Gegenteil von „Laberunterricht", in dem ein laissez-faire-Stil vorherrscht und jede Meinung, auch wenn sie noch so unüberlegt ist, als politische Urteilsbildung durchgeht.

Geschlechtsspezifische Kommunikationsmuster

In der mir vorliegenden transkribierten Unterrichtssequenz der Klasse 9E (Zeile 1-349) fällt auf, dass quantitativ die Beiträge der Mädchen dominieren. 17 mündliche Äußerungen stammen von Mädchen, drei von Jungen. Der Lehrer moderiert das Unterrichtsgespräch mit 19 Einzelbeiträgen, wobei er siebenmal lediglich einen Namen aufruft, zehnmal kurze Beiträge liefert in der Länge von drei bis sechs kurzen Sätzen. Zwei Äußerungen des Lehrers sind etwas länger, der eine Beitrag nimmt im Transkript 15 Zeilen in Anspruch, der zweite elf Zeilen. Im ersten Fall klärt er noch einmal in knappen Worten den komplizierten juristischen Sachverhalt und wiederholt die anfangs gestellte Frage an die Schüler: „Straffreiheit oder nicht?" (Zeile 75). Im zweiten längeren Beitrag von elf Zeilen weist er nochmals darauf hin, dass die Schülerinnen das Thema „Welche Strafe wäre angemessen?" diskutieren und nicht, ob Pinochet Immunität zusteht oder nicht. Mit diesen beiden längeren Beiträgen versucht der Lehrer eine Kurskorrektur, denn die Mädchen verstricken sich immer wieder darin, dass sie nicht bei der Abwägung der gesetzlich möglichen Entscheidungen der englischen Richter bleiben, sondern sich in die Rolle einer Strafrichterin versetzen, die das Strafmaß festlegen muss und ein Urteil über Pinochet zu fällen hat. Weshalb überinterpretieren die Mädchen die erste Frage des Lehrers: „Soll Pinochet Straffreiheit bekommen? Soll er keine bekommen?" (Zeile 1-2)

Der Schlüssel zu dieser Antwort liegt im unmittelbar auf diese Frage folgenden Beitrag eines Mädchens: „... ich bin der Meinung, man sollte ihn auf jeden Fall in Haft bringen, weil das, was er gemacht hat, ist echt nicht in Ordnung ... das würde ich ihm niemals verzeihen. Und ich finde, das Mindeste, was man machen kann, ist, dass man ihn in Haft bringt. Für die Todesstrafe bin ich nicht, weil, na ja ... Also, ich würde ihn in Haft bringen." (Zeile 5-10)

Im ersten Satz wird das <Ich> ausschließlich auf die eigene Meinung bezogen. „Ich bin der Meinung ..." Ein unpersönliches „man" weist noch auf eine Distanz zur fremden Person Pinochet hin, andere sollten ihn in Haft bringen. Die noch sehr sachlich vorgetragene Begründung: „..weil, das, was er gemacht hat, ist echt nicht in Ordnung" verharmlost die

Verbrechen, die Pinochet von den Anklägern angelastet werden. Die Bewertung: <echt nicht in Ordnung> passt mehr auf kleine alltägliche Vergehen im zwischenmenschlichen Umgang, wie z.B. das Zuspätkommen oder der Gebrauch einer Notlüge, als auf massenhafte Folter, Verschleppung und Mord. <Echt nicht in Ordnung> ist in der Alltagssprache ein inflationär gebrauchter Ausdruck für banale Regelverletzungen.

Der krasse Unterschied scheint der Schülerin bewusst zu werden, denn sie wechselt unmittelbar in die Sprache der emotionalen persönlichen Betroffenheit. „Das werde ich ihm niemals verzeihen.“ Dieser Satz beinhaltet ein starkes moralisches Urteil und erhält durch das <niemals> den Charakter des Endgültigen. Nur wirkt der Satz in diesem Kontext merkwürdig fremd. Er lässt sich dadurch erklären, dass die Schülerin sich in Sekundenbruchteilen mit der Opferrolle identifiziert, sich in ein Opfer Pinochets einfühlt.

Im nächsten Satz geht die Schülerin wieder mehr auf Distanz, sie verwendet erneut das unpersönliche Wort <man>: „Und ich finde, das Mindeste, was man machen kann, ist, dass man ihn in Haft bringt.“ Die geringste Strafe, die ihr einfällt, ist die Haft, die größte dagegen die Todesstrafe. „Für die Todesstrafe bin ich nicht, weil, na ja ...“ Die Gründe, die sie gegen die Todesstrafe hat, lässt sie offen, aber der Fall Pinochet verändert ihre grundsätzliche Haltung zur Todesstrafe nicht. Ihr Resümee ist wieder persönlich formuliert: „Also, ich würde ihn in Haft bringen.“

Ohne Aufforderung des Lehrers hat sich die Schülerin zuerst in die Rolle des Opfers versetzt, um dann nach erneuter Distanzierung im letzten Satz eindeutig in die Rolle der aktiv Strafenden zu wechseln.

Am Anfang ihres Beitrages verwendet sie den Konjunktiv: „Man sollte ihn in Haft bringen.“ Durch das Modalverb „sollte“ wird zwar schon die Notwendigkeit der Handlung – Pinochet in Haft zu bringen – ausgedrückt, aber die Schülerin bewegt sich in ihrer Vorstellung noch im Rahmen der denkbaren Möglichkeiten. Nach der starken Identifizierung mit dem passiven Opfer verwendet die Schülerin den Indikativ, den Modus, der im Gegensatz zum Konjunktiv für Aktivität und Realität steht: „Das Mindeste, was man machen kann, ist dass man ihn in Haft bringt.“ Das Modalverb <kann> wird ebenfalls indikativ benutzt und hat in diesem Zusammenhang die Funktion, die reale Möglichkeit der Umsetzung der Handlung zu unterstreichen. Die Intensität des realen Bezuges wird durch das unbestimmte Zahladjektiv: „Das Mindeste“ verstärkt, welches wiederum im Satz ein größeres Gewicht durch die Substantivierung erhält. Bemerkenswert ist, dass die Schülerin von Anfang an den sehr bildhaften Ausdruck <jemanden in Haft bringen> verwendet. Während sie im ersten Satz die Meinung vertritt, andere sollten Pinochet in Haft bringen, versetzt sie sich im letzten Satz in die Lage der Strafverfolger: „Also, ich würde ihn in Haft bringen.“ Sie selbst würde die Aufgabe übernehmen – face to face – ihn an den Ort zu führen, wo er nach ihrer Überzeugung seine gerechte Strafe erhält. Die Schülerin wählt nicht die konkrete Rolle einer Richterin, die von der meist erhöhten Richterbank – mit gebotener Distanz – das Urteil fällt und veranlasst, dass der Täter seiner Strafe zugeführt wird.

Sie scheut in ihrer Vorstellung nicht die Konfrontation mit dem Verbrecher gegen die Menschlichkeit. Allerdings findet sie in die wirkliche Situation als Schülerin zurück und formuliert diese Übernahme der durchaus unangenehmen Aufgabe im Konjunktiv: „Also, ich würde ihn in Haft bringen."

Die Denkbewegung, die in diesem Beitrag der Schülerin deutlich wird, ist für die politische Urteilsbildung sehr aufschlussreich und nach meinen Beobachtungen eher für Mädchen typisch. Aus einem für die Schülerin relativ fernen politischen Problem, das sich ihrer unmittelbaren Erfahrung entzieht, wird durch die Personalisierung die individuelle Ebene in die Auseinandersetzung einbezogen. Die Fähigkeit zur Empathie ist bei vielen Mädchen so ausgeprägt, dass sie sich das ihnen Fremde und Ferne wie mit einem Zoom in ihre Nähe holen. Ein Weg zum Verständnis ist für Mädchen oft das Hineinschlüpfen in die Rolle, die ihnen persönlich am nächsten ist, mit der sie sich am ehesten identifizieren können.[4] In diesem speziellen Fall ist nachzuvollziehen, dass sich das Mädchen eher in die Rolle des Opfers versetzt als in die Rolle des alten Diktators. Daraus die These zu entwickeln, dass Mädchen von selbst immer die Opferrolle übernehmen, halte ich allerdings für mehr als gewagt.[5] Diese These müsste durch empirische Arbeiten erst verifiziert werden. In diesem konkreten Schülerinnenbeitrag führt die Identifizierung mit dem Opfer zu einer dezidiert moralischen Wertung. Das juristisch-politische Problem ist zu einem individuell moralischen umgekehrt worden. Die Phase eines Strafprozesses mit Anklage, Verteidigung, Beweisführung, Abwägung eines Strafmaßes – all das, was ein korrektes Gerichtsverfahren in einem demokratischen Land ausmacht – wird übersprungen und zur persönlichen Rache reduziert, indem der Täter – ich übertreibe bewusst – in den Kerker geworfen wird. Aus der Perspektive eines realen Opfers eine nachvollziehbare erste emotionale Reaktion. Als Ergebnis eines Nachdenkens über ein politisches Dilemma verbirgt sich darin ein willkürlicher, diktatorischer Akt. Sogar die vermeintlich moralische Überlegenheit, die in der Empörung über die Verbrechen steckt, löst sich in ein Nichts auf. Der Satz von Bonhoeffer bewahrheitet sich an dieser Stelle: „Nichts von dem, was wir im anderen verachten, ist uns selbst ganz fremd."

In den folgenden 16 Beiträgen von Schülerinnen finden ähnliche Identifizierungen mit den Opfern oder mit den Verwandten der Opfer statt. Allein Caroline argumentiert wie ein gewiefter Jurist mit der gewaltsamen Machtübernahme durch Pinochet, als er noch nicht als Staatsmann Verbrechen begangen hat, für die man ihm die Immunität absprechen kann. Ein Indiz für die Identifizierung der meisten Mädchen mit den Opfern ist der häufige Gebrauch des Wortes <ich>. In den 17 Beiträgen kommt es 38-mal vor; d.h. ungefähr in jedem zweiten oder dritten Satz wird von der eigenen Person ausgegangen. In den Zeilen 77-86 erscheint <ich> sogar zehnmal.

Inhaltlich steigern sich die Mädchen gegenüber dem oben ausführlich interpretierten Beitrag. Pinochet wird das Recht auf Leben abgesprochen (Zeile 37), er möge in eine Anstalt gesteckt werden, in der er verrückt wird und irgendwann Selbstmord begeht (Zeile 47-50). Wenn Pinochet nur ein paar Leute umgebracht hätte, dann könne man verstehen, dass er als Staatsoberhaupt Immunität genießt, aber nicht bei Vierzigtausend (Zeile 134-136). Die Todesstrafe wird noch als human bezeichnet: „... ich meine, es gibt ja auch irgendwie, weiß ich nicht, Arten von Tod, dass er nicht noch davor leidet und so. Ich denke mal, dass das für ihn auch, was heißt angenehmer, ich fände es besser, wenn schon zu töten als zu foltern." (Zeile 83-86) Die Identifikation mit den Opfern steigert sich ebenfalls (Zeile 42-44): „... wenn wir ihn jetzt umbringen, dann ist es dasselbe, was er mit uns, mit den Opfern gemacht hat ..." Das <wir> und <uns> stellt den Schulterschluss der Mädchen in der Lerngruppe als Opfer dar. Der erste Beitrag der Schülerin hat die Identifikation vorgegeben, die Schülerinnen folgen ihr in ihren eigenen Äußerungen. Die Identifikation ist unter den Mädchen kollektiv übernommen worden. Der Unterschied zu den Jungen ist klar und eindeutig zu erkennen. Sie haben eine andere Sichtweise auf das Problem:

Die drei Beiträge, die von zwei Jungen stammen, sind wesentlich ausgewogener, nüchtern und sachlich. Nach vier sehr emotionalen Äußerungen von Mädchen meldet sich der erste Junge zu Wort (Zeile 52-63). Philipp bringt den Vorschlag ein, den Prozess gegen Pinochet in ein außereuropäisches demokratisches Land zu verlegen. Er begründet seinen Vorschlag mit der größtmöglichen Fairness gegenüber dem Täter und den Opfern. Sein Lösungsversuch des Dilemmas zielt auf die Durchführung eines Prozesses, der politischen und juristischen Standards einer demokratisch entwickelten Gesellschaft entspricht.

Der zweite Junge teilt zuerst seine Meinung mit. Er ist gegen die Straffreiheit und begründet dies mit dem Grundsatz der Menschenrechte: Jeder Mensch ist gleich – auch vor dem Gesetz. Er geht noch einen Schritt weiter. Er fordert dazu auf, darüber nachzudenken, wie man in Zukunft durch veränderte Gesetze verhindern könnte, dass solche Verbrechen geschehen. Als Beispiel führt er die Konsequenzen an, die aus den Erfahrungen mit der Hitler-Diktatur gezogen wurden.

Philipp benennt in seinem zweiten Beitrag einen Widerspruch, der ihm auffällt. Nach seiner Meinung verstößt Chile durch die Pinochet gewährte Immunität gegen seine eigenen Gesetze.

Beide Jungen argumentieren auf der Ebene von gesetzlichen Verfahren, denen eine politische Signalwirkung zukommen soll. Ihnen ist die enge Verzahnung von Politik und Recht bewusst, wobei sie das Recht nicht statisch betrachten, sondern im demokratischen Sinn als veränderungsfähig auf der Basis historischer Erfahrungen.

Die Interpretation dieser Unterrichtssequenz fällt für die Mädchen nicht sehr schmeichelhaft aus. Die nicht zu beschönigende Erkenntnis aus dieser konkreten Kommunikationssituation ist, dass die hoch gelobte Einfühlungsfähigkeit der Mädchen für sie selbst eine Falle darstellen kann. Die moralische Empörung als Folge der Identifizierung mit dem Opfer verstellt den Blick für Lösungen, die dem Anklagenden und dem Angeklagten die Würde des Humanen lassen. Nur ein Mädchen bemerkt in einem kurzen Moment, auf welche abschüssige Bahn sie geraten sind (Zeile 45-46): „Dann wären wir genauso wie er."

Für den Politikunterricht und die politische Urteilsbildung kann diese Erkenntnis sehr produktiv genutzt werden. Den Mädchen soll auf keinen Fall ihre Emotionalität und Fähigkeit zur Empathie abgewöhnt werden. Politiklehrerinnen und -lehrer sollten jedoch in die Planung ihres Unterrichts eine Phase einbeziehen, in der den Schülerinnen die Gelegenheit gegeben wird, ihre ersten emotionalen Urteile zu reflektieren, diese mit demokratischen Grundsätzen zu konfrontieren und auf einer sachlich angemessenen Ebene ihre „Bauchargumente" – wie Herr Knittel im Interview sagt – zu modifizieren. In diesem speziellen Unterricht könnte z.B. an dem Unbehagen der Schülerin, die bemerkt, dass sie sich in ihren Argumenten nicht sehr weit von der inhumanen Stufe Pinochets entfernt hat, angesetzt werden.

Es geht nicht darum, Gefühle aus dem Politikunterricht herauszuhalten. Gefühle werden offen oder versteckt immer präsent sein, gerade wenn die Inhalte und Themen eine hohe Brisanz besitzen. Die Stärke der interpretierten Unterrichtssequenz liegt darin, dass der Lehrer die Geduld und die Zeit aufbringt, diese Gefühle zuzulassen und nicht zu sanktionieren. Die angstfreie Lernatmosphäre, die er herstellt, trägt dazu bei, dass die Schülerinnen ihre Gedanken offenbaren. Erst indem sie ausgesprochen werden dürfen, können sie diskutiert und damit reflektiert werden.

Die verbale Auseinandersetzung mit den eigenen und fremden Wertmaßstäben führt nicht nur, wie im Interview mit Herrn Knittel intendiert, allein zur Rationalität und damit zum rationalen politischen Urteil, sondern auch zu Veränderungen der Gefühlslage. Würden z.B. Mädchen durch die Metakommunikation erkennen, dass sie Strafe als Rache einsetzen, und gleichzeitig einsehen, dass sie sich dadurch von zivilisierten Regeln einer demokratischen Gemeinschaft entfernen, dann sind sie auch emotional gewachsen. Persönlichkeitsentwicklungen schließen immer die rationale und die emotionale Ebene eines Menschen ein, sie bedingen sich gegenseitig und sind nicht voneinander zu trennen.

Besser als der Lehrer es – unbeeindruckt von akademischen Erwartungen zu diesem Unterrichtsexperiment – tut, lässt sich die Unterstützung zum politischen Urteilen nicht formulieren: „... wenn man Schüler qualifizieren will zum politischen Urteil, egal in welcher Altersstufe, da muss man das Urteilen den Schülern in Tätigkeiten zumuten und sie daran wachsen lassen. Und ich darf ihnen nicht sagen: Das ist das Rezept, hier arbeitet ihr das ab, wie man vielleicht auch mal eher schlecht die eine oder andere Grammatikregel unterrichtet." (S. 129)

Koedukativer Politikunterricht als Chance und Bereicherung

In der Klasse 9F, in der Herr Knittel dasselbe Thema unterrichtet, gibt es ein Déjà-vu-Erlebnis: Die Mädchen der Klasse beantworten nicht die klare Frage des Lehrers, ob Pinochet Straffreiheit gewährt werden soll oder nicht. Beharrlich bleiben sie zuerst auch dabei, ihre Meinung zur Art der Strafe, die ihnen gerecht erscheint, zu wiederholen. Wie in der Klasse 9E gehen die Mädchen nicht zimperlich mit dem Verteilen von Strafen um.

Der Lehrer bittet eindringlich, die zentrale Frage zu beantworten:

(Zeile 1-5): „Es geht ja nicht darum, ob Mord gerechtfertigt ist, sondern ob er Straffreiheit haben soll. Rahel hat jetzt angefangen. Was ihr selber denkt. Soll er *(Pinochet)* Straffreiheit gewährt bekommen – wie es viele Regeln nahe legen – oder nicht? ... Schaffst du deinen Beitrag so zu organisieren, dass er passt? Gut."

Die Schülerin, die auf diese Frage antwortet, scheint von allem, was der Lehrer gesagt hat, nur zu hören: „Was ihr selber denkt." Ungebremst breitet sie ihre Meinung aus:

(Zeile 6-19): „Ich will *(sagen)*, gerade passend auch zu dem Plakat von Gregor, weil ich nicht finde, dass man so einen Mann in Frieden sterben lassen sollte. Weil es einfach, ich finde, dass er es erstens nicht verdient hat, und zweitens mal, sollte man nicht sagen, ja o.k., er ist sowieso schon alt, ja dann sollte er entweder schon gleich weg oder *(Lachen)*, aber man kann nicht sagen, o.k. dann lassen wir ihn, nur weil er alt ist. Darauf kann man jetzt auch keine Rücksicht mehr nehmen."

Die Stunde würde in der 9F eine ähnliche Dynamik wie in der 9E erhalten, da auch die Beiträge aller anderen Schülerinnen Überlegungen zur möglichen Strafe beinhalten. Zwei Bedingungen wirken sich so aus, dass der Unterricht eine andere Wendung erhält. Erstens kennt der Lehrer die Schülerinnen und Schüler der Klasse 9F besser und länger, er greift öfter lenkend ein. Zweitens beteiligen sich die Jungen am Unterrichtsgespräch häufiger und intensiver. Sie halten selbstbewusst ihre Linie durch – mit Unterstützung des Lehrers.

Das Auszählen der Beiträge gibt erste Aufschlüsse: 25-mal beteiligen sich Mädchen am Gespräch, Rahel ist mit sieben Äußerungen am häufigsten vertreten. 17 Beiträge leisten die Jungen, wobei Janosch achtmal seine Argumente einbringt und Gregor ihn mit drei Beiträgen flankierend unterstützt. Der Lehrer greift 29-mal ins Gespräch ein, wobei es sich um neun Aufrufe der Namen und fünf sehr kurze Fragen, wie z.B, <wann?> handelt, die keinen nachhaltigen Einfluss auf den Verlauf der Diskussion nehmen. 17 Beiträge des Lehrers können als lenkende Gesprächsführung gewertet werden. Das Verhältnis der Beiträge zwischen Mädchen und Jungen und Lehrer kann rein zahlenmäßig als ausgewogen bezeichnet werden.

Zu Beginn der Stunde lassen sich die Mädchen noch nicht von ihrer unerbittlichen „Strafverfolgung" abbringen. Der Lehrer verweist auf den Grundsatz, dass Staatschefs nicht verfolgt werden (Zeile 32-39). Gregor greift den Hinweis des Lehrers beherzt auf und wagt als erster den Mädchen zu widersprechen.

(Zeile 40-48): „Ich finde, dass diese Regel sehr sinnvoll ist, eigentlich. Bloß und ich finde auch, dass, da es diese Regeln gibt, Pinochet nicht ausgeliefert werden dürfte. Aber ich finde, man sollte die Regeln dann nach Pinochet wenigstens soweit versuchen zu ändern, dass das nur für amtierende Staatschefs gilt, weil der Sinn und Zweck dieses Gesetzes ist ja, dass der Staatschef oder jeder Staatschef in ein anderes Land reisen darf, ohne Angst zu haben. Aber wenn er nun kein Staatschef mehr ist, dann hat er Pech gehabt."

Gregor kann den Sinn des Grundsatzes, amtierende Staatsoberhäupter strafgesetzlich in einem anderen Land nicht zu verfolgen, nachvollziehen. Der Lehrer nannte als Beispiel, dass so eher Friedensverhandlungen mit Regierungschefs geführt werden könnten, die unter anderen Umständen ihr Land nicht verlassen würden. Gregor setzt Prioritäten, bilaterale Verhandlungen oder internationale Treffen gehen vor Strafverfolgung einzelner amtierender Politiker. Die logische Konsequenz für ihn ist, dass die Regel dennoch geändert werden muss. Sobald die Politiker nicht mehr amtieren, haben sie den Schutz der Immunität zu verlieren. Gregor empört sich nicht darüber, dass das bestehende Gesetz unzulänglich ist und zu Ungerechtigkeiten führt. Erweist sich ein Gesetz als verbesserungsbedürftig, so kann in einer Demokratie versucht werden, es nach den neuen Erfahrungen zu modifizieren. Ihm ist völlig klar, dass jedoch so lange nach bestehendem Recht verfahren werden muss, so lange die Gesetze nicht geändert sind.

Gregor setzt sich mit seiner Meinung gegen die Mädchen nicht durch. Nadine fordert für Pinochet eine Ausnahmeregelung (Zeile 61-62): „Ja, ich denk auch, dass man da eine Ausnahme machen sollte, weil er hat wirklich Tausende von Menschen umgebracht."

Janosch stellt fest, dass in der Klasse alle der Meinung seien, dass Pinochet bestraft werden soll (Zeile 73-75). Er findet die Frage jedoch viel interessanter, ob dieser bestraft werden darf (Zeile 75). Janosch plädiert dafür, in dieser Richtung weiter zu diskutieren. Der Lehrer bittet Janosch, näher zu erläutern, was er mit dem Unterschied <soll bestraft werden> und <darf bestraft werden> meint.

(Zeile 88-93) Janosch: „Die Frage ‚sollen' ist ziemlich klar, sag ich mal. Also, wir sagen alle mehr oder weniger das Gleiche. Dass es eben nach unserem Gerechtigkeitssinn nicht so ist, wie es letztendlich ist, dass da nämlich so ein großes Theater drum gemacht wird. Und wir sagen alle: ja er muss doch, und: warum denn nicht? Dann sollten wir uns damit mal auseinandersetzen: warum denn nicht? Was da die Gründe sind."

Janosch erkennt, dass in der Klasse keine kontroversen Standpunkte vertreten werden, wenn es um den eigenen Gerechtigkeitssinn geht. Der Gebrauch des Wortes Gerechtigkeitssinn unterscheidet sich von dem Wort Gerechtigkeits-gefühl insoweit, als die Sinne für die Wahrnehmung eines Objektes oder Sachverhaltes stehen. Die Gefühle sind bei der sinnlichen Wahrnehmung durchaus stark beteiligt, aber die Wahrnehmung beinhaltet beides: Gefühl und Verstand, die Ebene der Reflexion der Gefühle ist mit gedacht. Das Wort Gerechtigkeits-gefühl, das Janosch nicht benutzt, benennt ausschließlich die emotionale Ebene, die nicht begründet werden muss. <Ich fühle das so> kann letztendlich nicht rational begründet oder von einem Außenstehenden als falsch bezeichnet werden. Wenn ein anderer zu einem Objekt, einem Sachverhalt oder einem Menschen ein anderes Gefühl hat, dann ist das eben sein Gefühl, dadurch wird meines nicht falsch. Über meine Wahrnehmung lässt sich diskutieren und gegebenenfalls kann ich mich davon überzeugen lassen, dass mir ein wichtiges Detail entgangen ist, ich etwas Entscheidendes, das meine Meinung beeinflusst, übersehen habe. Die Berücksichtigung dessen, was ich mit meinen Sinnen nicht wahrgenommen habe, kann meine Meinung erheblich revidieren.

Jungen ab einem bestimmten Alter gehen mit dem Wort Gefühl und mit ihren Gefühlen sehr vorsichtig um.[6] Es ist zu vermuten, dass sie genauso wie die Mädchen in der Klasse von den Verbrechen, die Pinochet vorgeworfen werden, empört sind. Dennoch lassen sie sich nicht von ihren Gefühlen mitreißen und bewahren einen kühlen Kopf.

Alle – Jungen wie Mädchen – sind, von kleinen Nuancen abgesehen, der Meinung, dass Pinochet so schwere Verbrechen begangen und seine Macht als Staatsoberhaupt so gravierend verletzt hat, dass er bestraft werden sollte. Janosch bemerkt, dass wegen der Übereinstimmung der Meinungen sich die Diskussion zu einem Bestätigungsritual entwickelt, das nicht sonderlich interessant ist. Er möchte sich auseinandersetzen über die Gründe, die für oder gegen Straffreiheit sprechen.

Janosch erhält im Verlauf der Stunde Unterstützung vom Lehrer und von vier Jungen. Aber schon an dieser Stelle wird die erste Weiche für ein wesentliches Lernergebnis gestellt, mit dem die Stunde endet: die Gesetze werden so ausgelegt, dass Pinochet für die ihm zur Last gelegten Verbrechen nicht zur Rechenschaft gezogen werden kann. Die Weiche ist in Janoschs Formulierung verborgen:

(Zeile 92-93): „Dann sollten wir uns damit mal auseinandersetzen: warum denn nicht? Was da die Gründe sind.“

Die Gesetzeslage ist hoch kompliziert und der Fall Pinochet stellt eine internationale Herausforderung für Politiker und Juristen dar. Zu dem Zeitpunkt der Unterrichtsstunde existiert keine Entscheidung der englischen Richter, das Ergebnis ist offen. In der letzten Bemerkung hat Janosch seine Einschätzung, ohne diese ausdrücklich zu benennen, zum einzig möglichen Urteil erhoben – Pinochet ist mit den bestehenden Gesetzen nicht beizukommen. Er regt an, in der Klasse nach den Gründen zu forschen, die für den Erhalt der Immunität sprechen. Die Gegenargumente fallen unter den Tisch. Die Frage <warum denn nicht?> intendiert ausschließlich, dass Pinochet strafrechtlich nicht belangt werden kann.

Janosch soll nicht unterstellt werden, dass er absichtlich, also manipulativ seine Meinung durchsetzen möchte. Er ist ja an einer Auseinandersetzung interessiert, und die kann nur stattfinden, wenn in der Diskussion das Prinzip der Kontroversität eingehalten wird. Janosch setzt ein Gegengewicht zu der allgemein moralischen Überzeugung in der Klasse und löst damit das Prinzip der gleichen Meinung auf. Die Argumente bewegen sich allerdings auf zwei verschiedenen Ebenen, nämlich einerseits der emotional-moralischen und andererseits auf der rational politisch-juristischen. Janosch schlägt vor, diese Ebenen zu wechseln, dabei bleibt die Kontroversität des politisch-juristischen Problems unbemerkt und ungewollt auf der Strecke.

Der Lehrer bestärkt Janosch und bezieht Gregor in die Debatte ein. In einem späteren Kommentar rechtfertigt der Lehrer seine Vorgehensweise (S. 77). Er entscheidet sich zu diesem Zeitpunkt von seinem ursprünglichen Unterrichtsplan abzuweichen. Die Klasse sei gerade an der Schwelle vom moralischen zum rechtlichen Urteilen gewesen und er wollte den Prozess nicht abbrechen. Aus pädagogischen Gründen wollte er Gregor stärken, der in der Klasse als Außenseiter gilt und nun mit dem in der Klasse beliebten Janosch eine gemeinsame Position vertreten kann. Der Lehrer hofft, dass Gregor mehr Aufmerksamkeit und Akzeptanz von seinen Mitschülerinnen und Mitschülern erhält.

Nachdem Gregor vom Lehrer aufgerufen worden ist (Zeile 151), muss er zuerst wegen des Widerstandes einer Schülerin, die moralische Ebene zu verlassen (Zeile 155), erklären, dass es ihm nicht um die Morde geht, die Pinochet begangen haben soll, sondern um die Klärung, ob Pinochet den diplomatischen Status in England genießt oder nicht (Zeile 160-166). Gregor verteidigt seine Meinung, dass nach Recht und Gesetz gehandelt werden müsse, ob es nun einzelnen Menschen gefällt oder nicht. Für die Anwendung des Gesetzes ist der Status, in dem sich Pinochet in England aufhält, von entscheidender Bedeutung.

(Zeile 163-166) Gregor: „... es ist unnütz, ein Gesetz, bei dem zu sagen, ja bei dem gefällt es mir, bei dem nicht. Dann sind wir wieder bei der Willkür des Gesetzes."

Gregor startet einen mutigen Angriff gegen die Argumente der Schülerinnen. Gegen die Äußerung (Zeile 155): „Ja, aber wir hoffen doch alle, dass er bestraft wird ..." setzt er den Vorwurf, selbst Willkür anzuwenden, wenn man ein und dasselbe Gesetz nach dem eigenen Gefallen auslegt. An den Bonhoeffer-Satz sei an dieser Stelle nur noch einmal erinnert. Gregor konfrontiert die Schülerinnen mit ihrem kritikwürdigen Verhältnis zu Gesetzen im Namen der Moral.

Im darauf folgenden Beitrag kontert eine Schülerin mit der Widersprüchlichkeit der verschiedenen Gesetze, die im Fall Pinochet berücksichtigt werden müssen. Diese Schülerin lässt sich nicht nur auf die juristisch-politische Ebene ein, sondern sie ergänzt die Diskussion auf dieser Ebene um die Kontroversität, die im Beitrag von Janosch verloren gegangen ist. Die Tatsache, dass Gesetze sehr unterschiedlich ausgelegt und zwischen verschiedenen Gesetzen Prioritäten gesetzt werden können, hätte der Auseinandersetzung eine entscheidende Qualität verliehen: Richterinnen und Richter haben die Aufgabe, bestehende Gesetze zu beachten und zu würdigen, dennoch bewegen sie sich in einem Entscheidungsspielraum.

In der Dynamik des Unterrichtsgeschehens bemerkt der Lehrer nicht die Chance, die im

Beitrag der Schülerin steckt. Daraus ist ihm kein Vorwurf zu machen, denn die Empörung der Schülerinnen über Pinochet ist noch so präsent, dass jederzeit das Moralisieren die Oberhand im Unterrichtsgespräch gewinnen könnte.

Subjektives Denken kann im Politikunterricht überwunden werden

Einzelne Mädchen gehen auf die Beiträge von Janosch und Gregor unterstützt vom Lehrer und drei anderen Jungen allmählich ein, sie schwenken um. Die Schülerinnen sind bereit und in der Lage, ihren emotionalen Standpunkt zu verlassen, das Problem zu rationalisieren. Wie schwer es ihnen fällt, ist an Rahels Beitrag abzulesen:[7]

(Zeile 269-278): „Ja ‚mehr' ist, dass es also irgendwie, dass wir alle merken, dass er so ein richtiges ‚Arschloch' ist. Ich mein, so etwas benutzt man nicht, aber war er. Ich meine, er hat Leute umgebracht, gefoltert, was auch immer. Ich denk, die Gerechtigkeit schreit zum Himmel und irgendwie, wir sitzen jetzt alle hier und können diskutieren ... *Wir sitzen hier und diskutieren und können nichts machen, gar nichts.* Ich denke, da könnte man heulen, da könnte man ewig heulen und traurig sein. Und das Schlimme ist daran, dass man nichts machen kann. Und ich denke, es stinkt uns allen. Darüber können wir uns auch aufregen. Aber irgendwie, wir können halt nichts machen wegen diesen Gesetzen."

Die Gefühle brechen aus Rahel noch einmal heraus, sie ist selbst über ihre drastische Ausdrucksweise erschrocken. Die Einsicht, dass die Gesetze eine Verurteilung geradezu verhindern, könnte sie zum Heulen bringen. Rahel erlebt diese Einsicht als Ohnmacht. <Die Gerechtigkeit schreit zum Himmel.> In der Aufgeregtheit klingt dieser Satz wie ein Versprecher. Etwas Abstraktes – die Gerechtigkeit – schreit wie ein Mensch aus Verzweiflung zum Himmel. Die Formulierung weist noch stärker als in den <Ich-Formen> der Mädchen der 9E auf Personalisierung und Identifizierung der Mädchen mit einem fernen, abstrakten Sachverhalt hin. Die Identifizierung führt zu Ohnmachtsgefühlen, Wut und Traurigkeit. Die Diskussionen stellen für Rahel kein adäquates Mittel gegen die himmelschreiende Ungerechtigkeit dar.

Henriette zieht aus der Diskussion die Schlussfolgerung, die ihr komisch vorkommt: Staatsoberhäupter müssen sich im Gegensatz zu anderen Bürgern an gar keine Rechte halten (Zeile 280-287).

Rahel widerspricht ihrer Mitschülerin und erklärt wiederholt, dass der Zeitfaktor im Fall Pinochet eine große Rolle spielt. Staatsoberhäupter, die jetzt Verbrechen begehen, werden zur Verantwortung gezogen, weil die Gesetze es jetzt ermöglichen (Zeile 303). Rahel: „Aber für Pinochet ist es einfach zu spät, diese, diese Gesetze."

Rahel ist es innerhalb einer Unterrichtsstunde gelungen, sich von der rein subjektiven Bewertung des Falles Pinochet zu lösen. Sie ist in der Lage, die Argumente von Janosch und

Gregor als neue Aspekte in ihre Überlegungen mit einzubeziehen. Sie erkennt, dass ihr individuelles Gerechtigkeitsempfinden nicht der Maßstab aller Dinge ist. Sie hadert noch mit der Tatsache, dass Gesetze so unvollkommen sein können, dass in speziellen Fällen schwere Verbrechen gegen die Menschenwürde nicht geahndet werden können. Ein geringer Trost besteht für Rahel darin, dass die Gesetze in ihrem Sinne verbessert worden sind und in Zukunft Menschen, die für massenhafte Folter und Morde verantwortlich sind, eher für ihre Taten angeklagt werden können. Eine Diskussion, die die Möglichkeit, aufgrund der bestehenden Gesetze die Immunität von Pinochet dennoch aufzuheben, berücksichtigt, hätte Rahel ein Teil ihrer Enttäuschung über die bestehenden Gesetze erspart.

Es ist zu hoffen, dass die Schülerinnen und Schüler für den Fall Pinochet durch den Unterricht so sensibilisiert sind, dass sie die weitere Entwicklung in den Medien verfolgen. Der Lehrer, Janosch, Gregor und Rahel konnten zum Zeitpunkt des Unterrichts nicht wissen, dass Pinochet inzwischen nach Chile gereist ist und chilenische Richter seine Immunität aufgehoben haben. Im Nachhinein wird Gregor bestätigt, denn er hat in einem Schlusswort geäußert, dass die Anklage die Sache des chilenischen Volkes sei (Zeile 310-311).

Ob Pinochet prozessfähig ist oder nicht, das wird die Zukunft zeigen. Die Schülerinnen und Schüler beider neunten Klassen wird es vielleicht, wie viele andere, die die Pinochet zur Last gelegten Taten verabscheuen, befriedigen, dass der Diktator vor der Weltöffentlichkeit immer wieder mit seiner Gewaltherrschaft konfrontiert wird. Die Wahrscheinlichkeit ist hoch, dass Pinochet ein Prozess erspart bleibt, aber der Diskussion in der Öffentlichkeit muss er sich auf jeden Fall noch lange Zeit stellen.

Hannah Arendt notierte in ihrem Denktagebuch im Juni 1950: „Das radikal Böse ist das, was nicht hätte passieren dürfen, d.h. das, womit man sich nicht versöhnen kann, was man als Schickung unter keinen Umständen akzeptieren kann, und das, woran man auch nicht schweigend vorübergehen darf. Es ist das, wofür man die Verantwortung nicht übernehmen kann, weil seine Folgerungen unabsehbar sind, und weil es unter diesen Folgerungen keine Strafe gibt, die adäquat wäre. Das heißt nicht, dass jedes Böse bestraft werden muss; aber es muss, soll man sich versöhnen oder von ihm abwenden können, bestrafbar sein.“[8]

Die Empörung, die Wut, die Traurigkeit und auch das aggressive Potential, das die Schülerinnen zeigen, wenn sie an das Leid der Menschen denken, die unter der Herrschaft Pinochets gelitten haben oder getötet worden sind, gehören zu der politischen Auseinandersetzung. Ohne diese gefühlsmäßige Auflehnung gegen Unrecht, Machtmissbrauch und Gewalt sind Demokratie und Menschenwürde ernsthaft gefährdet. Diese Gefühle drohen aber dann kein guter Berater zu sein, wenn Vernunft und Grundsätze der Menschlichkeit als Verteidigung der Menschenwürde und Demokratie außer Acht gelassen werden.

Der Politikunterricht hat nicht die Aufgabe, nachvollziehbare und berechtigte Gefühle zu sanktionieren. Er kann helfen, diese Gefühle bewusst zu machen und die begrenzten Möglichkeiten innerhalb demokratischer Regeln aufzeigen, Recht wieder herzustellen oder präventiv zu verteidigen.

Beide Unterrichtsstunden stellen ein gelungenes Beispiel dafür dar, dass Emotionen und Rationalität keine unvereinbaren Paare sind, sondern sich gegenseitig ergänzen. Gleichzeitig wird deutlich, dass allein die eher weibliche Perspektive oder allein die eher männliche Sichtweise auf den Fall Pinochet Wesentliches ausspart. Weder reicht es, wenn die Dimensionen einer Diktatur beleuchtet werden sollen, die bestehende Gesetzeslage zu klären und von dem Unrecht und Leid zu abstrahieren, noch reicht es, vor blinder Wut sich in Gewaltphantasien zu verlieren. Die Schülerinnen und Schüler der 9E und 9F beantworten ungewollt und fast nebenbei, weshalb ein koedukativer Unterricht im Fach Politik sinnvoll ist. Anschaulicher als in diesen beiden Stunden kann nicht bewiesen werden, wie bereichernd die geschlechtsspezifischen Kommunikations- und Interaktionsmuster ineinander greifen. Voraussetzung für diesen fruchtbaren Prozess ist allerdings ein Lehrer oder eine Lehrerin, der/die diesem Lernprozess Zeit und Raum gibt, Umwege, Irrtümer und verschiedentliches Probedenken von Mädchen und Jungen aushält.

Der Lehrer, Herr Knittel, sagt im Interview: „... Das hat aber wieder zur Voraussetzung, dass Lehrer den Mut gewinnen, sich Zeit zu nehmen. Kommunikation braucht Zeit und die Entwicklung solcher Prozesse braucht Zeit. Und es muss eine Kompetenz entstehen, Stoff zu kürzen zugunsten von zentralen Zielen. Also, es hängt immer so vieles mit vielem zusammen, dass es mir manchmal schwer fällt, hinreichend konkret und sozusagen linear zu antworten“ (S. 133).

Dem ist kaum etwas hinzuzufügen. Nur die Kleinigkeit, dass der Lehrer neben dem Vielen den Blick für das Wesentliche nicht verliert. Er setzt dann seinen Einfluss ein und ändert sogar seine Unterrichtsplanung, wenn er einem Schüler in der Klasse zu mehr Anerkennung und Aufmerksamkeit durch die Mitschülerinnen und Mitschüler verhelfen kann. Dass ihm das auf unspektakuläre Weise und für die Schülerinnen und Schüler unbemerkt gelingt, spricht für sein Fingerspitzengefühl und seine Souveränität. Die Chance für Gregor in diesem Moment zu nutzen, ist ihm wichtiger, als die Tatsache, dass dieser Unterricht für die Wissenschaft, für das Experiment – eine identisch geplante Unterrichtseinheit für zwei Parallelklassen zur politischen Urteilsbildung durchzuführen – dokumentiert wird. Ein Experiment lässt sich im Zweifelsfall wiederholen, diese konkrete Chance nicht.

Wer noch Zweifel daran hegt, dass Anerkennung und Aufmerksamkeit einen unverzichtbaren Faktor im menschlichen Zusammenleben und -arbeiten darstellen, den wird der bulgarische Linguist Tzvetan Todorov vielleicht überzeugen.[9] In seinem Buch „Abenteuer des Zusammenlebens“, das er in seinem Pariser Exil geschrieben hat, stellt er zu Hobbes pessimistischen „asozialen" Denkströmungen Gegenthesen auf: Der Mensch wird erst durch seine Wertschätzung zum Subjekt. Das Bedürfnis nach Anerkennung ist nicht moralisch verwerflich, Bewusstsein entsteht erst durch den Blick des anderen. Anerkennung ist immer wechselseitig und führt zur Verbundenheit und Kooperation mit anderen. Todorov behauptet sogar, dass das Geben von Anerkennung mehr Gewinn schenke als anerkannt zu werden.

Wer an dieser letzten Behauptung zweifelt und sie als träumerisch und blauäugig ablehnt, der möge selbst das Experiment unternehmen, den Lehrer, Herrn Knittel, über seine Lebens- und Berufszufriedenheit zu befragen und einen Dozenten bzw. eine Dozentin und einen Lehrer bzw. eine Lehrerin, der/die seine bzw. ihre Studentinnen und Studenten oder Schülerinnen und Schüler heimlich oder offen verachtet – wie weiter oben (auf Seite 112) näher beschrieben. Zu erkennen sind sie für den, der mit all seinen Sinnen wahrnimmt, an ihrem Gesichtsausdruck.[10]

Anmerkungen

[1]Vgl. Friedberg Pflüger: Ehrenwort. Das System Kohl und der Neubeginn, Stuttgart/München 2000, insbesondere die Lehrsätze der Kohlschen Machtpolitik, z.B. Lehrsatz 7, S. 27 f., der das Ausfragen redseliger Personen beschreibt, das zum System der ‚checks and balances' gehört, oder das Installieren von Spionen in jeder Institution.

[2]Hannah Arendt: Denktagebuch 1950-1973, ausgewählte Auszüge aus dem unveröffentlichten Tagebuch (Heft VI; September bis November 1951) in: du, Zeitschrift der Kultur, Hannah Arendt. Mut zum Politischen! Heft 710, Zürich, Oktober 2000, S. 52.

[3]Vgl. Karin Kroll: Mary – oder das Argument des unvollständigen Wissens. Das Problem, Kommunikation und Interaktion von Mädchen im Politikunterricht wahrzunehmen und zu deuten, in: Peter Henkenborg/ Hans-Werner Kuhn (Hrsg.): Der alltägliche Politikunterricht. Beispiele qualitativer Unterrichtsforschung zur politischen Bildung in der Schule, Opladen 1998, S. 71-88.

[4]Vgl. Karin Kroll: Das Dogma der Authentizität – Verhindert weibliche Identität den Perspektivenwechsel? In: Hans-Werner Kuhn/Peter Massing (Hrsg.): Politikunterricht kategorial + handlungsorientiert. Ein Videobuch, Schwalbach/Ts. 1999, S. 171-181.

[5]Susanne Kappeler schreibt u.a. von der „Manifestierung der ‚Verliebtheit' in den Opferstatus als Frau". Vgl. Susanne Kappeler: Der Wille zur Gewalt. Politik des persönlichen Verhaltens, München 1994, S. 256.

[6]Wilfried Wieck: Fühlen lernen – was Söhne von ihren Vätern wollen, in: Ders.: Söhne wollen Väter. Wider die weibliche Umklammerung, Frankfurt/M. 1994, S. 311-318.

[7]Mary Field Belenkey hat sehr eindrucksvoll beschrieben, wie Frauen dem subjektiven Denken verhaftet bleiben. Vgl. Dies.: Das andere Denken. Persönlichkeit, Moral und Intellekt der Frau, Frankfurt/M./New York 1989, S. 94-105.

[8]Hannah Arendt a.a.O., Tagebuch-Heft I, Juni 1950.

[9]Tzvetan Todorov: Abenteuer des Zusammenlebens. Versuch einer allgemeinen Anthropologie, Berlin 1996.

[10]Vgl. Rudolf Heidemann: Körpersprache im Unterricht, Wiesbaden 6. Aufl. 1996.

Hans-Werner Kuhn interviewt Bernd Knittel

„Die Urteile bildet der Lernende“*

„... ganz prinzipiell ist wichtig: Die Urteile bildet der Lernende ...“

Interviewer: Dann beginnen wir mit dem Interview, Herr Knittel. Am besten, Sie stellen sich kurz vor und sagen etwas zu Ihren Tätigkeiten bzw. zu Ihrer aktuellen Tätigkeit.

Bernd Knittel: Ich bin Lehrer an der Schiller-Oberschule in Berlin-Charlottenburg gewesen – muss ich jetzt sagen – von 1980 bis ins vergangene Jahr. Ich habe Geschichte, Politische Weltkunde und Sozialkunde unterrichtet und die Arbeit im Fachbereich koordiniert. Seit 1978 habe ich begleitend dazu 22 Jahre lang ein Fachseminar Geschichte/Sozialkunde/Politische Weltkunde geführt. Diese Tätigkeit habe ich vor etwa einer Woche abgeschlossen. Jetzt leite ich das 1. Schulpraktische Seminar in Berlin-Charlottenburg.

Interviewer: Bei dem, was wir jetzt als Projekt gemeinsam gemacht haben, steht die Frage von politischer Urteilsbildung im Vordergrund. Das Problem bei dieser Frage ist ja, dass es eine Kluft gibt zwischen den Konzepten und Modellen auf der einen Seite und der konkreten Unterrichtspraxis in verschiedenen Schulstufen auf der anderen Seite. Wie würde Ihrer Vorstellung nach ein tragfähiges Konzept in diesem Bereich aussehen können?

Bernd Knittel: Also in unserer Zusammenarbeit, die jetzt schon einige Jahre andauert, habe ich zwei Konzepte ausprobiert und ich würde nach den Erfahrungen mich nur für eines der beiden Konzepte aussprechen. Zunächst habe ich begonnen, an die Schüler, an die Lernenden Kategorien heranzutragen, um sie fähig zu machen, politisch rational zu urteilen. Das hatte durchaus Erfolg, aber nicht den vergleichbaren Erfolg, den ich jetzt im zweiten Verfahren ausprobiert habe, den Lernenden zunächst einmal sehr aufmerksam zuzuhören, anhand welcher Maßstäbe sie urteilen, und zwar nicht nur eine Stunde, sondern über einen längeren Zeitraum hinweg. Also, das bedeutet einige Monate, damit man die Lerngruppen wirklich da fassen kann, wo sie sind. Meine Erfahrung ist, die Lerngruppen sind durchaus

*Interview mit Bernd Knittel, Politiklehrer und Seminarleiter

unterschiedlich, bei allen Gemeinsamkeiten. Ich habe schließlich meine Aufgabe darin gesehen, den Lernenden ihre Maßstäbe und ihre unterschiedlichen Maßstäbe transparent zu machen und auf die Weise zu beginnen, weiter an ihren Fähigkeiten zur rationalen Urteilsfindung zu arbeiten, und das war deutlich erfolgreicher, sowohl in der Sekundarstufe I als auch in der Sekundarstufe II. Also, zusammengefasst: Den Weg an die Lernenden Kategorien und Maßstäbe heranzutragen, der hat sich aus meiner Erfahrung nicht so gut bewährt wie der Weg, aufmerksam über längere Zeit Lerngruppen zu beobachten, festzustellen, wo sie stehen in ihrer Urteilsfähigkeit, die oft zunächst ja noch subjektiv und wenig strukturiert sein wird, und dann auf der Basis dieser Feststellung die Lernenden soweit zu bereichern, als ich immer die nächste Stufe anpeilte und vor allem nicht zu viel auf einmal wollte. Und da sind in der Sekundarstufe II, denke ich, ganz schöne Ergebnisse zu beobachten gewesen, und ich habe ja dann auch die Stunde, die wir aufgezeichnet haben, in der folgenden Stunde ausgewertet und auch in der weiteren Arbeit sind noch ganz interessante Ergebnisse zur Urteilsbildung sogar in der neunten Klasse zu beobachten gewesen.

Interviewer: Jetzt haben Sie eine ganze Reihe von Erfahrungen mit Referendaren und Referendarinnen. Spielt dort das Thema Urteilsbildung in der Zweiten Ausbildungsphase eine Rolle und wie gehen ausgebildete Sozialkundelehrerinnen und -lehrer damit um?

Bernd Knittel: Ich will mal die Frage trennen. Es sind ja zwei. Und ich kann im Grunde nur über mein Seminar berichten, weil ich für andere nicht den Überblick habe. Auffällig ist, dass sehr viele Lehramtsanwärter aus der Ersten Ausbildungsphase kaum Einsichten, Vorkenntnisse zum politisch-rationalen Urteilen mitbringen. Das mag einerseits daran liegen, dass ich nicht so sehr viele Referendare habe oder gehabt habe, die Politik studiert haben. Es sind ja in Berlin auch häufig Kolleginnen und Kollegen, die „nur“ in Anführungsstrichen Geschichte studiert haben. Ich kann mir gut vorstellen, dass in diesem Studium kategoriale Zugänge nicht so im Zentrum der Ausbildung stehen. Von daher ist meine Erfahrung, dass die Lehramtsanwärter das zuerst eigentlich nur in der Zweiten Phase in meinem Fachseminar erfahren haben. Da gab es ähnliche Schwierigkeiten wie bei Schülern. Wenn ich das kategorial bewusste Urteilen nur von außen an sie herangetragen habe, haben sie das häufig als Überwältigung, Zumutung und Beeinflussung empfunden. Wenn ich ihnen aber die Funktionalität und Wirkung indirekt vermitteln konnte und mir das gelungen ist, dann gab es sogar Einsichten, die weit über die Frage politisch-rationalen Urteilens hinausgingen, dass beispielsweise eine Lehramtsanwärterin, daran kann ich mich jetzt gerade gut erinnern, meinte, dass das Bewusstwerden über Kategorien für politisches Urteilen ihr auch bei Planungsentscheidungen geholfen habe, weil ihr Unterricht leichter Struktur gewönne und ihr sogar Schwerpunktsetzung und Steuerung leichter fielen. Das ist eine einzelne Erinnerung, die ich habe, aber im Grunde ist meine Erfahrung, wenn Lehramtsanwärter damit befasst werden, dann durch die Ausbildung in der Zweiten Phase.

Die zweite Frage: Was es im Unterricht bedeutet? Ich habe ja auch über 20 Jahre im Genehmigungsverfahren und in der Weiterentwicklung des Berliner Abiturs gearbeitet, habe also auch viele Klausuren gelesen, die jetzt nicht nur an meiner Schule geschrieben worden sind. Was das Urteilen anging, war es häufig schon ein Erfolg zu lesen, dass Schülerinnen und Schüler das, was sie als Urteil meinten formuliert zu haben, begründet haben, also nicht einfach nur eine Meinungsbekundung abgegeben haben, sondern wenigstens eine Begründung geschafft haben. In den Klausuren war häufig noch ein Missverhältnis rein quantitativ; sie haben also in Grunde nicht 30 Prozent der Textlänge, wie es erwartbar wäre, auf der höchsten Ebene angesiedelt, also der Urteilsebene. Dann wiederum, bezogen auf meine eigene Unterrichtserfahrung, habe ich in den letzten Jahren, als mir selbst immer deutlicher wurde, welche Bedeutung für politische Bildung die Sensibilisierung und Qualifizierung für politisches Urteilen haben, beobachtet, dass ich am Ende Schülergruppen hatte, die von der Textmenge her etwa zwei Fünftel für Kennen und Verwenden aufwandten und bis zu drei Fünftel der Textmenge zum Urteilen und dann zu sehr differenzierten Urteilen nicht nur in groben Kategorien, sondern auch in feinen fähig waren und das auch genossen, also das politisch-rationale Urteilen geradezu als anspornende Herausforderung empfanden. Also, es hängt wohl sehr von der Ausbildung und den individuellen Lernwegen des Lehrenden ab.

Häufig, wie gesagt, bleibt es aus meiner durchaus breiten Beobachtung auf begründete Meinungsäußerung im Umfang von zweihundert Wörtern beschränkt.

Interviewer: Jetzt ist ja das Problem beim Fach Sozialkunde oder Politische Weltkunde, wie es hier in Berlin heißt, dass es einmal als schriftliches Fach unterrichtet wird mit Klausuren, und auf der anderen Seite eben weitgehend in der Sekundarstufe I als mündliches Fach. Wo sehen Sie da die Unterschiede in den Strategien, in den Lernwegen, wie man Schülern hilft, diese politische Urteilsbildung begründet, tragfähig, systematisch zu entwikkeln?

Bernd Knittel: Ich denke, auch für die Sekundarstufe I ist es wichtig, Lernprozesse nicht nur mündlich zu initiieren. Es lässt sich ja, wenn ich einmal ans Ladenschlussgesetz denke, ein Thema finden, das kann also auch ein Schüler in der achten Klasse bewältigen, das Thema ist unmittelbar aus seiner Lebenserfahrung gewonnen: Ladenschlussgesetzänderung ja oder nein? Und ein Urteil dazu zu fällen, die notwendigen Kenntnisse dazu zu erfassen, da ist er kognitiv nicht überfordert. Es hilft auch, vor allem wenn ich an den zweiten Weg, mit dem ich bessere Erfahrungen gemacht habe, denke, die Schüler ihre Urteile schriftlich formulieren zu lassen, sagen wir einmal, die Texte dann einzusammeln, zu lesen, einige auszuwählen, die Gruppe dann selbst herausfinden zu lassen, anhand welcher Kategorien sie geurteilt haben. Also, bei einem so wichtigen Inhalt und so wichtigen Auftrag für politische Bildung, denke ich, muss auch in der Sekundarstufe I schriftlich gearbeitet werden, was die Freude der Schüler am Meinungsaustausch und dann eventuell auch am reflektierten Urteilen ja nicht nehmen soll, Freude gehört natürlich auch dazu. Mir hilft es als Lehrer immer, auch schriftliche Produkte zu haben, um die Lernfortschritte, den Lernstand der Schüler besser einschätzen zu können als allein im mündlichen Bereich.

Interviewer: Ich denke, das wäre schon eine zweite Strategie, die Sie genannt haben, wie man politische Urteilsbildung verstärkt entwickeln kann, also mit selbstproduziertem Material letztlich zu arbeiten. Ich denke, das ist sicherlich eine sehr sinnvolle Strategie, weil es eben auch darum geht, diese impliziten Kriterien deutlich zu machen. Jetzt haben Sie mit dem Beispiel Ladenschlussgesetz ja ein Feld aus der Innenpolitik, aus politischem Lernen genannt. Gibt es Ihrer Erfahrung nach auch Themen, die mehr im sozialen Lernen angesiedelt sind, wo es auch um Urteilsbildung, nicht um im engeren Sinne politische, sondern um soziale Urteile geht?

Bernd Knittel: Also, vom engeren Verständnis des Rahmenplans her, den es jetzt neu in Berlin gibt, der eher um politische Inhalte gruppiert ist: nein. Ich denke aber, es ist nicht ausgeschlossen, dass ein Lehrer in einer bestimmten Situation auch soziales Lernen zum Gegenstand des Politikunterrichts macht. Ich selbst habe das eher selten gemacht. Schon unter den Bedingungen der knappen Zeit. Man muss ja eine Prioritätenliste haben. Wenn der Inhalt Politik ist, muss es zuerst um Politik gehen.

Interviewer: Sie haben eben auch Bezüge hergestellt, auf der einen Seite zu methodischen Fragen. Gibt es denn in der Frage von Urteilsbildung Methodenentscheidungen – Sie hatten das Beispiel der Referendarin, die Planungsentscheidungen davon abhängig macht –, gibt es da Querbezüge, die man herstellen kann zwischen dieser zentralen Frage von Urteilsbildung und anderen didaktisch-methodischen Überlegungen?

Bernd Knittel: Ich denke, ganz prinzipiell ist wichtig: Die Urteile bildet der Lernende. Von daher muss dem Lehrer bewusst sein, dass er dem Lernenden bei der Urteilsbildung nur helfen kann und die Schülerinnen und Schüler letztlich entscheiden, welche Angebote sie, sich in der Urteilskompetenz zu entwickeln, annehmen und welche nicht. Es ist eine Illusion zu glauben, dass ich das bestimmen könne oder dass der Lehrer das bestimmen könne. Das hat natürlich eine prinzipielle Folge für alle methodischen und alle unterrichtspraktischen und inhaltlichen Entscheidungen. Der Schüler muss in Tätigkeiten lernen und in aktive Tätigkeit entlassen werden, denn diese sind attraktiv. Und bringen anspruchsvolle Ergebnisse. Und der Unterricht darf nicht in eine methodische oder inhaltliche Überwältigung ausarten und von daher sind die methodischen Entscheidungen im Einzelnen, sofern sie diesem Prinzip gehorchen, passend zur Gruppe und zur Situation zu entscheiden. Aber der große kategorial bewusste Zugriff muss sein, wenn man Schüler qualifizierten will zum politischen Urteil, egal in welcher Altersstufe, da muss man das Urteilen den Schülern in Tätigkeiten zumuten und sie daran wachsen lassen. Und ich darf ihnen nicht sagen: Das ist das Rezept, hier arbeitet ihr das ab, wie man vielleicht auch mal eher schlecht die eine oder andere Grammatikregel unterrichtet. Im Nachdenken vor diesem Interview ist mir durch den Kopf gegangen: Im Grunde ist die Urteilsbildung ja auch eine Grammatik der politischen Bildung. Und auch der moderne Grammatikunterricht kümmert sich ja darum, dass die Schüler das lernen, was der Lehrer schon kann. Und wenn ich das im Hinterkopf habe, folgen bestimmte methodische Entscheidungen im Einzelfall, die jeweils sehr unterschiedlich sein können. Da gibt es ja eine Bandbreite von möglichen Zugangsweisen und Handlungsfolgen, die ich nur passend machen muss.

Interviewer: Gut, dann haben die Lehrerin oder der Lehrer eine ganz entscheidende Vorbild- oder Vermittlungsfunktion an der Stelle. Da wäre sicherlich die Frage von Ihrer Kritik an den Ergebnissen aus der Ersten Phase: Wie kann man Lehrer in der Ersten Phase in der Weise qualifizieren oder professionalisieren, dass dort dieses Thema in Verknüpfung mit anderen wichtigen Themen doch verstärkt wird? Also, gibt es dort Hinweise von Ihnen, in der Richtung, worauf man im Rahmen von Hochschule und Universität achten könnte?

Bernd Knittel: Im Allgemeinen gibt es jetzt ja in Berlin einige erfreuliche Ansätze der Zusammenarbeit. Das wäre, glaube ich, die oberste Ebene, an die zu denken wäre. Was mir aus der Begegnung mit Praktikern aufgefallen ist, dass es sehr hilfreich wäre, wenn es der Hochschule gelänge, den Zusammenhang zwischen Inhalt, Zielsetzung, methodischen Entscheidungen und jeweils notwendiger Passung zur Lerngruppe konkreter zu vermitteln. Die Tätigkeit des Lehrers ist ja derartig komplex, dass häufig das zentrale Ziel, wo vielleicht jemand sehr begeistert ist, politische Urteilsbildung zu vermitteln, an Fehlern scheitert, die dem Lehramtsanwärter oder dem Beginner gar nicht bewusst werden. Und wenn die Komplexität des Aufgabenfeldes, also zum Beispiel: Mit wenig Material in eine Lerngruppe hineinzugehen, konkret dazu einen schriftlichen Auftrag zu formulieren, von dem die Schüler auch wissen, was sie in welcher Zeit mit welchem Ziel tun sollen, wenn solche im Grunde – das wäre jedenfalls mein Bedürfnis auch als Fachseminarleiter immer gewesen – wenn solche konkreten Erfahrungen und Hilfestellungen und Unterweisungen in der Ersten Phase die Lehramtsanwärter schon einmal bereichern könnten, dann wäre dieser Sprung vom allgemeinen prinzipiellen Nachdenken zu dem unmittelbaren Handeln, diese Kluft, nicht so groß und die Entmutigung entfiele. Ich will noch einen Gedanken anschließen. Die jungen Lehramtsanwärter sind im Grunde ja die Lehrkräfte, die Innovationen, neue Inhalte, neue Ansprüche überhaupt in die Schule bringen können, und wenn die jetzt Urteilsbildung fördern wollen und sie scheitern aus Gründen, die einfach in der Prozesssteuerung liegen oder in Mängeln der Planung, dann greifen sie sehr schnell zurück auf vermeintlich Sicheres, und ich halte das auch für menschlich, auf das, was bewährt ist, und stellen sich einer neuen Herausforderung nicht erneut. Und dieses allgemeine Problem, wie Lehrer handeln und nicht handeln, wenn das Hochschullehrer stärker bedenken würden und nicht von den Wünschen, sondern von den Möglichkeiten her ausbildeten, das wäre sicher eine Hilfestellung. Das ist jetzt ganz allgemein formuliert.

Interviewer: Ja, es gibt noch so einen Ansatzpunkt, wo ich gerne nachfragen würde: Sie haben ja beim letzten Werkstattgespräch der Bundeszentrale für politische Bildung und der Deutschen Vereinigung für politische Bildung einen Workshop in Bonn geleitet, wo das Material und die Unterrichtssequenz vorgestellt und zur Diskussion gestellt wurden. Das Rahmenthema waren „Bürgerleitbilder“. Gibt es denn einen grundsätzlichen Zusammenhang zwischen diesen „Megathemen“ der Politikdidaktik, also, was Sie eben angedeutet haben, handlungsorientiertem Unterricht auf der einen Seite, dann so einer Grundsatzfrage nach dem interventionsfähigen Bürger/Bürgerin und auf der anderen Seite politischer Urteilsbildung?

Bernd Knittel: Ich denke, das ist eine zentrale Frage, die Sie ansprechen, die will ich ganz konkret beantworten an einem Einzelfall. Erst einmal würde ich mit einem allgemeinen Ja antworten, aber dann der Einzelfall. Es war ja etwas zögerlich, ob es nach unserem letzten Projekt zu einer Veröffentlichung und weiteren Auswertungen kommen wird, ich habe also erst in diesem Jahr, also etwa ein Jahr später, über ein Jahr nachdem die Stunden aufgezeichnet und reflektiert wurden, mich an einzelne Schüler und an die Klassen schriftlich gewandt und darum gebeten, dass sie doch antworten mögen zu bestimmten Fragestellungen, besonders was das politische Urteilen angeht. Und ich habe an den Leistungskurs geschrieben, den Sie auch gesehen haben, da bin ich mir nicht sicher, und habe eine, neben anderen, sehr interessante Antwort bekommen. Da schreibt ein Schüler über ein Jahr, nachdem er die Schule verlassen hat, gefragt nach dem Zugewinn an politischer Urteilskompetenz, einen hochdifferenzierten Text, also mit Kategorien, die schon sehr verfeinert sind, und schließt seine e-mail mit der Bekundung eines Selbstzweifels, ob er eigentlich vor diesem Hintergrund nun als Bürger, so drückt er sich nicht aus, aber so kann man es lesen, kompetent sei zum politisch-rationalen Urteilen. Und verweist darauf, er müsse, wenn er zur Urteilsbildung kommen wolle, immer noch mit anderen darüber reden. Und ich denke, wenn man diesen Text so Zeile für Zeile auswertet, ist das genau ein Beleg dafür, dass hier ein Individuum einen Lernfortschritt durch Schule und Ausbildung erreicht hat, dass er Urteilskriterien als seine eigenen erworben hat, denn es fallen ganz bestimmte heraus, die auch im Angebot waren. Er hat sich vor allen Dingen unter Effizienzgesichtspunkten im Detail und Legitimitätsgesichtspunkten im Groben geäußert. Das fand ich interessant. Und dann sah er seine Grenzen und verweist darauf, als Bürger müsse er nochmals mit anderen reden, bevor er sozusagen ein dezidiertes Urteil abgebe. Und wenn ich die Frage jetzt noch einmal allgemeiner wende, ist es ja die Frage, welches Ziel hat der Politikunterricht. Und da denke ich schon, der Politikunterricht, von den Präambeln her verstanden, nicht von den einzelnen Zeilen der Pläne, hat ja zum Ziel den demokratiekompetenten Bürger. Und das muss natürlich über die Urteilsbildung hinaus für jeden Zugang im Unterricht Konsequenzen haben.

Interviewer: Da schließen sich wieder eine Reihe von Fragen automatisch an. Ich denke, ein Problem ist sicherlich die Frage von Urteilen und Handeln, also politischen Urteilen in Differenz zu politischem Handeln. Man könnte so eine These vertreten, dass Schüler heute eher über Unterricht, über Schule gelernt haben, zu reflektieren, sich ein politisches Urteil zu bilden, aber doch die Kluft, den Sprung zum Handeln eher weniger bereit sind zu gehen. Könnte man das so als Ergebnis von politischer Bildung in der Schule bezeichnen?

Bernd Knittel: Ich denke, das wäre eine zutreffende Beobachtung, wobei man noch genauer hinsehen kann, als es Ihre Formulierung meint. Ich halte es für sehr realistisch, wenn die Schüler im 12., 13. Schuljahr zu dem Ergebnis kommen: Unsere Einwirkungsmöglichkeiten auf Politik im Großen und in der mittleren Ebene sind begrenzt. Das ist ja eine zutreffende Aussage. Und wenn sie dann Wenn-dann-Beziehungen formulieren, „Wenn ich im Beruf bin, dann kann ich mir vorstellen, in eine Partei einzutreten. Jetzt liegt mir das und das zunächst näher", und dann kann ich mich auch an Schüler- und Schülerinnenäußerungen erinnern, die dann sagen: „Es kommt sehr drauf an, wann ich politisch aktiv werde". Also, viele Schülerinnen und Schüler habe ich erlebt, die sind, nachdem eine Baracke der Gedenkstätte Sachsenhausen einem Brandanschlag in Teilen zum Opfer fiel, auf der Straße aktiv geworden. Nicht nur wegen des Unterrichts, aber ich denke eben auch wegen des Unterrichts. Andererseits sind sie nicht geneigt, auf der Straße aktiv zu werden, wenn es um Ladenschlussgesetzfragen geht. Ich denke, sie haben ein gutes Bewusstsein dafür, wann sie herausgefordert sind, gemessen an ihren Möglichkeiten, politisch aktiv zu werden und wo ihre Grenzen sind. Und es kommt auch auf die Perspektive an. Und einem jungen Menschen liegt zunächst einmal näher, Zivildienst, Bundeswehr, Berufsausbildung, sein Leben zu organisieren. Da müsste eigentlich Forschung ansetzen, was hat das mit Schule zu tun, wenn jemand politisch aktiv wird. Ich kenne aus meinen Leistungskursen drei Schüler, die sind politisch aktiv geworden. Sicher nicht wegen des Leistungskurses Politische Weltkunde, aber mindestens hat er das auch nicht verhindert.

Interviewer: Sie haben eben ein Stichwort eingebracht, dass eben auch Urteilsbildung über Kommunikation verläuft. Also, man hat ja sonst die Vorstellung, jeder einzelne bildet sich ein Urteil und kommt individuell zu bestimmten Ergebnissen, wenn er darüber nachdenkt, über aktuelle politische Fragen, Ereignisse, den Fall Pinochet zum Beispiel. Jetzt sind aber die Kommunikation oder der Diskurs ja ein ganz wichtiger Faktor. Und wenn man inhaltlich meinetwegen das Ganze betrachtet, analytisch, und dann eben diese – man könnte sagen – kommunikative oder gruppendynamische Seite im Unterricht, wie so Prozesse ablaufen: Gibt es da Vermutungen, Hypothesen, Erkenntnisse, wie die Kommunikation in einer Lerngruppe die Urteilsbildung positiv oder negativ beeinflusst?

Bernd Knittel: Ganz wichtig, denke ich, ist, dass es allen Kollegen, die in einer Klasse unterrichten, natürlich auch dem Politiklehrer, allgemein gelungen ist, eine angstfreie Lernatmosphäre in der Klasse herzustellen, als unmittelbare Voraussetzung für jedes Lernen. Also, Schülerinnen und Schüler werden eine Scheu haben, wenn ihre Meinung auf dem Weg zur Urteilsbildung hämisch begleitet wird, sie überhaupt zu äußern. Also, die Lernatmosphäre, die äußeren Rahmenbedingungen müssen erst einmal stimmen. Und dann ist es wichtig, vielleicht knüpft das ein bisschen an Ihre Frage nach sozialen Lernzielen an, dass sie Gesprächsregeln beherrschen. Dass es dem Lehrer selbst ein Bedürfnis ist, dass die Schüler miteinander und zueinander sprechen und nicht zum Lehrer. Das hat aber wieder zur Voraussetzung, dass Lehrer den Mut gewinnen, sich Zeit zu nehmen. Kommunikation braucht Zeit und die Entwicklung solcher Prozesse braucht Zeit. Und es muss eine Kompetenz entstehen, Stoff zu kürzen zugunsten von zentralen Zielen. Also, es hängt immer so vieles mit vielem zusammen, dass es mir manchmal schwer fällt, hinreichend konkret und sozusagen linear zu antworten.

Interviewer: Es ist ja zunächst schwierig zu bestimmen: Was ist ein Urteil? Ein politisches Urteil? Auch im Vergleich zu philosophischen, zu soziologischen, auch zu Vorurteilen, zu Meinungen. Gut, man hat den Ansatz mit einer Begründung, das ist ein erster Schritt, aber: Wie entwickelt sich der Schritt von der Subjektivität, von den „Bauchargumenten“ hin zu mehr Rationalität? Das ist ja quasi ein Kontinuum, das man als Lehrerin, als Lehrer mit forciert und unterstützt. Wo gibt es den Sprung …

Bernd Knittel: Beim Schüler meinen Sie?

Interviewer: ... ja, in diese Richtung?

Bernd Knittel: Janosch aus der 9F antwortet auf die Nachfrage nach einem Jahr: Was haben Sie – er ist jetzt in der zehnten Klasse, daher das „Sie“ – was haben Sie für sich aus der Stunde und ihrer Auswertung für politisches Urteilen erfahren? Da schreibt er etwas länger, aber bezogen auf Ihre Frage antwortet er zum Beispiel: Ihm sei deutlich geworden, er müsse sich über die Maßstäbe seines Urteils klar werden, er müsse sie benennen können und könne dann im Grunde nur noch Widerspruch erfahren, indem man seine Maßstäbe kritisiere oder andere hinzufüge, er sei auch sicherer geworden, dass er im Grunde, wenn er es transparent, also rational macht, gar nicht mehr Unrecht haben könne und hätte von daher mehr Freude und auch Bereitschaft überhaupt zu urteilen. Und ich denke, das ist für eine neunte Klasse, jetzt zehnte, da ist er nicht der Einzige, ein enormer Lernfortschritt, der vor allen Dingen auf der Erfahrung in der Stunde, die Sie aufgezeichnet haben, aber auch in der zentralen Auswertungsstunde beruht. Ich denke, die Erfahrung, dort frei urteilen zu dürfen in der aufgezeichneten Stunde, das war schon ein wesentlicher Schritt für ihn, er klagt auch, die Diskussion sei viel zu kurz gewesen und in der Auswertungsstunde sei ihm dann ja dieser Wandel von seiner schon vorhandenen Rationalität zu einer bewussten Rationalität gelungen. Und das hat er offensichtlich so intensiv gelernt, dass er nach einem Jahr darüber noch schriftlich Auskunft geben kann, wobei er nicht der Einzige ist.

Interviewer: Das ist sicherlich ein bemerkenswertes Ergebnis. Jetzt haben Sie eben angedeutet, dass die Schülerinnen und Schüler mit diesen beiden zentralen Kriterien, die es nach dem Modell von Peter Massing gibt, Effizienz und Legitimität, dass die das gewichten.

Kann man das auch als Vermutung sagen, dass Schülerinnen und Schüler heute von ihrem Blick mehr auf Effizienzgesichtspunkte achten, während vielleicht frühere Schülergenerationen eher die Frage von Legitimation, Legitimität stärker im Blick hatten? Also, wenn man das von der politischen Kultur und von der Generationenfolge betrachtet. Oder ist das ein zu pauschales Urteil?

Bernd Knittel: Ich denke, Schüler haben früher, auch durch Unterricht bedingt, eher moralische Urteile gefällt, und da liegt ja Legitimität als Kategorie nahe. Und als Politiklehrer bin ich schon zufrieden, wenn auch immer wieder Schüler den Effizienzgesichtspunkt einführen. Und den konnten, denke ich, frühere Schülergenerationen so scharf nicht in den Blick nehmen, weil ja der Politikunterricht, damals Gemeinschaftskundeunterricht, das selbst nicht in den Blick nahm. Also, das ist jetzt stark vereinfacht. Aber da würde ich sagen: Ihre Beobachtung könnte eben auch eine Beobachtung sein, dass sich Unterricht geändert hat.

Interviewer: Eine Anschlussfrage auch daran. Man kann ja auch vermuten, dass es Unterschiede gibt, jetzt nicht nur von den Generationen her, sondern auch zwischen Jungen und Mädchen in Bezug auf die Frage von Urteilsbildung. Also, wenn man das ganz klischeehaft denkt: Mädchen urteilen eher moralisch, Jungen eher unter diesen Effizienzgesichtspunkten. Ist das so? Oder gibt es da ganz widersprechende Aussagen, Erfahrungen in diesem Feld?

Bernd Knittel: Also, vor allen Dingen in der 9E, aber ich denke auch in der 9F könnte man das vermuten. Aber wenn ich jetzt an andere Lerngruppen denke und auch an die Oberstufe, würde ich sagen: Da muss man sehr viel Unterricht ansehen, bis man zu einer Feststellung in dem Sinne kommen kann, weil ich eben auch Schülerinnen erlebt habe, die nach Effizienzkriterien vorrangig urteilten, und andererseits gibt es auch Schüler, die Legitimität oder gar moralische Fragen ins Zentrum stellten. Wo es möglicherweise, schießt es mir jetzt durch den Kopf, eine Trennung geben könnte, sind Schüler, die vor anderen kulturellen Hintergründen urteilen, da gab es Urteile, die stärker moralisch bestimmt waren oder von ganz engen zentralen Kriterien ausgingen, und das war nicht jungen- oder mädchenspezifisch. Also, die Jungen-/Mädchenunterscheidung würde ich aus eigener Beobachtung so nicht teilen wollen. Einerseits in Einzelfällen: ja. Aber andererseits, die eine Schülerin in der 9F, Rahel heißt sie, die ja sehr stark zunächst eher moralisch Legitimitätsgesichtspunkte beachtend geurteilt hat, kam ja in der gleichen Stunde und auch in der Auswertungsstunde zu sehr rationalen Effizienzgesichtspunkten und umgekehrt kann das auch, denke ich, der Fall sein, dass jemand, ein Junge mit Effizienzgesichtspunkten anfängt, viele andere Urteile hört, gerade in dem Kommunikationsprozess, und merkt, dass sein Maßstab vielleicht ja trägt, aber wenn er noch mehr Informationen bekommt, er zu einem moralischen Urteil übergeht. Das würde ich so nicht sehen wollen, wie ich überhaupt die Unterschiede, die häufig zwischen Jungen und Mädchen gemacht wurden, oder jungen

Frauen und jungen Männern in der gymnasialen Oberstufe, generell nicht erlebt habe. Das mag an meinem Tunnelblick gelegen haben.

Interviewer: Können Sie ein Beispiel nennen für kulturelle Unterschiede in den Kriterien von Urteilen, hängt das vom Fall ab, hängt das von der Betroffenheit ab, hängt das von der Sozialisation der verschiedenen Kulturen ab?

Bernd Knittel: Ich habe ja in der 9F vor den zentralen Pinochet-Fragestellungen auf Wunsch einiger Schüler oder eines Schülers die Frage der Bombardierung des Iraks, also des Golfkrieges, in einer kurzen Einheit behandelt, und da ist mir zum Beispiel deutlich geworden, wo familiäre, eigene biographische Bezüge beim Urteilen bestimmend sind, dass sich allein aus der Biographie her das Urteil erklärt. Oder: der Konflikt in der Türkei mit den Kurden: Da waren rationale Zugänge, Aufklärung, einfach gesperrt. Die Positionen waren vor dem Unterricht da, die Sachaufklärung hat nichts geändert, am Ende des Unterrichts waren die Positionen gleich. Also, ich denke, wenn die persönliche Betroffenheit sehr hoch ist, sind die Möglichkeiten der Aufklärung oder gar der Veränderung von Urteilen durch Unterricht sehr begrenzt.

Interviewer: Gut, ich denke, vielleicht noch eine Abschlussfrage, was die Perspektiven angeht. Das Thema Urteilsbildung ist ja angestoßen in der Fachdiskussion und Sie haben auch vorgeschlagen, dass man die Kooperation zwischen Erster, Zweiter und vielleicht Dritter Ausbildungsphase intensiviert, dass man gemeinsame Projekte in der Weise initiiert, um dort eben auch die empirische Basis zu verbreitern. Welche Vorschläge gibt es von Ihrer Seite, innerhalb dieses Rahmens, der ja hier in Berlin auch schon besteht, gemeinsam an dem Problem weiter zu arbeiten bzw. auch in einem größeren Zusammenhang, beispielsweise über die Bundeszentrale für politische Bildung oder über die DVPB diese Frage auf noch tragfähigere Grundlagen zu stellen, als es bisher in den Veröffentlichungen der Fall ist?

Bernd Knittel: Also, ich denke, wenn es Ihnen gelingt, Lehrer und Lehrerinnen zu gewinnen, die bereit sind, wieder neu über Unterricht nachzudenken und auch zu reflektieren, dann wäre das ein sehr praktischer Zugang, weil Sie auf die Weise in die Schulen kommen und die Kollegen machen ihre Erfahrungen, kommen erneut ins Gespräch über Unterricht, das kann ein anderer Kollege, eine andere Kollegin interessant finden, und von daher Unterricht von unten her, graswurzelmäßig, verändern. Den Weg über Fortbildung und allgemeine Fortbildungsangebote, den halte ich mindestens für schwierig, weil ich aus der Literatur, aber auch aus der eigenen Erfahrung natürlich weiß, dass Lehrer oft theorieresistent sind und unter der enormen Arbeitsbelastung mit Fortbildung und Hilfsangeboten eher bereit sind umzugehen, wenn sie für sich selbst auch einen Gewinn sehen, was ihren Unterricht angeht und was ihre Arbeitsbelastung angeht. Das, denke ich, wäre ein Zugang, denn ein kategorial orientierter Unterricht, ein Unterricht, den die Schüler als Kompetenzerfahrung genießen, ist ja im Ergebnis viel weniger anstrengend für den Lehrer als ein Unterricht, der die Schüler nicht erreicht. Es ist ja auch demotivierend auf Dauer, und wenn es Ihnen also von unten her gelingt über viele Lehrer, also einige mehr, als Sie es bisher geschafft haben, in die Schulen zu kommen, es entsteht ja da auch Neugierde, was passiert da, die Schüler reden ja dann auch darüber. Und das andere, das fand ich schon immer gut gelungen, was sowohl der Verband als auch was die Bundeszentrale gemacht haben, dass konkrete Unterrichtsvorhaben vorgestellt werden und darüber aus verschiedenen Blickwinkeln der Meinungsaustausch stattfindet in Leistung und Grenzen, immer mit dem Ziel, Qualität von Unterricht zu verbessern.

Interviewer: Vielleicht noch eine kurze Anschlussfrage, weil Sie das auch so angedeutet haben. Frage: Wenn man so punktuelle Projekte macht wie den Fall Pinochet, wo sehen Sie für die Schüler, aber auch meinetwegen für Lehrerkolleginnen und -kollegen Transfermöglichkeiten? Dass man das, was man quasi am Fall gelernt hat, auch überträgt auf andere Fälle. Das war jetzt ein Fall aus der Außenpolitik, es gibt sicherlich sehr viel mehr Themen im Bereich Sozialkunde/Politikunterricht aus der Innenpolitik. Wo gibt es dort konkrete Möglichkeiten, das zu übertragen, oder Erfahrungen, wo das gelungen ist?

Bernd Knittel: Die theoretischen Konzeptionen dieser Reihe lassen sich ja leicht übertragen. Es müsste ein exemplarischer Fall sein mit hinlänglicher Dauer an Aktualität und möglichst wenig Vorausurteilen bei den Schülern, so dass ich also tatsächlich Urteilsbildung initiieren könnte. Also: Exemplarität mit lang andauernder Aktualität, dann ein Instandsetzen der Schüler mit einem Mindestwissen für alle, einem Zusatzwissen für die, die wollen, breite Schülerselbsttätigkeit, ein Lehrer, eine Lehrerin, die sich möglichst weit zurückhält, um sie erst einmal sich äußern zu lassen, möglicherweise noch genügend Zeit einplanen und dann ein klares Bewusstsein über die Bedeutung der Auswertung. Und das, denke ich, kann man auf vieles übertragen und erleichtert dann auch den Unterricht. Denn im Grunde brauche ich nur – die Aufträge können gleich bleiben, die Materialien müssen ausgewechselt werden und Schüler genießen das auch auf Dauer, weil sie da eine Struktur erkennen, einen Lernzuwachs erkennen und einen Kompetenzgewinn haben.

Interviewer: Viele Dank, Herr Knittel, für dieses Interview.**

** Das Interview mit Herrn Knittel wurde am 16. Juni 2000 im 1. Schulpraktischen Seminar in Berlin-Charlottenburg von Hans-Werner Kuhn und Kerstin Pohl aufgezeichnet.

Hans-Werner Kuhn interviewt Kurt Lach

„... die Angebote der Schüler ... erkennen“*

„... wie kann man den Lehrer schulen, die Angebote, die die Schüler machen, in der Phase der Problematisierung, der Urteilsbildung ... zu erkennen, aufzugreifen und zu verallgemeinern?“

Interviewer: Herr Lach, können Sie sich zunächst kurz vorstellen und etwas über Ihre Tätigkeiten bzw. früheren Arbeitsbereiche sagen, die mit der politischen Bildung zu tun haben?

Kurt Lach: Ja, kann ich machen. Mein Name ist Kurt Lach. Ich habe die Fächer Politik, Geographie und Geschichte hier an der FU Berlin studiert, 1968 Examen gemacht. Nach der Zweiten Phase bin ich dann in Berlin angetreten als Assessor für das Lehramt, war dann 25 Jahre lang Lehrer an einem Berliner Gymnasium in unterschiedlichen Funktionen. Zum Schluss war ich Fachbereichsleiter für meine Fächer an meiner Schule. Daneben habe ich 20 Jahre lang ein Fachseminar geleitet und Referendare in den Fächern Geschichte und Sozialkunde ausgebildet. Darüber hinaus hatte ich noch ein drittes Standbein: eine Lehrtätigkeit an der Freien Universität, hier am Otto-Suhr-Institut. Es ging dabei natürlich auch um die Ausbildung der künftigen Lehrer im Bereich Fachdidaktik. Und seit 1993 habe ich mich verändert und bin seitdem Fachreferent am Landesamt für Lehramtsprüfungen Berlin und dort zuständig für die Fächer Geographie, Wirtschaft, Politik und Geschichte.

Interviewer: Durch ihre lange Praxis in der Schule haben Sie ja bestimmt auch so eine Vorstellung entwickelt, was wichtig ist für das Fach Politik/Sozialkunde. Können Sie einige zentrale Merkmale für einen „guten“ (in Anführungsstrichen) Politikunterricht nach Ihren Vorstellungen und Erfahrungen benennen?

Kurt Lach: Es ist schwierig. Ein weites Feld. Also, Politikunterricht sollte zunächst einmal Politik in den Mittelpunkt des Unterrichts stellen, nach meinem Dafürhalten. Das gelingt nicht immer. Es muss sicher auch mal Phasen geben, in denen Nicht-Politisches behandelt wird, aber im Zentrum sollte immer die Politik stehen. Als zweites Kriterium

---

*Interview mit Kurt Lach, Politiklehrer und Fachseminarleiter

würde ich sagen: Politikunterricht sollte/müsste immer problemorientiert angelegt sein. Grad und Umfang dieser Problemorientierung sind sicher alters- und schülerabhängig. In der siebten und achten Klasse wird er sicher weniger problemorientiert angelegt sein als in der Oberstufe, aber grundsätzlich sollte Politikunterricht problemorientiert sein. Politikunterricht sollte auch kategorial sein. Man sollte versuchen, Schüler über längere Zeit, im Gymnasium sind es ja sieben Jahre, mit zentralen Kategorien der politischen Bildung vertraut zu machen, so dass sie anschließend in der Lage sind, mit diesen Kategorien selbstständig umzugehen. Dies ist jedoch ein schwieriges Unterfangen. Ich weiß aus eigener Erfahrung, dass es sehr viel Kraft braucht, um am Ende wenigstens einige Erfolge zu erleben. Politikunterricht sollte zudem exemplarisch angelegt sein. Nach meiner Erfahrung bleibt Wissen, das im Rahmen eines exemplarischen Unterrichts funktional vermittelt wird, sehr viel besser im Gedächtnis der Schüler haften als systematisch vermitteltes Wissen. Zudem erhöht ein derart verstandener Politikunterricht die Motivation und Lernbereitschaft der Schüler. Systematisch vermitteltes Wissen wird in der Regel sehr schnell wieder vergessen. Deshalb – das sind meine Erfahrungen – sollte sich politische Bildung im Rahmen eines exemplarischen Unterrichts vollziehen. Ja, und schließlich die Frage nach geeigneten Methoden des Politikunterrichts. Eine Antwort darauf ist schwierig, sehr schwierig. Eigentlich weiß ich es selbst nicht so genau. Auf alle Fälle sollte ein häufiger Methodenwechsel durchgeführt werden. Ich weiß, handlungsorientierte Methoden sind zur Zeit der Königsweg. Klar, sie sollten, wenn immer möglich, eingesetzt werden und bilden sicher das methodische Sahnehäubchen des Politikunterrichts. Aber, ich finde, gut gemachter traditioneller Unterricht hat auch ganz, ganz große Vorzüge. Er spielt im Unterrichtsalltag die Hauptrolle. Wenn es gelänge, diesen Unterricht zu optimieren, dann wäre für den Politikunterricht schon viel gewonnen. Ich würde nicht von vornherein sagen: guter Politikunterricht ist nur Politikunterricht, der handlungsorientiert ist, sondern ich würde mir wünschen, man würde ein wenig stärker auf die Praxis gucken, um zu sehen, was sich im alltäglichen Politikunterricht abspielt. Nur wenn man die Lehrer dort abholt, wo sie bezüglich ihres Methodenrepertoires stehen, wird es meines Erachtens möglich sein, Unterrichtsabläufe zu optimieren und neuen methodischen Konzepten wie handlungsorientierten Methoden zum Durchbruch zu verhelfen. Was läuft an den Schulen ... und würde dort mal versuchen zu optimieren, ohne sozusagen neuere Konzepte, die ja nun angeboten werden, damit zu verdammen. Also, Handlungsorientierung ist wichtig, kann aber sicher nur behutsam in den Unterrichtsalltag übernommen werden.

Interviewer: Ja. Das Projekt, um das es hier geht, ist ja die Frage der politischen Urteilsbildung. Welche Bedeutung hat denn dieses Thema Ihrer Meinung nach in der Schule, im Politikunterricht, aber auch im Bereich der Lehrerausbildung, eventuell sogar in der Lehrerfortbildung? Also, welchen Stellenwert würden Sie diesem Thema zumessen?

Kurt Lach: Der Stellenwert von politischer Urteilsbildung ist am Gymnasium – ich kann jetzt nur für das Gymnasium sprechen – sehr hoch, aber in den verschiedenen Jahrgangsstufen unterschiedlich bedeutsam. Grundsätzlich sollte politische Urteilsbildung auf der Grundlage eines problemorientierten Unterrichts ab Klasse 7 systematisch mit den Schülern trainiert werden, so dass am Ende der Schulzeit die Schüler mit dem Abitur in der Lage sind, eigenständige politische Urteile zu fällen. Aber dies ist ein schwieriger und langwieriger Prozess. Trotz aller Probleme sind die Erfolge, gerade auch in der Mittelstufe, manchmal überraschend gut. In der Oberstufe ist politische Urteilsbildung ein zentrales Anliegen des Politikunterrichts. Die große Bedeutung der politischen Urteilsbildung im Unterricht wird unterstrichen durch die Vorgaben des Rahmenplans, der Empfehlungen der KMK und der AV-Abitur. Wir Lehrer müssen Schüler zur politischen Urteilsbildung in den Klausuren, aber auch im mündlichen Unterricht auffordern. Die Schüler wissen, politische Urteilsbildung fließt mit 30 Prozent in die Leistungsbewertung ein. Daraus ergibt sich, dass politische Urteilsbildung auch entsprechend im Unterricht trainiert werden muss. Nur wenn dies geschieht, kann den Schülern auch anschließend diese Fähigkeit abverlangt werden. Da politische Urteilsbildung ab Klasse 11 verbindlich ist für den Unterricht, muss sie schon in den Jahren davor angebahnt werden. Dies gilt besonders für die Klassenstufen 9 und 10. Für die zehnte Klasse würde ich empfehlen, auch schon klausurähnliche Arbeiten schreiben zu lassen, in denen von Schülern eine selbstständige kritische Auseinandersetzung mit einem überschaubaren Problem verlangt wird.

In der Referendarausbildung wird das Thema „Politische Urteilsbildung“ ständig behandelt. Wenn den Referendaren immer gesagt wird: politische Urteilsbildung ist ein ganz zentrales Feld des Politikunterrichts, dann muss dieses Thema auch einen entsprechenden Stellenwert in der Ausbildung haben. Ich weiß aber aus Erfahrung, dass es Referendaren schwer fällt, diesen Aspekt angemessen in ihrem Unterricht zu berücksichtigen. Referendare benötigen mindestens sechs Monate, um sich einigermaßen die entsprechenden kognitiven Strukturen anzueignen. Wer dies in dieser Zeit nicht schafft, dem wird es auch zukünftig schwer fallen, diesen Anforderungen gerecht zu werden. Ich erlebe es beispielsweise zur Zeit des Öfteren im Zweiten Staatsexamen, dass sich Referendare sehr, sehr schwer tun, am Ende ihrer Ausbildung Unterricht zu planen, der problemorientiert ist und den Schülern politische Urteilsbildung abverlangt. Politische Urteilsbildung im Unterricht zu initiieren, ist offensichtlich ein ganz schwieriges Geschäft. Es ist also ein ganz, ganz schwieriges Gebiet.

In der Lehrerfort- und -weiterbildung haben wir permanent versucht, politische Urteilsbildung in Theorie und Praxis anzubahnen, mussten dabei aber immer wieder feststellen, dass den Kolleginnen und Kollegen die konkrete Umsetzung sehr, sehr schwer fiel. Dies zeigte sich besonders dann, wenn nach der Erarbeitungsphase die Problematisierung des Erarbeiteten im Sinne politischer Urteilsbildung erfolgen sollte. Die Lehrer waren häufig nicht in der Lage, die Angebote der Schüler aufzugreifen, zu systematisieren und zu generalisieren, so dass das, was politische Urteilsbildung eigentlich leisten soll, nämlich eine kategoriale kritische Reflexion des Unterrichtsstoffs, kaum geleistet werden konnte.

Interviewer: Jetzt gibt es da ein, zwei Anschlussfragen an das, was Sie gesagt haben. Sie haben ja auch schon eine Unterrichtssequenz – damals zum Castor-Transport[1] – durchgeführt, wo es auch um politische Urteilsbildung ging, und man hat gesehen, dass die Schüler eine Reihe von Kriterien implizit oder explizit formuliert haben. Wo sehen Sie für Lernprozesse eigentlich das größte Problem bei der Frage der Urteilsbildung? Weil: es gibt ja im Alltag, was soziale Sachverhalte angeht oder politische Entscheidungen, eine Neigung, sehr schnell zu urteilen. Aber das quasi begründet und tragfähig auszubauen, wäre dann die didaktische Aufgabe. Wie kann man diesen Prozess von Lehrerseite aus gestalten und beeinflussen?

Kurt Lach: Schwierig. Also, ich würde aufgrund der Erfahrung dieser Stunde sagen, dass dieser Prozess sehr kleinschrittig erfolgen müsste. Sobald versucht wird, politische Urteilsbildung zu komplex anzugehen, wird man höchstwahrscheinlich sehr schnell an bestimmte Grenzen stoßen. Ich glaube, man sollte versuchen, sich Zeit zu nehmen und kleinschrittig vorzugehen. Das heißt: zunächst einmal nur einen Aspekt in den Mittelpunkt des Unterrichtsgeschehens zu rücken, diesen sehr differenziert, klar und konkret zu besprechen. Dabei sollten erste kategoriale Bezüge hergestellt werden. In einem nächsten Schritt sollte dann ein weiteres Mosaiksteinchen hinzugefügt werden, so dass sich erst am Ende eines längeren Lernprozesses die volle Komplexität eines politischen Sachverhalts erschließt. Ich glaube, das zentrale Problem des Politikunterrichts ist, dass wir immer wieder versuchen, politische Urteilsbildung vollständig und damit zu komplex anzugehen, dann aber nicht die Zeit haben, diese Komplexität schülergerecht aufzubereiten, um sie abschließend in Form einer Metakommunikation zu reflektieren.

Interviewer: Eine zweite Anschlussfrage zu dem, was Sie gesagt haben, könnte darin bestehen: Gibt es denn Unterschiede oder Gemeinsamkeiten zwischen politischen Urteilen, Urteilen, die mehr aus der geschichtlichen Betrachtungsweise herkommen, oder geographischen Sachverhalten? Gibt es da quasi Übertragungen, Transfermöglichkeiten, was Lernprozesse angeht oder gibt es was Spezifisches Ihrer Vorstellung nach, was die Politik dort leisten kann oder leisten sollte?

Kurt Lach: Na ja. Dazu würde ich sagen: Natürlich gibt es Überschneidungen und natürlich gibt es auch Hilfen. Insgesamt hängt es sehr stark von dem Fachverständnis des Lehrers ab. Ich als Politologe, als Auch-Politologe, habe natürlich einen anderen Zugriff zur Geschichte und zur Geographie als andere, die diese Fächer, aber nicht Politikwissenschaft studiert haben. Also, für mich ist Geographie, besonders in der Oberstufe, immer auch ein Stückchen politische Bildung gewesen, genauso wie Geschichte für mich auch immer ein Stückchen politische Bildung gewesen ist. Von daher gibt es natürlich diese Überschneidungen. Aus meinen Erfahrungen heraus kann ich sagen, dass zentrale Kategorien der Politikwissenschaft bzw. der politischen Bildung sich vorzüglich auf geographische und historische Fragestellungen anwenden lassen. Daneben gibt es natürlich auch fachspezifische Kategorien, die sich sinnvoll mit Kategorien der politischen Bildung verknüpfen lassen. Ich erinnere in diesem Zusammenhang an die Konzeption von Annette Kuhn[2] mit ihren politisch-historischen Lernzielen.

Interviewer: Ein weiterer Aspekt in diesem Fragekomplex ist ja die Tatsache, dass wir permanent von Urteilen „umgeben“ sind, gerade was politische Sachverhalte angeht, durch die Medien. Es gibt sowohl über die Fernsehprogramme als auch über Tages- und Wochenzeitungen Kommentare, das heißt also: professionelle Urteile. Wie könnten diese journalistischen Urteile oder auch Urteile von politischen Akteuren, also von Politikerinnen und Politikern, in Lernprozesse eingebunden werden, gerade um Kriterien, spezifische Kriterien zu vermitteln und darauf das eigene Urteil zu begründen?

Kurt Lach: Das wird im Unterricht häufig gemacht. Derartige Kommentare – ich beziehe mich jetzt vornehmlich auf Zeitungskommentare – bilden ja häufig die Grundlage für den Unterricht und dienen dazu, die Schülern mit bestimmten Positionen zu konfrontieren, mit denen sie sich dann im Unterricht selbstständig und kritisch auseinandersetzen sollen. Von daher ist der Einsatz dieser Medien im Unterricht eigentlich tägliches Brot für den Lehrer. Das Problem dabei ist nach meinen Erfahrungen, dass es häufig schwierig ist, aus Zeitungskommentaren verschiedene Positionen trennscharf herauszuarbeiten. Ein Grund dafür ist, dass es Schülern häufig schwer fällt zu erkennen, welche zentralen Kategorien den Kommentaren zugrunde liegen. Dies liegt u.a. auch daran, dass in den Zeitungskommentaren die Positionen nicht immer klar zum Ausdruck gebracht werden und die Urteilskriterien nicht richtig offengelegt werden. Von daher gesehen ist es verständlich, dass es Schülern, aber mitunter auch Lehrern schwer fällt, im Umgang mit diesem Medium verschiedene Positionen zu benennen, sie klar gegeneinander abzugrenzen und kategorial einzubinden. Deshalb ist es manchmal notwendig, dass der Lehrer versucht, durch zusätzliche Informationen eine deutlichere Trennschärfe zwischen den verschiedenen Positionen herzustellen, um sie dann ggf. am Ende der Stunde wieder aufzuheben. Aber dies hängt natürlich vom Verlauf der Diskussion innerhalb der Klasse ab.

Interviewer: Jetzt kennen Sie auch das Fallbeispiel „Pinochet“, die beiden Stunden aus den beiden neunten Klassen. Sie haben ja auch beim Workshop in Bonn in der Arbeitsgruppe mitgearbeitet. Wenn Sie das aus der Erinnerung nochmals einschätzen sollten: Was sind die Möglichkeiten, die Chancen dieser beiden Stunden oder Sequenzen und wo gibt es vielleicht Grenzen, die man auch an diesem Fallbeispiel deutlich machen kann, was meinetwegen Urteilskategorien von Schülern und Schülerinnen in diesem Alter angeht?

Kurt Lach: Zunächst einmal fand ich die Stunden sehr interessant und fand sie eigentlich auch spannend, besonders in ihrer Unterschiedlichkeit. Aber ich will jetzt nicht auf die Stunden im Einzelnen eingehen, sondern nur einmal das herausheben, was mir in der

Erinnerung spontan dazu einfällt. Mir fiel auf, dass der Umgang mit Kategorien gelernt werden muss. Es war deutlich zu merken, dass Schüler, die im Sozialkunde-/Politikunterricht regelmäßig mit Kategorien umgegangen sind, diese auch im Unterricht anwenden konnten. Wir hatten eine Klasse, in der war dies nicht der Fall. Dementsprechend wurden auch keine Kategorien im Unterrichtsgespräch offen verwendet. Dies ist der eine Punkt. Zum anderen, und das sehe ich kritisch, ist zu beobachten, dass die Kategorien, ich sage es jetzt einmal scharf, verkommen zu bloßen Schlagworten. Man kennt die Kategorien Legitimität und Effizienz und man weiß, was der Lehrer erwartet. Dementsprechend werden sie präsentiert und das war's dann. Dies war für mich ganz deutlich zu sehen in der elften, nein, in der dreizehnten Jahrgangsstufe, im Kurs Politische Weltkunde. Wenn ich mich richtig erinnere, sagte ein Schüler einmal zu einem Mitschüler: „Na ja, das müssen wir jetzt bringen und dann sind alle zufrieden. Dann können wir uns auf die Schulter klopfen; das ist gut.“ Das Problem scheint mir zu sein, dass diese Kategorien, so wie sie im Unterricht verwendet werden, sich auf einer derart abstrakten Ebene bewegen, dass sie für Schüler häufig nur Worthülsen sind. Das heißt also, man sollte vielleicht einmal überlegen, ob man diese sehr abstrakten Kategorien der – sagen wir einmal – höchsten Hierarchieebene nicht auf einer niederen und damit konkreteren Ebene ausdifferenzieren könnte, um auf diese Art und Weise Schülern ein zusätzliches Gerüst an Kategorien an die Hand zu geben, die er nicht mehr nur schlagwortartig in eine Diskussion einbringen kann. Kategorien auf der höchsten Abstraktionsebene stimmen immer und stimmen aber immer auch nicht. Für mich sind – soweit ich mich richtig erinnere – die unzureichende Ausdifferenzierung der Kategorien und die damit zusammenhängende schlagwortartige, manchmal wenig begründende Diskussionsführung die zentralen Probleme der Stunde gewesen.

Interviewer: Es gibt grundsätzlich so eine Kluft zwischen den Modellen, die es gibt – es gibt ja fünf, sechs Konzepte oder Entwürfe, wie man Kategorien formuliert –, und der konkreten, alltäglichen Unterrichtspraxis. Frage: Haben Sie eine Idee für solche Zwischenglieder, für solche Vermittlungsüberlegungen? Die Forderung, ein handhabbares Instrumentarium für den Unterricht zu entwickeln, ist ja noch eine offene Forderung in der Politikdidaktik. Haben Sie dazu Ideen?

Kurt Lach: Ideen? Ich kann dazu spontan nichts Genaues sagen. Ich müsste darüber nachdenken. Aber man müsste wahrscheinlich – sagen wir einmal – im Rahmen dieses Massingschen Urteilsrasters von den Kategorien Legitimität und Effizienz ausgehen und dann in einem weiteren Gedankenschritt versuchen, eine zweite, weniger abstrakte Hierarchieebene einzuführen, auf der Kategorien angesiedelt sind, die aus den obersten Kategorien abgeleitet wurden. Wie auf der obersten Hierarchieebene, so müssten auch auf dieser niedrigeren und damit konkreteren Hierarchieebenen zwischen den Kategorien Spannungsverhältnisse bestehen. Ob es noch eine dritte Ebene gibt bzw. ob sie sinnvoll ist, weiß ich nicht. Man müsste einmal drüber nachdenken. Ich könnte mir vorstellen: ja. Und wenn dann die Schüler nach einer gewissen Zeit über ein Dutzend oder mehr Kategorien verschiedener Hierarchieebenen verfügen, dann könnte ich mir vorstellen, dass politische Urteilsbildung im Unterricht spannender, kontroverser und auch konkreter wird. Ob dies jedoch ein realistischer Weg ist, weiß ich nicht. Man müsste wirklich einmal darüber intensiver nachdenken. Man könnte ja auch zusätzlich die Kategorien unterschiedlichen Akteuren und Adressaten zuordnen. Aber ich weiß nicht, ob das nicht zu sehr verwirrt und stört. Vielleicht sollte man es auch ganz anders machen: Man erstellt eine Liste von Kategorien, bietet sie Schülern im Unterricht an und überlässt es ihnen, wie sie damit im Rahmen politischer Urteilsbildung umgehen möchten.

Interviewer: Es gibt eine Anschlussfrage, die perspektivisch das anspricht, was man in der Forschung, in der Kooperation überlegen könnte, um die Frage von Urteilsbildung oder das, was Sie jetzt gesagt haben mit den Weiterentwicklungen solcher Ansätze, bewerkstelligen könnte. Dieses Berliner Projekt hat ja die Chance, wirklich zwischen Erster, Zweiter und Dritter Phase eine Kooperation zu leisten, und es ist faktisch nur unter diesen Bedingungen möglich gewesen, das in der Weise umzusetzen, weil es über das Referat (für politische Bildungsarbeit) hier zusammengebunden wird, und von daher eben verschiedene Personen oder Interessenten das Ganze mitgetragen haben. Was wären die wichtigen Forschungsdefizite oder die Leerstellen, die weißen Flecken, die es gibt, im Bereich der politischen Urteilsbildung? Und wo könnte man auch sehr konkret mit begrenzten Projekten ansetzen, sich mehr Informationen zu beschaffen?

Kurt Lach: Zwei oder vielleicht drei Anmerkungen dazu. Erstens: man sollte einmal versuchen, systematisch zu erfassen, wie politische Urteilsbildung stufendidaktisch umgesetzt werden kann. Das heißt: was ist in den Klassen 5 und 6 möglich, was ist in der Sekundarstufe I möglich, wie muss ich es in der Oberstufe machen, Oberstufe heißt ab Klasse 11. Also, zunächst einmal die Entwicklung eines stufendidaktischen Konzeptes, um zu sehen, was ist in verschiedenen Klassenstufen an politischer Urteilsbildung überhaupt möglich. Dazu wäre es vielleicht ganz hilfreich, wenn die zur Verfügung stehenden Raster noch stärker ausdifferenziert wären. Vielleicht könnte man sagen: stufendidaktisch wäre es wünschenswert, eine untere Kategorienebene für die Klassen 5 und 6 und eine weitere für die Sek. I zu entwickeln, bis dann in der Schlussphase der Schulzeit die höchste Hierarchieebene angestrebt werden könnte. Das wäre der eine mögliche Ansatz.

Ein zweiter möglicher Ansatz wäre, dass man nicht stufendidaktisch vorgeht, sondern schulartspezifisch. Man sollte erforschen, was in der gleichen Klassenstufe an einer Hauptschule, an einer Realschule, einer Gesamtschule, an einem Gymnasium möglich ist, um politische Urteilsbildung anzubahnen. Worauf muss man sehr konkret achten? Was sind die Chancen, was die Risiken? Das wäre ein zweiter möglicher Ansatz, um zu untersuchen, wie politische Urteilsbildung im Unterricht verbessert werden kann.

Und ein drittes Projekt könnte sich eher auf den Lehrer beziehen: wie kann man den Lehrer schulen, Angebote, die die Schüler in der Phase der Problematisierung bzw. Urteilsbildung machen, zu erkennen, aufzugreifen und zu verallgemeinern? Es zeigt sich immer wieder, dass Lehrer nach meinen Beobachtungen nur selten über ein Kategoriengerüst verfügen, so dass sie auch in der Lage sind, dieses auch in einer konkreten Unterrichtssituation zielgerichtet anzuwenden. Ich bin der Auffassung, dass es notwendig ist, diese Defizite der Lehrer abzubauen. Wie dies im Einzelnen zu machen sein wird, weiß ich nicht, wahrscheinlich geht es nur durch Übung, Übung, Übung. Dies betrifft sowohl die Praxis als auch die Analyse von Unterricht als auch die Planung von Unterricht. Das wären drei Projekte, die ich mir vorstellen könnte.

Und bezogen auf den Schüler vielleicht noch eine vierte Überlegung: im Unterricht argumentiert der Schüler in der Regel eindimensional oder monokausal; er hat ein Argument, hinter diesem Argument steht eine Kategorie. Von beiden löst er sich in der Regel nicht. Ein anderer Schüler hat ein anderes Argument, eine andere Kategorie. Das heißt also, Schüler bewegen sich in der Regel immer auf der gleichen Argumentations- bzw. Kategorienebene. Er wird in der Unterrichtspraxis zu wenig dazu angehalten, seine Argumentationsebene zu erweitern, kritisch zu reflektieren und eventuell zu korrigieren. Dies ist gängige Unterrichtspraxis. In den Klausuren – ich spreche jetzt wieder vom Gymnasium – sieht es jedoch anders aus: da muss der Schüler mit einem Mal nicht nur ein Argument, eine Kategorie präsentieren, sondern er muss verschiedene Argumente/Kategorien zunächst einmal vorstellen, abwägen, um abschließend in Auseinandersetzung mit ihnen eine eigene Position zu entwickeln. Das sind also zwei verschiedene Anforderungen, die der Schüler zu leisten hat. Die Anforderungen im Mündlichen sind meines Erachtens sehr viel einfacher als im Schriftlichen, aber erfahrungsgemäß argumentieren Schüler im Schriftlichen ähnlich wie im Mündlichen. Das heißt also, sie sind kaum in der Lage, die Komplexität, die größere Komplexität des Schriftlichen zu leisten, sondern verbleiben immer – mal mehr, mal weniger – in den eindimensionalen Gedankengängen. Vielleicht sollte man sich einmal mit folgender Frage beschäftigen: wie kann man die Argumentationsfähigkeit von Schülern im Mündlichen trainieren, so dass sich die Anforderungen im Mündlichen und in den Klausuren bezüglich der politischen Urteilsbildung in etwa entsprechen?

Interviewer: Es gibt sicherlich diese Unterschiede, weil ja Sprache ein sehr flüchtiges Medium ist, und im Dialog, im Diskurs in der Klasse, in der Diskussion kommen sehr viel Einzelaspekte, die nicht sehr tief weitergedacht werden, aber die dennoch in der Situation vom Lehrer bearbeitet werden müssen. Klausur, man hat einen festen Text, man kann das sehr genau nochmals nachvollziehen, und dann wird es auch dadurch komplexer. Wenn man das nun nochmals zurückdenkt an die Frage: Was macht denn die Qualität eines Urteils aus? Bzw. ein anderer Aspekt, den Sie angedeutet haben, politische Urteile sind ja kontrovers, brisant, zum Teil sehr individuell, sehr persönlich. Wie kann man Schülerinnen und Schüler vor Überwältigung, vor Indoktrination, vor Manipulation von Seiten des Lehrenden schützen? Oder gibt es meinetwegen Strategien, eigene Strategien von Seiten des Lehrenden, sich selbst mit didaktisch-methodischen Mitteln oder Überlegungen zu schützen, in solche vordefinierten Urteile hineinzukommen? Wie muss man dafür sensibel sein, um diese Gefahr, die ja bei Urteilsbildung auch gegeben ist, eben Vorurteile zu produzieren oder Einseitigkeiten zu vermitteln, wie kann man damit pädagogisch-didaktisch umgehen?

Kurt Lach: Das ist schwierig. Da gibt es sicher keine Patentlösung. Zunächst einmal, ich glaube, man sollte die Schüler nicht unterschätzen. Ich habe immer wieder die Erfahrung gemacht, dass jeder Versuch eines Lehrers, in irgendeiner Form Schüler zu überwältigen, gescheitert ist. Einfach, weil Schüler diese Beeinflussungsversuche erkennen und dann ganz bewusst eine Gegenposition einnehmen, allein, um den Lehrer zu ärgern und um ihm zu zeigen, dass sie sich dies von ihm nicht bieten lassen. Es handelt sich dabei um eine Art Selbstschutz seitens der Schüler. Das ist das eine. Das zweite: man muss verhindern, dass Urteilsbildung, ja, wie ich vorhin schon sagte, verkommt zu einem Abtausch von Schlagworten. Man weiß als Schüler, dass es bestimmte Kategorien gibt, die je nach Thema gebetsmühlenhaft angewendet werden. Manchmal dienen sie geradezu als Totschlagargument. Wenn dies so ist, dann ist es Aufgabe des Lehrers, Schüler immer wieder darauf hinzuweisen, dass politische Urteilsbildung ein sehr komplexer Vorgang ist, der sehr differenziert und unter Berücksichtigung der verschiedensten Aspekte gemacht werden muss. Damit dies geleistet werden kann, muss der Lehrer den Schülern möglichst viele Kategorien anbieten. Das heißt also: wenn ich nur mit zwei Kategorien arbeite, dann leiste ich zwangsläufig einer sehr kurz greifenden Urteilsbildung Vorschub. Wenn ich aber mit vielen Kategorien arbeite, dann kann ich davon ausgehen, dass Schüler in die Lage versetzt werden, auch sehr viel differenzierter mit komplexen Themen umzugehen als im umgekehrten Fall. Ich könnte mir vorstellen, dass dies ein Weg wäre. Ob das gelingt, vermag ich nicht zu sagen. Aber ich könnte mir das vorstellen. Ansonsten hilft nur ständiges Trainieren, ständiges Heranführen an politische Urteilsbildung. Aber es ist insgesamt ein schwieriges Geschäft und es gibt sicher keinen Königsweg.

Interviewer: Gut. Vielleicht eine Abschlussfrage insgesamt. Es gibt ja in der Politikdidaktik einmal diese Diskussion um Urteilsbildung. Dann gibt es eine Diskussion um das Bürgerleitbild, auch um Handlungsorientierung zum Teil. Gibt es von Ihren Beobachtungen her einen Zusammenhang zwischen diesen Komplexen? Oder konkreter gefragt: Haben Sie irgendwelche Beobachtungen, wo Sie bestimmte, bevorzugte Kriterien von Studierenden oder von Schülerinnen oder Schülern heute feststellen, die auch diese Grenze zwischen Urteilen und politischem Handeln irgendwo bestimmen? Ist das alles nur ein intellektuelles Spiel, gerade am Gymnasium, das politisch folgenlos bleibt? Oder hat das schon irgendwo eine Konsequenz auf einzelnes politisches Handeln, wenn man diese Frage von Urteilsbildung so stark forciert, so stark auch als Ziel formuliert, wie das jetzt in der Diskussion deutlich geworden ist?

Kurt Lach: Zum einen: Natürlich hängen meines Erachtens die drei Komplexe, politische Urteilsbildung, Handlungsorientierung und Bürgerbild zusammen. Über Handlungsorientierung kann politische Urteilsbildung angebahnt und eventuell ein bestimmtes Leitbild wie das des politischen, interventionsfähigen Bürgers verwirklicht werden. Man kann diese Bereiche nicht trennen; es handelt sich dabei nicht um ein „Entweder – oder", sondern vielmehr um ein „Sowohl – als auch". Das zweite: politische Urteilsbildung hat mit politischem Handeln noch nichts zu tun. Es handelt sich beim Unterricht nach meinen Erfahrungen zunächst einmal um eine akademische Veranstaltung in der Schule. In den allerseltensten Fällen wird daraus politisches Handeln. Es gibt Glücksmomente, in denen aus einem politischen Urteil politisches Handeln entsteht, aber das sind dann wirklich Einzelfälle und sie stellen für den Lehrer Glücksmomente dar. Für Schüler ist Politikunterricht zunächst einmal Unterricht. Und Unterricht läuft nach einem bestimmten Schema ab. Politikunterricht unterliegt auch diesem Schema. Dazu gehört z.B., dass der Schüler für seine Leistung im Unterricht eine Note bekommen will. Also, ich glaube, man sollte die Erwartung nicht zu hoch setzen und sagen: ich will, dass am Ende einer Schülerlaufbahn der handelnde Bürger steht. Was man vielleicht erreichen könnte, dass am Ende der Schulzeit ein Bürger steht, der gegebenenfalls handeln kann und in dieser Situation weiß, wie er sich zu verhalten hat. Ich würde die Ziele sogar noch ein bisschen niedriger hängen: wenn am Ende einer Schülerkarriere herauskommt, dass der Schüler sich für Politik interessiert und zwar regelmäßig interessiert und sich regelmäßig mit politischen Problemen auseinandersetzt, um dann gegebenenfalls auch einmal punktuell zu handeln, dann hat politischer Unterricht viel erreicht. Es war eines meiner Ziele in der Mittelstufe zu erreichen, dass Schüler regelmäßig eine Tageszeitung lesen, und zwar nicht nur den Sportteil, nicht nur „Aus aller Welt", sondern auch den politischen Teil. Wenn mir das punktuell geglückt ist, habe ich mir immer gesagt, ist dies der erste Schritt auf dem Weg zum interessierten Bürger, noch nicht zum handelnden Bürger. Wenn daraus Handeln wird, toll.

Interviewer: Vielen Dank für das Interview.**

Anmerkungen

1 Vgl. Kurt Lach: Planung von zwei Unterrichtsstunden: Der Castor-Transport – „Bürgerkrieg" im Wendland. War das Handeln der Beteiligten gerechtfertigt?, in: Peter Massing/Georg Weißeno (Hrsg.): Politische Urteilsbildung, Schwalbach/Ts. 1997, 159-178.

2 Vgl. z.B. Annette Kuhn: Einführung in die Didaktik der Geschichte. 2. Auflage. München 1977.

**Das Interview wurde am 16.6.2000 am Fachbereich Politik- und Sozialwissenschaften der Freien Universität Berlin von Hans-Werner Kuhn und Kerstin Pohl aufgezeichnet.

Hans-Werner Kuhn interviewt Dr. Peter Massing

„... wie lässt sich denn Politik überhaupt beurteilen?"*

„... Ausgangspunkt war einfach die Frage, und das ist natürlich eher eine politikwissenschaftliche Frage: wie lässt sich denn Politik überhaupt beurteilen ...?"

Interviewer: Peter, kannst du zunächst etwas sagen zu deiner Tätigkeit und zu deiner Person?

Peter Massing: Mein Name ist Peter Massing. Ich leite das Referat für politische Bildungsarbeit am Otto-Suhr-Institut für Politikwissenschaft an der Freien Universität Berlin und ich vertrete die Stelle eines Hochschullehrers für Sozialkunde und Didaktik der Politik.

Das Referat ist zuständig für die Fort- und Weiterbildung von Lehrerinnen und Lehrern, die schon in ihrem Beruf tätig sind. Und die Hochschullehrerstelle beschäftigt sich im Wesentlichen mit der Ausbildung von Lehrerstudenten. In meiner Tätigkeit verknüpft sich also die Erste Phase der Lehrerausbildung und die Dritte Phase der Lehrerausbildung, d.h.: Lehrerausbildung und Lehrerfort- und -weiterbildung.

Interviewer: Gut, die Verknüpfung von Erster und Zweiter Phase war mit ein Grund, dass man dieses Projekt über Pinochet hier durchführen konnte. Du hast sicherlich im Laufe der Zeit Vorstellungen darüber entwickelt, was „guten" (in Anführungsstrichen) Politikunterricht auszeichnet. Kannst du einige Grundmerkmale benennen, die für dich in dem Zusammenhang wichtig sind?

Peter Massing: Also, nach meiner Vorstellung kann man guten Politikunterricht nicht definieren oder beschreiben, wenn man sich nicht klar darüber ist, welche Ziele Politikunterricht verfolgen soll. Ich möchte also erst einmal etwas über die Ziele von Politikunterricht sagen, die natürlich in der Politikdidaktik durchaus kontrovers diskutiert werden, aber ich denke, dass diese Ziele doch auf einen relativ breiten Konsens stoßen. Ganz allgemein

---

*Interview mit Dr. Peter Massing, Politikwissenschaftler und Politikdidaktiker

ausgedrückt sind Ziele von Politikunterricht für mich die Vermittlung von Demokratiekompetenz und von Politikbewusstsein. Konkretisiert bedeutet dies zum einen, dass die Aufgabe des Politikunterrichts darin zu sehen ist, dass er zunächst einmal Interesse an Politik weckt; zweitens, dass er ein bestimmtes Wissen über das Funktionieren von Politik, über politische Zusammenhänge vermittelt. Dazu gehört auch die Fähigkeit zur politischen Urteilsbildung. Der dritte Aspekt, der für mich auch von besonderer Bedeutung ist, ist, dass der Politikunterricht bestimmte methodische Kompetenzen vermitteln soll, also Schülerinnen und Schüler dazu befähigt, sich selbst politische Probleme, politische Konflikte, politische Entscheidungen zu erarbeiten bzw. anzueignen. Darüber hinaus hat der Politikunterricht dann aber auch die Aufgabe, bestimmte Werte zu vermitteln, Schülerinnen und Schülern die Werte nahe zu bringen, die nach aller historischer Erfahrung für das Funktionieren und für die Stabilität von demokratischen Systemen notwendig sind, und, nicht zuletzt, sie mit bestimmten Handlungskompetenzen auszustatten, die es ihnen erlauben, später in ihrer Rolle als Bürger oder als Bürgerin sich am politischen Willensbildungs- und Entscheidungsprozess zu beteiligen bzw. diesen Prozess zu beeinflussen. Vor diesem Hintergrund, vor diesem Zielhorizont politischer Bildung, glaube ich, dass Politikunterricht bestimmte Prinzipien verfolgen muss, damit er diese Ziele auch tatsächlich erreicht. Da wäre erstens das Prinzip des exemplarischen Lernens. Dahinter steht die Erfahrung, dass es nicht sinnvoll ist, in der knappen Zeit, die einem zur Verfügung steht, Politikunterricht systematisch, im Sinne von enzyklopädisch anzulegen. Zweitens sollte der Politikunterricht problemorientiert sein, wobei die Probleme, die für den Politikunterricht ausgewählt werden, nicht beliebige gesellschaftliche Probleme sein können, sondern solche Probleme sein müssen, in denen prägende Elemente des Politischen deutlich werden, also Politik als Kern des Politikunterrichts. Drittens sollte Politikunterricht eine kategoriale Bildung verfolgen. Dazu gehört u.a. Schülerinnen und Schüler mit solchen Kategorien vertraut zu machen, die ihnen nicht nur deutlich werden lassen, was das eigentlich Politische ist, sondern die ihnen gleichzeitig ein analytisches Instrumentarium an die Hand geben, mit dessen Hilfe sie sich politische Probleme erschließen können. Viertens sollte Politikunterricht auch handlungsorientiert sein, d.h. vor allem über entsprechende Methoden solche Fähigkeiten vermitteln, die Schülerinnen und Schülern helfen, sich in der Politik zurechtzufinden bzw. sich an politischen Prozessen zu beteiligen.

Interviewer: Auf dieser Grundsatzebene gibt es ja neben der Frage der Urteilsbildung auch Diskussionen um Bürgerleitbilder und um Handlungsorientierung. Wenn man das als die drei zentralen fachdidaktischen Diskussionsthemen seit Mitte der 90er-Jahre bezeichnet, wie würdest du den Zusammenhang zwischen diesen drei Bereichen, diesen drei Fragestellungen sehen?

Peter Massing: Also, wenn man davon ausgeht, dass politische Bildung oder Politikunterricht in der Schule die Auswahl seiner Ziele und Inhalte vor dem Hintergrund bestimmter

Bürgerleitbilder formuliert, dann, denke ich, sind vor allem drei Bürgerleitbilder wichtig. Zunächst einmal das Bürgerleitbild des informierten Zuschauers, also desjenigen, der zumindest so viel Wissen über Politik hat, dass er politische Prozesse kritisch nachvollziehen kann, der auch in der Lage ist, politische Prozesse begründet zu beurteilen und selbst ein eigenes Urteil zu entwickeln. Das zweite Bürgerleitbild, das etwas anspruchsvoller ist, ist der Interventionsbürger, also der Bürger, der neben Wissen, Urteilsfähigkeit auch über die Kompetenzen verfügt, die notwendig sind, sich gegebenenfalls in Politik einzumischen, sprich: sich an politischen Willensbildungs- und Entscheidungsprozessen auf sehr unterschiedlichen Ebenen zu beteiligen. Und der dritte Bürger, der vielleicht für den Politikunterricht eher ein utopisches Ziel ist, wäre der Aktivbürger, der Bürger, der Politik zu einem wesentlichen Teil seines Lebens, seiner Lebensplanung macht. Dieser Bürger wäre das dritte Leitbild, wobei man sich schon bewusst sein muss, dass nur ein kleiner Teil der Schülerinnen und Schüler dieses Leitbild überhaupt anstrebt oder erreichen will. Dennoch halte ich auch so ein utopisches Ziel für wichtig, weil es für den Lehrer, für den Politikunterricht als Orientierung gelten kann. Im Zusammenhang von Bürgerleitbildern spielt Handlungsorientierung eine besondere Rolle. Ich denke, alles was den Bereich des Wissens abdeckt, also Sachkompetenz, auch Urteilskompetenz, lässt sich mit anderen Methoden erreichen, sei es mit einem Lehrgang, sei es mit einem erarbeitenden Unterricht, sei es innerhalb der bloßen Diskussion im Unterricht, während die Fähigkeiten, die ich haben muss, um gegebenenfalls intervenieren zu können oder um mich aktiv an der Politik beteiligen zu können, also insbesondere kommunikative Kompetenzen, kommunikative Fähigkeiten, soziale Fähigkeiten, aber auch strategische Fähigkeiten, dies lerne ich im Wesentlichen über handlungsorientierte Methoden.

Interviewer: Es gibt ja eine Kluft zwischen den Konzepten und Modellen zur politischen Urteilsbildung – es gibt eine Reihe, fünf, sechs verschiedene Ansätze – und dem, wie es im alltäglichen Politikunterricht umgesetzt wird. Wo siehst du diese Problemzonen oder die Stellen, an denen die Verzahnung zwischen Konzept und Praxis eher nicht aufeinander abgestimmt ist, und wie kann man strategisch-methodisch von den Lernwegen her versuchen, diese Kluft zumindest zu verkleinern?

Peter Massing: Ich glaube, da muss ich erst einmal etwas dazu sagen, welche Funktion so ein Konzept hat oder haben kann. Ich habe ja ein eigenes Konzept zur Urteilsbildung entwickelt, was mindestens zum Teil ja auch diesen Pinochet-Stunden zugrunde liegt. Die Idee, die eigentlich dazu geführt hat, dieses Konzept zu entwickeln, hatte zunächst einmal direkt mit praktischem Unterricht noch gar nichts zu tun, sondern die Ausgangsüberlegung war die, dass Schülerinnen und Schüler im Politikunterricht permanent urteilen, dass sie das aber häufig monokausal tun und auch gelegentlich sehr stark emotionalisiert oder auch sehr stark auf einer moralischen Ebene. Wenn Aufgabe von Politikunterricht nun darin besteht, die Fähigkeit zur Urteilsbildung anzubahnen, dann wäre es Aufgabe von Lehrerinnen und

Lehrern, an diesen Urteilskategorien von Schülerinnen und Schülern anzusetzen, sie ihnen erst einmal bewusst zu machen und sie vielleicht mit zusätzlichen, erweiterten, differenzierten, auch anderen Begründungskategorien von politischen Urteilen zu konfrontieren. Das können Lehrerinnen und Lehrer aber nur, wenn sie selbst über eine ausreichende Zahl von unterschiedlichen Begründungsmöglichkeiten politischen Urteilens verfügen. Das Ziel des Konzeptes bestand zunächst einmal nur darin, Lehrerinnen und Lehrer mit einer breiteren Begründungspalette oder mit eine Vielzahl von Kategorien, mit deren Hilfe man politische Urteile begründen kann, rechtfertigen kann, zu versehen. So, das war der erste Schritt. Nun hat sich dann allerdings herausgestellt bei der Praxis im Unterricht, dass diese Begründungskategorien, die andere und ich auch entwickelt haben, sehr stark fachwissenschaftlich orientiert waren. Das heißt, sie waren relativ weit weg von den Urteilskategorien, die Schülerinnen und Schüler selbst hatten. Das heißt, wenn Lehrerinnen und Lehrer zwar erweiterte Möglichkeiten der eigenen Urteilsfähigkeit haben oder der eigenen Begründung und versuchten, diese Schülerinnen und Schülern zu vermitteln, dann entstand eine Diskrepanz. Denn diese Urteilskategorien waren sehr viel abstrakter, sehr viel allgemeiner und wahrscheinlich sehr weit weg von der Lebenswelt und der Alltagserfahrung von Schülerinnen und Schülern. Daraus ergibt sich die Notwendigkeit – und das ist meines Erachtens bisher noch nicht geleistet – Zwischenschritte der Konkretisierung zu entwikkeln, die zwischen einem sehr abstrakten eher politikwissenschaftlichen Modell der Urteilsbildung, das der Lehrer sich angeeignet hat, und den Urteilskategorien von Schülerinnen und Schülern vermitteln. Je nach Alter von Schülerinnen und Schülern ist diese Kluft auch größer, je jünger die Schülerinnen und Schüler sind, je größer ist diese Kluft, und man bräuchte wahrscheinlich nicht nur einen Zwischenschritt, sondern zwei, drei Zwischenschritte der zunehmenden Konkretisierung. Und genau diese Schritte fehlen uns und das Ergebnis ist eben, dass Schülerinnen und Schüler zwar in der Lage sind, diese sehr allgemeinen Urteilskategorien und Begründungen sich anzueignen, aber im Umgang damit stellt man doch immer wieder fest, dass diese Kategorien ihnen weitgehend äußerlich bleiben. Das heißt, wir haben das Beispiel von Klausuren, dass Schülerinnen und Schüler durchaus in der Lage sind, in der Klausur ein Urteil zu fällen und dieses Urteil auch mit den gelernten Kategorien zu begründen. Wenn sie dann aber ihr eigenes Urteil fällen und dieses eigene Urteil begründen sollen, dann greifen sie nicht mehr auf diese Kategorien zurück, sondern auf ganz andere, in der Regel auf diejenigen, die sie vorher auch schon hatten. Das heißt also, im Grunde genommen hat gar kein Lernprozess stattgefunden, sondern die Kategorien sind ihnen äußerlich geblieben, leere Begriffsschemata. Und ich denke, eine Möglichkeit, diese Kluft zu verringern, wäre eben, zu versuchen, unterschiedliche Stufen der Konkretisierung zu entwickeln.

Interviewer: Das würde auf stufendidaktische Überlegungen hinauslaufen, dass man sieht, ob Schüler mit zehn, elf anders urteilen, andere Kriterien nutzen als Schüler Klasse 8 bis 10 oder Klasse 12, 13. Nach deinen Erfahrungen, der Schwerpunkt liegt ja im Bereich der studentischen Ausbildung: Mit welchen Kriterien gehen Studentinnen und Studenten um, wenn sie politische Probleme, Ereignisse, Personen beurteilen, und wie kann das in der Sozialkundelehrerausbildung gefördert werden bzw. Einseitigkeiten korrigiert werden?

Peter Massing: Also, zunächst einmal kann man sagen, dass nach meiner Erfahrung Studentinnen und Studenten auch nicht anders urteilen als Schülerinnen und Schüler, also in der Regel auch sehr emotional, sehr moralisch, moralisierend zum Teil, sehr monokausal. Das heißt, man kann nicht davon ausgehen, dass sie – wenn man es mal in Stufen der politischen Urteilsbildung einteilen wollte – auf einer höheren Stufe sind als Schülerinnen und Schüler. Sie haben sicherlich, wenn man ihnen das vermittelt, nicht so große Probleme, sich die fachwissenschaftlichen, abstrakten Urteilskategorien anzueignen und damit umzugehen. Aber von sich aus haben sie solche Kategorien nicht zur Verfügung. Das heißt, Aufgabe auch des Sozialkundestudiums, vielleicht insbesondere des politikdidaktischen Studiums, ist die Fähigkeit zur politischen Urteilsbildung mit Studentinnen und Studenten schlicht und einfach zu trainieren und immer wieder bewusst darauf zu achten, wenn geurteilt wird, wenn politische Positionen oder wissenschaftliche Positionen formuliert und begründet werden, immer wieder einmal auch diese Begründungen in den Mittelpunkt der Seminare zu stellen, diese Begründungen zu diskutieren und gemeinsam zu überlegen: gibt es Begründungen, die auf anderen Ebenen liegen, gibt es noch mehr und andere Begründungen, gibt es differenziertere Begründungen, usw.? Ich denke, es ist wirklich eine Sache der Übung und des immer wieder Ausprobierens und des immer wieder Durchführens, um Urteilsbildung und die Begründung von politischen Urteilen zu lernen.

Interviewer: Jetzt sind es ja zwei Überlegungen: auf der einen Seite ist natürlich ein differenzierteres Urteil qualitativ das bessere Urteil, in der fachdidaktischen Literatur findet sich so ein Hinweis, dass man eigentlich für den Unterricht, und damit auch fürs Studium, ein möglichst kompaktes, handhabbares, konsensfähiges Instrumentarium braucht, um Urteilsbildung zu fördern. Das ist irgendwo ein Spannungsverhältnis: je mehr Kategorien, je mehr Kriterien ich habe, desto schwieriger ist die Handhabung in konkreten Lernprozessen im Unterricht. Wie kommt man jetzt aus dieser analytischen Sichtweise zu einer Beschränkung, Gewichtung, Zuordnung von Kriterien? Also: Wie kann ich die Komplexität wieder reduzieren? Was wäre denn nach deinem Modell so ein Ansatzpunkt, um da eine Struktur reinzufinden oder reinzudenken?

Peter Massing: Also, ich denke, dass das von mir entwickelte Modell eine ganz schlichte Struktur enthält, die man relativ leicht vermitteln könnte, wenn die Probleme der Konkretisierung gelöst wären. Ausgangspunkt ist einfach die Frage, und das ist natürlich eher eine politikwissenschaftliche Frage: wie lässt sich denn Politik überhaupt beurteilen – im Unterschied zu anderen Bereichen innerhalb der Gesellschaft, zum privaten Bereich etwa oder zum moralischen Bereich? Wie lässt sich Politik beurteilen? Und die These ist, dass der Maßstab, mit dem politische Probleme, politische Entscheidungen beurteilt werden können, zunächst einmal die Kategorie „politisch-gesellschaftliche Rationalität“ ist. Politisch-gesellschaftliche Rationalität verknüpft dabei zwei Formen von Rationalität, einmal Zweckrationalität, was ja eigentlich eine Zweck-Mittel-Rationalität ist, die in allen gesellschaftlichen Organisationen eine wichtige Rolle spielt, aber eben auch in der Politik, und zum anderen Wertrationalität, eher eine weiche Rationalität. So, beide Rationalitätsformen lassen sich nun in bestimmten Kategorien fassen. Zweck-Mittel-Rationalität in der Kategorie Effizienz und Wertrationalität in der Kategorie Legitimität. Die These ist jetzt, dass politische Probleme, politische Entscheidungen im Unterschied zu allen anderen gesellschaftlichen Bereichen immer nur beurteilt werden können unter Berücksichtigung beider Kategorien, also sowohl der Kategorie Effizienz als auch der Kategorie Legitimität. Das heißt, ich kann immer danach fragen, auf der Ebene der Effizienz oder mit der Kategorie Effizienz: Hat die politische Entscheidung einen Beitrag dazu geleistet, bestimmte Probleme zu lösen? Dahinter steht die Vorstellung, dass Politik nur dann akzeptiert wird, wenn sie ein gewisses Niveau an Problemlösungsfähigkeit aufweist. Das allein aber reicht für den politischen Bereich nicht aus. Es geht nicht nur um Effizienz, um Zweck-Mittel-Rationalität, sondern Politik und politische Entscheidungen müssen auch immer bestimmte Werte berücksichtigen. Es geht auch um Legitimität. Also muss ich auch fragen: Sind in dieser politischen Entscheidung gesellschaftlich allgemein akzeptierte Werte ausreichend berücksichtigt worden? Nun ist es sicherlich so, dass je nach politischem Problem, je nach politischer Entscheidung diese beiden Kategorien in unterschiedlicher Mischung vorhanden sind, also manchmal ist Effizienz nicht so wichtig wie Legitimität und umgekehrt, aber sie sind immer beide vorhanden. So, damit hätten wir eine zweidimensionale Skala. Diese Skala kann dann ausgeweitet werden durch die Vorstellung, dass es auch wichtig ist bei der Begründung von Urteilen, bestimmte Sichtweisen zu berücksichtigen. Das heißt, eine politische Entscheidung sieht immer anders aus von der Position desjenigen, der die Entscheidung treffen musste, also von der Position der politischen Akteure. Sie sieht anders aus von der Position, oder aus der Sichtweise derjenigen, die von der Entscheidung betroffen sind. Und dann gibt es im Grunde genommen noch eine dritte Sichtweise, die sich in der Frage ausdrückt: Was bedeutet eine politische Entscheidung oder eine politische Nicht-Entscheidung für die Stabilität unseres demokratischen Systems? Also, im Grunde genommen zwei Kategorien, die allerdings der Konkretisierung bedürfen, um sie überhaupt im Unterricht vermittelbar zu machen, und drei Sichtweisen, Sichtweise der politischen Akteure, Sichtweise der Betroffenen und eine eher distanzierte Sichtweise, nämlich die Frage: Was hat diese Politik für Auswirkungen auf die langfristige Entwicklung unseres demokratischen Systems?

Interviewer: Da schließen sich gleich zwei Fragen an. Erste Frage: Nach deinen Erfahrungen mit Lehrern in der Weiterbildung oder auch mit Studentinnen und Studenten, gibt es im Alltagsbewusstsein zwischen diesen beiden Kriterien Legitimität und Effizienz schon eine Vordefinition, dass also eines dieser beiden bei der heutigen Generation von Studierenden oder von berufserfahrenen Lehrern überwiegt? Das zweite wäre eine Hypothese, die man formulieren kann: Gibt es Unterschiede, auch was diese beiden Hauptkriterien angeht, zwischen Studentinnen und Studenten bzw. Lehrerinnen und Lehrern? Kann man dort solche Querbezüge herausfiltern durch Analysen?

Peter Massing: Die geschlechtsspezifische Anwendung der Kategorien? Also, erst einmal auf die andere Frage. Sowohl bei Lehrerinnen und Lehrern als auch bei Studentinnen und Studenten lässt sich feststellen, dass es offensichtlich Gruppen gibt, die eher mit Kategorien der Effizienz argumentieren, und andere, die eher mit Werten, also der Kategorie Legitimität argumentieren. Das ist manchmal etwas unterschiedlich, je nachdem, um welches politische Problem es sich handelt. Also, wenn wir meinetwegen als politisches Problem oder als politische Auseinandersetzung und Entscheidung den Paragraph 218 machen, dann dominiert natürlich eindeutig der Wertgesichtspunkt und weniger der Effizienzgesichtspunkt. Bei anderen Fragen ist es umgekehrt. Dennoch glaube ich, dass es – die Erfahrung lässt sich vielleicht auch in der Schule machen – bestimmte Schüler, Schülerinnen, bestimmte Lehrer, Lehrerinnen, bestimmte Studenten, Studentinnen gibt, die eher dazu neigen, überwiegend auf einer dieser beiden oder mit einer dieser beiden Kategorien ihr Urteil zu begründen, also eher Effizienzgesichtspunkte anführen oder eben eher Wertgesichtspunkte bzw. moralische Gesichtspunkte. Also, es ist eher selten, dass die Verknüpfung gesucht wird.

Auf die Frage, ob es da Unterschiede gibt zwischen Männern und Frauen, muss ich sagen: ist mir noch nicht aufgefallen. Es würde nahe liegen zu sagen: Frauen argumentieren eher mit Werten und Männer eher mit Effizienzgesichtspunkten. Aber so eine Zuordnung konnte ich bisher noch nicht feststellen.

Interviewer: Gut, das müsste man dann am Material überprüfen und die Diskussion dazu mit darstellen.

Peter Massing: Ja, das müsste man einfach einmal überprüfen.

Interviewer: Jetzt ist es ja so, dass es im Fach Sozialkunde/Politikunterricht verschiedene Möglichkeiten gibt, Urteilsbildung zu betreiben. Man hat auf der einen Seite, das Beispiel nanntest du: Klausuren, wo das als Anforderungsbereich formuliert ist, und man hat natürlich in der Unterrichtskommunikation sehr knappe Beiträge von Schülerinnen und Schülern. Bezogen auf das Lehrerhandeln: Welche Konsequenzen ergeben sich aus deiner Problembeschreibung? Man hat eine Struktur durch dein Modell, man muss aber diese Komplexität von Kommunikation und von Beiträgen aufnehmen, vielleicht widerspiegeln, irgendwo in eine bestimmte Systematik bringen, also, ich denke, das ist ja ein sehr sensibler Bereich, politische Urteilsbildung, da hängt die Frage von Manipulation, von Indoktrination mit zusammen. Wie kann man sich als Fachlehrerin, Fachlehrer davor schützen, dass man in eigene Urteile Schüler nur noch mit hineinzieht? Wie gibt es dort methodisch-didaktische Strategien, um diese Gefahr zumindest zu minimieren?

Peter Massing: Ich würde erst einmal generell sagen, die Voraussetzung, dass überhaupt Urteilsbildung stattfindet, ist, dass der Lehrer über solche Urteilskategorien verfügt. Alle Erfahrung zeigt eigentlich, dass man dies nicht unbedingt voraussetzen kann. So, das ist der erste Punkt. Gehen wir davon aus, der Lehrer oder die Lehrerin hat nun diese Urteilskategorien, dann ist im Grunde genommen die zweite Aufgabe, auch das politische Urteil zum Gegenstand von Unterricht zu machen. Das heißt, wir haben in der Regel die Situation, dass Lehrerinnen und Lehrer häufig der Meinung sind, dass die Fähigkeit, sich ein politisches Urteil zu bilden und dieses Urteil angemessen begründen zu können, dass dies quasi ein Ergebnis ist, das sich automatisch im Politikunterricht einstellt. Wir finden also selten einen Politikunterricht, der nicht das Problem zum Gegenstand macht oder den Konflikt oder bestimmte Institutionen, sondern der bewusst das Urteil in den Mittelpunkt stellt und die Möglichkeiten, wie Urteile begründet werden können. Also, das wäre eine Möglichkeit, einfach einmal zu sagen, bestimmte Stunden, das waren ja zum Beispiel diese Pinochet-Stunden, durchzuführen, wo es nicht um die Frage Pinochet geht, sondern wo es eindeutig um Urteilsbildung geht und wie sich diese Urteile begründen lassen. Eine methodische Möglichkeit wäre, was man glaube ich auch in diesen Pinochet-Stunden sieht, aber was wir auch in anderen Stunden gesehen haben, dabei einen Umweg zu gehen über Urteile von anderen, zum Beispiele über Urteile, die man in den Medien findet, dass man sich mit diesen Urteilen auseinandersetzt, mit den Begründungen auseinandersetzt und über diese Auseinandersetzung dann zu eigenen Begründungen kommt. Aber auch da hätten wir ja die Situation, dass das Urteil und die Begründung des Urteils zum Gegenstand von Unterricht wird. Eine andere Möglichkeit wäre, dass man bestimmte auch handlungsorientierte Methoden einsetzt, die für Urteilsbildung oder das Lernen von Urteilen besonders geeignet sind, zum Beispiel die Pro-Contra-Debatte.

Interviewer: Jetzt hast du die Frage von Transfer angesprochen. Also, wenn man den Fall Pinochet inhaltlich verlässt, aber trotzdem sich überlegt, mit welchen Kategorien und Kriterien arbeiten die Schülerinnen und Schüler, überträgt das dann auf andere Fälle. Das meiste, was der Lehrplan anbietet, sind innenpolitische Themen, die man im Bereich Politik beurteilen kann, oder auch aktuelle neue Fragen. Wo siehst du Ansatzpunkte, um eben diese Transfers leisten zu können? Also, ich denke, einmal in der Ausbildung von Studentinnen und Studenten, aber auch in der Lehrerweiterbildung. Gibt es da überhaupt Interesse an solchen Konzepten, an solchen Fragen, die jetzt speziell in der Politikdidaktik mitdiskutiert werden, oder ist es zu weit weg von der Alltagspraxis, so dass man vielleicht andere Ansatzpunkte suchen muss, eben diese Zwischenglieder oder diese Zwischenschritte, diese Konkretisierungen, um überhaupt einmal den Bewusstseinsstand der Fachlehrerinnen und Fachlehrer mit im Blick zu haben?

Peter Massing: Also, ich biete ja innerhalb der Lehrerausbildung fast regelmäßig Seminare zur politischen Urteilsbildung an und diese Seminare werden auch wahrgenommen. Das heißt, es gibt ein Interesse von Studentinnen und Studenten an diesen Fragen. Es existiert ein relativ geringes Problembewusstsein, ja. Aber es gibt zunächst einmal ein Interesse an diesen Fragen. In der Lehrerfort- und -weiterbildung ist es genauso, auch da gibt es Interesse, aber ebenfalls wenig Problembewusstsein. Die Vorstellung ist eben schon: ja, Urteile sind doch sehr individuell, können eigentlich auch nur individuell begründet werden und jedes Urteil ist gleich „viel wert“ – in Anführungsstrichen. Und erst im Laufe des Seminars oder im Laufe der Fortbildung wächst dann auch ein bisschen die Sensibilisierung dafür, dass man natürlich Urteile auf sehr verschiedenen Ebenen und sehr unterschiedlich und sehr vielfältig begründen kann und dass je besser, je differenzierter ein Urteil begründet ist, dass dieses Urteil – ja – ich sag jetzt einfach: „mehr wert“ ist als ein anderes Urteil, bei dem mir nur ein oder zwei Begründungen einfallen. Wir setzen in der Lehrerfortbildung, aber auch in der Ausbildung häufig Unterrichtsvideos ein. Und ein Beispiel dafür, wie gering die Sensibilität ausgeprägt ist, ist das Unterrichtsvideo, das du ja auch gut kennst, vom Castor-Transport, das nun spezifisch auf Urteilsbildung ausgerichtet ist. Wenn ich dieses Urteilsbildungsvideo, diese eine Stunde in der Ausbildung zeige, im Seminar, aber auch in der Lehrerfort- und -weiterbildung, und teile danach das Transkript dieser Unterrichtsstunde aus und gebe als Aufgabe in Arbeitsgruppen, sie sollen einmal alle Urteilsfragen des Lehrers herausschreiben, dann besteht das Ergebnis regelmäßig in zwischen zehn und 15 Urteilsfragen. Das heißt, fast alle Fragen des Lehrers werden als Urteilsfragen wahrgenommen. Wenn wir dann sehr viel genauer versuchen gemeinsam zu analysieren, ob das wirklich Urteilsfragen sind, stellt sich heraus, es sind in der Hauptsache Wissensfragen, es sind in der Hauptsache Analysefragen. In dieser ganzen Stunde gibt es eine einzige echte Urteilsfrage. So, und wenn Lehrerinnen und Studenten das erkennen, also eine Sensibilität dafür gewinnen, was ist denn eigentlich eine Urteilsfrage und was ist eine Wissensfrage und was ist eine Analysefrage, dann wird ihnen auch die Bedeutung dieses Problems sehr viel klarer. Nach meiner Erfahrung war das sowohl in Fortbildungsveranstaltungen als auch in Seminaren mit Studentinnen und Studenten immer das Aha-Erlebnis oder, um es einmal pädagogisch auszudrücken, der fruchtbare Moment, wobei man gesehen hat: ich habe 15 Fragen herausgesucht und bin der Meinung, das sind Urteilsfragen, und plötzlich stellt sich heraus, das sind alles gar keine Urteilsfragen, sondern es gibt eigentlich nur eine einzige.

Interviewer: Du hast ja auch Erfahrungen mit Prüfungen im Bereich der Fachdidaktik und es gibt sicherlich eine Reihe von Studierenden, die das Thema Urteilsbildung für das Erste Staatsexamen wählen. Wie wird das Thema dort behandelt? Wie gehen Studierende damit um? Kommen sie zu einem Begriff von politischer Urteilsbildung in Abgrenzung zu philosophischer, juristischer, sozialer und sonstiger Urteilsbildung, also gibt es dort eine

Vorstellung? Es ist ein Ansatzpunkt über die Frage: was sind überhaupt Urteilsfragen? Man muss ja eine Vorstellung haben: was ist ein Urteil? Im Unterschied zu Meinung, zu Subjektivität, zu „Bauchargumenten". Kommt man irgendwo zu einem Begriff von Urteil, wenn man solche Prüfungsthemen vorbereitet und dann auch durchführt?

Peter Massing: Im Rahmen der Politikdidaktikprüfung ist politische Urteilsbildung ein beliebtes Thema. Es ist wahrscheinlich aber deshalb ein beliebtes Thema, weil die Studentinnen und Studenten den Eindruck haben, dass es sich leicht vorbereiten lässt. Es gibt nicht allzu viel Literatur dazu und es ist dadurch leicht vorzubereiten. Mit den Prüfungen selbst bin ich in der Regel nicht sonderlich zufrieden, muss ich sagen. Deshalb neige ich auch in jüngster Zeit eher dazu, Studentinnen und Studenten von diesem Thema abzuraten, weil über die bloße Vorbereitung dieses Themas über die vorhandene Literatur, ihnen diese Probleme im Grunde äußerlich bleiben. Das heißt, sie können zwar definieren, was ein Urteil ist, und sie können auch zwei oder drei Kategoriensysteme zum politischen Urteil reproduzieren, sie können vielleicht auch Probleme wiedergeben. Aber es wird schon deutlich, dass sie nicht damit gearbeitet haben, dass sie eigentlich die wirklichen Probleme, die mit der Frage der Urteilsbildung verbunden sind, dass die ihnen doch sehr äußerlich sind. Das ist anders bei Studenten und Studentinnen, bei denen die Wahl des Themas auch aus der Erfahrung des Seminars resultiert. Die haben relativ viel Unterricht gesehen, wir haben auch in handlungsorientierten Methoden, also in Pro-Contra-Debatten, sehr intensiv darüber diskutiert, also, denen ist das Thema sehr viel vertrauter, auch die Probleme vertrauter, während die Übrigen, die es sich nur über die Literatur angeeignet haben, es nicht wirklich verstehen.

Interviewer: Letzter Fragenkomplex, perspektivisch gedacht, wäre die Frage: Wie kann man über Forschung, wie kann man über Studien – und du hast eine Reihe von offenen Fragen benannt – das Problem von politischer Urteilsbildung weiter diskutieren, entwickeln, entfalten? Also, wo sieht du Ansatzpunkte, gerade aus der Verknüpfung von Erster, Zweiter und Dritter Phase, die ja hier im Referat für politische Bildungsarbeit repräsentiert wird und was ja nicht so ganz häufig vorkommt, wenn man die Bildungslandschaft sich ansieht, wo hast du Ideen, Vorschläge, vielleicht auch eigene Projekte, wo man die Frage der politischen Urteilsbildung auch von der Forschungsseite her weiterentwickeln könnte?

Peter Massing: Also, ich denke, gerade was politische Urteilsbildung angeht, gibt es eine sehr schwerwiegende Leerstelle, die uns erheblich Probleme macht und die besteht darin, dass wir im Grunde genommen nicht wissen, wie Schülerinnen und Schüler in welchem Alter urteilen. Also, solche empirischen Untersuchungen, die es zum Beispiel im Bereich des moralischen Urteils gibt von Kohlberg und anderen, existieren im Bereich der politischen Urteilsbildung nicht. Und ich denke, es wäre eine große Hilfe, wenn wir solche empirischen Untersuchungen auch in Bezug auf das politische Urteil hätten, vielleicht würden wir dann auch zu einem Stufenkonzept kommen, das uns deutlich macht: auf welcher Ebene urteilen Schülerinnen und Schüler, wenn sie in einem bestimmten Alter sind? Welche Möglichkeiten der Verallgemeinerung haben sie eigentlich? Welche Abstraktionsfähigkeit in welchem Alter? All das, darüber wissen wir sehr wenig und das macht auch die Praxis der Urteilsbildung im konkreten Unterricht so schwierig. Also, das wäre eine Forschungsaufgabe.

Eine andere Forschungsaufgabe besteht meines Erachtens darin, wobei ich jetzt noch gar keine Idee habe, wie man dies auflösen könnte, in einem Problem, das mir erst in jüngster Zeit deutlich geworden ist. Das Problem besteht darin, dass es eine gewisse Diskrepanz gibt zwischen unterschiedlichen, ich sage jetzt einmal: Unterrichtsbereichen. Nehmen wir einmal eine Stunde, in der es um Urteilsbildung geht, in der über Urteile und die Begründungen von Urteilen diskutiert wird. Dann haben wir immer die Situation, dass jeder einzelne Schüler und jede einzelne Schülerin ein Urteil fällt und dieses Urteil begründet, mehr oder weniger komplex, mit mehr oder weniger plausiblen Kategorien unter Berücksichtigung der verschiedenen Kategorien Effizienz und Legitimität, aber eben nur auf seine Position bezogen. So, wenn wir jetzt eine andere Unterrichtssituation haben, nehmen wir einmal die Klausur, dann muss darin noch ein Zwischenschritt gemacht werden. Er muss erst einmal alle möglichen Begründungen, die es gibt, aufarbeiten und reproduzieren und daraus dann seine eigene Begründung formulieren. Und genau dieser Schritt, erst einmal in die Breite zu gehen, um daraus dann wieder begründet die eigene Position herauszufiltern, das scheint mir noch eine große Schwierigkeit zu sein und da wissen wir wenig, wie das Schülerinnen und Schüler machen. Also, wir wissen, dass es eine Diskrepanz gibt, und die Diskrepanz besteht darin, dass deutlich wird, dass sie, wenn sie in die Breite gehen, durchaus in der Lage sind, verschiedene Begründungen heranzuziehen, und wenn sie ihre eigene Position wieder begründen sollen, offensichtlich all diese Begründungen wieder vergessen und auf ganz andere Kategorien zurückgreifen. Wie dies zusammenhängt, darüber wissen wir auch noch viel zu wenig.

Interviewer: Man kann an der Stelle noch einmal weiter fragen. Es gibt ja auch einen Prozess innerhalb von Lerngruppen, also, es ist ja nicht nur so, dass der Einzelne sein Urteil quasi analytisch ausdifferenziert und dann gewichtet zu einem eigenen kommt, sondern es gibt ja innerhalb der Gruppe auch Prozesse, kommunikative Prozesse, diskursive Prozesse, die diese Urteilsbildung beeinflussen. Gibt es da auch Widersprüche, dass eben eine Diskussion Urteilsbildung verhindert oder dass kulturelle Unterschiede da sehr stark eine Rolle spielen? Also, meine Frage: Hat man einen Standpunkt relativ schnell im Bereich von sozialen oder politischen Urteilen, nach deiner Erfahrung, der sich dann durch Lernprozesse nicht sehr variabel weiterentwickeln lässt? Oder, was sind so die harten Anhaltspunkte, mit denen Schülerinnen und Schüler oder Studentinnen und Studenten argumentieren, wenn sie dann zu wirklich eigenen Positionen kommen?

Peter Massing: Also, zunächst einmal zum ersten Teil deiner Frage, bin ich fest davon überzeugt, dass es Unterschiede gibt. Ich bin auch davon überzeugt, dass es nicht nur

Unterschiede zwischen den Kulturen, sondern auch Unterschiede zwischen Männern und Frauen gibt. Das müsste man einfach einmal näher erforschen. Man könnte zum Beispiel alle Unterrichtsstunden, die wir haben, auch einmal in Bezug auf Urteilsbildung reinterpretieren und dabei einen besonderen Blick auf Unterschiede der Geschlechter werfen. Es ist natürlich auch so, dass bestimmte Kommunikationsprozesse innerhalb einer Klasse die Urteilsbildung beeinflussen. Also, es gibt sicherlich Schülerinnen und Schüler, die sich der Mehrheitsmeinung ganz schnell anschließen, obwohl es gar nicht ihre eigene Position ist. Es gibt sicherlich Schülerinnen und Schüler, die schüchtern sind und deshalb sich der Position von den Schülerinnen und Schülern anschließen, die nicht so schüchtern sind. Es gibt sicherlich welche, die nur deshalb eine andere Position haben, weil sie sich vom Rest der Klasse abgrenzen wollen. Also, all dies beeinflusst natürlich die Urteilsbildung. Darüber wissen wir im Grunde genommen auch noch viel zu wenig. Also insofern, denke ich, gibt es Unterschiede. – Jetzt habe ich den zweiten Teil der Frage vergessen.

Interviewer: Ob sich das blockiert? Die inhaltliche Ebene, dass man Kriterien formuliert, und solche gruppendynamischen Prozesse?

Peter Massing: Du wolltest wissen, was sozusagen die Kriterien sind, mit denen Schüler in der Regel ihr persönliches Urteil fällen. Ich denke, Schülerinnen und Schüler, Studentinnen und Studenten, aber auch Lehrerinnen und Lehrer, im Grunde genommen alle, die Urteile fällen, beurteilen Entscheidungen zunächst einmal im Hinblick auf die ganz konkreten Auswirkungen, die diese politischen Entscheidungen für sie haben. Das heißt also, sie beurteilen sie sehr stark von ihren Interessen her, nach dem Motto: Nützt mir die Entscheidung etwas? Schadet mir die Entscheidung etwas? Berührt mich diese Entscheidung? Tangiert sie mich überhaupt nicht? Das sind zentrale Fragen. Dann gibt es sicherlich auch Reste von Ideologien, die die Urteilsbildung beeinflussen. Des Weiteren undifferenzierte moralische Vorstellungen. Ist etwas gut? Ist etwas schlecht? Ohne dass man ausreichend begründen könnte, warum dies gut oder warum dies schlecht ist. Also, das ist meines Erachtens der harte Kern und je nachdem, wie stark solchen ideologischen Reste wirken, je nachdem wie stark jemand in seinen eigenen Interessen betroffen ist, um so schneller kommt er zu einem positiven oder negativen Urteil und um so schwieriger wird es, ihn dahin zu bringen, dieses Urteil vielleicht noch einmal zu überdenken. Am einfachsten ist es immer bei politischen Entscheidungen oder bei politischen Problemen, mit denen man wenig zu tun hat oder die einen wenig betreffen. Da kann man am distanziertesten, am reflektiertesten und am differenziertesten urteilen. Je näher eine politische Entscheidung der eigenen Person ist, je stärker man von einer politischen Entscheidung betroffen ist, um so stärker führen natürlich solche individuellen Interessen, auch moralische Vorstellungen, zu einem sehr schnellen Urteil und auch zu einem Urteil, das dann über Unterricht nur noch wenig korrigierbar ist.

Interviewer: Letzte Frage. Du hast ja die beiden Stunden aus den neunten Klassen gesehen und auch gefilmt: Wie würdest du diese Lernprozesse in diesen neunten Klassen beschreiben, analysieren, bewerten, aus deiner Sicht als jemand, der in der Hochschule die Ausbildung hier leitet und durchführt?

Peter Massing: Also, wenn man diese beiden neunten Klassen miteinander vergleicht, muss man sagen – oder zumindest einmal eine Hypothese formulieren, diese Hypothese würde lauten, dass diese beiden neunten Klassen einen sehr unterschiedlichen Politikunterricht erfahren haben. Was unmittelbar deutlich wird, ist, dass die eine neunte Klasse [9E] diesen Fall Pinochet sehr moralisch beurteilt, auch sehr moralisierend, sehr emotional beurteilt und auch kaum in der Lage ist, sich von dem Fall zu distanzieren und vielleicht andere Gesichtspunkte in irgendeiner Weise zu berücksichtigen. Während die andere neunte Klasse [9F] in ihrer Urteilsbildung auf der einen Seite distanzierter ist, auf der anderen Seite aber auch sehr unterschiedliche Kategorien und Ebenen mit in ihre Urteilsbildung einfließen lässt. Also, sowohl die Kategorie Effizienz als auch die Kategorie Legitimität. Das ist zunächst einmal nicht bei allen der Fall, sondern nur bei einigen Schülerinnen und Schülern. Aber durch die Diskussion in der Klasse, dadurch dass die anderen Schülerinnen und Schüler mit anderen Begründungen, mit anderen Urteilsmöglichkeiten vertraut gemacht werden, entsteht in dieser Klasse ein Lernprozess. Das heißt, ein Teil der Schüler, der vorher ebenfalls sehr stark emotional geurteilt hat und auch sehr stark moralisch geurteilt hat und auch sehr schnell mit seinem Urteil war, ist plötzlich doch sehr viel vorsichtiger, sehr viel nachdenklicher geworden und hat zumindest einmal eingesehen, dass es offensichtlich andere Möglichkeiten gibt, diesen Fall einzuschätzen. Während bei der anderen Klasse nach meinem Eindruck überhaupt kein Lernprozess stattgefunden hat. Die waren von Anfang an sehr moralisch und haben sich in der moralischen Verurteilung gegenseitig gestärkt. Da waren sie am Anfang und da waren sie auch am Ende der Unterrichtsstunde. Da hat sich nichts bewegt, da war kein Schüler, meiner Erinnerung nach, der einfach einmal gesagt hätte, wir müssen noch mal mehr darüber nachdenken, vielleicht stärker reflektieren, aus der Distanz das betrachten, sondern man hat sich eigentlich immer in diesem moralischen Kreis gedreht und hat sich da drin auch ganz wohl gefühlt.

Interviewer: Vielen Dank für das Interview.**

**Das Interview wurde 16.6.2000 am Fachbereich Politik- und Sozialwissenschaften der Freien Universität Berlin von Hans-Werner Kuhn und Kerstin Pohl aufgezeichnet.

Hans-Werner Kuhn

Professionelle Urteile in Tageszeitungen

„Von Journalisten lernen,
heißt siegen lernen"

Das ironisch gemeinte Motto verweist auf einen Zusammenhang, der merkwürdigerweise in der politikdidaktischen Diskussion m.E. noch nicht ausreichend erkannt wurde: den Zusammenhang zwischen Journalismus und Didaktik. Neben der Tatsache, dass Lehrerstudentinnen und -studenten bei der Formulierung von „didaktischen Perspektiven", Themen, Fragestellungen und provokanten Thesen vom Journalismus etwas für ihren Unterricht lernen können, gibt es einen grundsätzlicheren Zusammenhang, auf den Ludwig Duncker hinweist:

„Den Journalismus ... und die Didaktik verbindet eine aufklärerische Absicht. ... Sie möchten auf Dinge hinweisen, die wichtig sind und unsere Aufmerksamkeit verdienen und deren Kenntnis eine Bereicherung verspricht – als Information und Meinungsvielfalt, als Partizipation an Kultur und Politik, als Möglichkeit für Bildung. Der Journalismus wie auch die Didaktik wählen Themen aus, bereiten sie adressatengerecht auf, wollen eine Sache verständlich und nachvollziehbar darbieten, sie müssen die eigenen Zugangsweisen und Perspektiven offen legen, nicht zuletzt wollen sie auch Rückmeldungen einholen über die Wirkungen, die sie erzielen. Kommunikation und Dialog, Wissen und Kritik, Standpunkt und Überzeugung sind Kategorien, die die Verwandtschaft beider Disziplinen erkennen lassen und die verdeutlichen, dass sowohl der Journalist etwas von Didaktik verstehen muss wie auch der Didaktiker etwas von journalistischen Methoden. Die Erweiterung in den Bereich der Methode hinein und die damit verbundene Erwartung, dass sich im Umgang mit Entstehungs- und Verarbeitungsprozessen von Wissen und Information eine methodische Kompetenz steigern lässt, überschreitet den bislang primär thematisch ausgerichteten Umgang mit journalistischen Formen und Schule und Unterricht" (156-157).[1]

Auffällig erscheint nicht nur der Hinweis auf gemeinsame Kategorien, sondern ebenso die analoge Intention. Was hier als „aufklärerische Absicht" bezeichnet wird, kann sicher auch auf rationale politische Urteilsbildung übertragen werden.

Am Beispiel von vier Zeitungskommentaren sollen professionelle Urteile über politische

Ereignisse und Sachverhalte analysiert werden. Alle vier erschienen am Tage nach Pinochets Abschiebung von Großbritannien nach Chile.

Wenn eine der unterrichtlichen *Strategien* darin besteht, über „Umwege", also über Urteile anderer, die Anbahnung von Urteilskompetenz bei den Schülerinnen und Schülern zu unterstützen, dann spielen neben den politischen Akteuren, also den Politikerinnen und Politikern selbst, die Journalistinnen und Journalisten eine zentrale Rolle. Wie urteilen sie in Kommentaren auf den Meinungsseiten von Tages- und Wochenzeitungen? Welche Kriterien bzw. Kategorien legen sie zugrunde?

Implizit stellt sich von Seiten der Politikdidaktik zusätzlich die Frage: Lassen sich in journalistischen Urteilen Teile oder Kernstücke der fachdidaktischen Konzepte zur Urteilsbildung wiederfinden? Oder: Besitzen sie aufgrund ihrer professionellen Sichtweise zusätzliche oder anders gewichtete Kriterien? Hängen die Kriterien ganz wesentlich vom „Standort" der Zeitung ab? Eine Reihe von offenen Fragen.

Beispiel 1

Pinochet, der Prototyp

Trotz seiner Freilassung hat Chiles Ex-Diktator verloren und wird zum abschreckenden

Von Stefan Ulrich. Er kam als Ehrengast und geht als Altlast. Als Augusto Pinochet im September 1998 in London eintraf, wurde er von Regierungsvertretern willkommen geheißen und freute sich auf das Tee-à-Tee mit der eisernen Freundin Margaret Thatcher. Am Donnerstag musste er die britische Hauptstadt durch den Hinterausgang verlassen, genauer durch die Hintertür der Villa, in der er unter Hausarrest lebte. Dazwischen liegen 17 Monate, die Pinochet, sein Land und die internationale Politik veränderten. Auf seinem Heimflug über den Atlantik hat Chiles früherer Herrscher Zeit, über diesen Wandel nachzudenken.

Wenn dem Greis noch etwas Klarheit im Denken geblieben ist, muss er zu dem Schluss kommen, dass er verloren hat und die chilenische Demokratie und die Gerechtigkeit gewonnen haben. Bis zu seiner Festnahme hing sein Schatten über Chile, nun ist er nur noch ein Schatten seiner selbst. Zwar ist der Alt-Diktator noch Senator auf Lebenszeit, doch selbst die Rechtsparteien sind von ihm abgerückt. Der Justiz liegen Dutzende Klagen gegen ihn vor. Am meisten aber muss es ihn schmerzen, in ein Land heimzukehren, das bald wieder von einem leibhaftigen Sozialisten regiert werden wird: In gut einer Woche tritt Ricardo Lagos, Sieger der Präsidentschaftswahl, sein Amt an. Eine Ironie der Geschichte, denn Pinochet hatte 1973 den sozialistischen Präsidenten Salvador Allende gestürzt und stets versucht, seine lange, brutale Herrschaft mit dem Kampf gegen den Sozialismus zu rechtfertigen.

Großbritannien hat also einiges bewirkt mit dem Auslieferungsverfahren gegen Pinochet, auch wenn es an dessen Freilassung wegen Verhandlungsunfähigkeit nun Kritik geben wird. London hat Chile geholfen, sich von seiner Vergangenheit zu lösen; und es hat dem Völkerstrafrecht geholfen, schlagkräftiger zu werden. Was immer aus Pinochet werden wird – er kann künftig als abschreckendes Beispiel dienen. Sein Fall zeigt, dass eine alte Regel nicht mehr gilt. Diktatoren sind nicht mehr tabu. Erwartete sie bisher nach einem Sturz oft ein süßes Gnadenbrot im Exil, so müssen sie künftig mit Gefängnis-Graubrot rechnen.

Dies erfuhr bereits Hissens Habre, der frühere Herrscher des Tschad. Jahrelang lebte er unbehelligt im Senegal, nun wird ihm dort der Prozess gemacht. Und wenn Frankreichs Politiker sich heute über Pinochets Freilassung empören, so können sie schon morgen an ihren Worten gemessen werden. Denn bisher gewährte Paris frankophonen Staatsverbrechern gerne Asyl. Bokassa, Kaiser und Menschenfresser von Zentralafrika, durfte nach seinem Sturz in einem Schloss in Frankreich Hof halten; Mobutu, Plünderer des Kongos, residierte in einem Prachtpalast an der Cote d'Azur. Solche Generosität wird sich Paris nicht mehr leisten können – Pinochet sei Dank. Und noch einen weiteren Effekt hat das Ende der Straflosigkeit. Wenn verbrecherische Regime künftig vor Gericht kommen können, dann müssen ihre Kollaborateure im Westen mit peinlichen Enthüllungen rechnen. Dies dürfte sie zu mehr Zurückhaltung im Umgang mit Diktaturen bewegen. Die USA etwa würden einen Putschisten Pinochet heute wohl kaum mehr so offen unterstützen.

Eine strenge Weltjustiz hat natürlich auch Nachteile. Sie ist unbequem. Sie erschwert den Verkehr zwischen den Staaten. Wer mit Verhaftung rechnen muss, traut sich nicht mehr aus dem Land und fällt als Verhandlungspartner aus. Andererseits ist zu fragen, ob Männer wie Bokassa, Idi Amin oder Pinochet Partner sein dürfen. Wenn die Weltgemeinschaft ihre zahllosen Bekenntnisse zu den Menschenrechten ernst nimmt, muss sie eine Tabulinie ziehen: Staaten-Souveränität und Staatsmänner-Immunität enden, wo Völker unterdrückt, versklavt oder ausgerottet werden.

Hinzu kommt: Die Schurken der Welt sind nicht nur moralisch, sondern auch politisch schlechte Partner. Auf ihr Wort ist kein Verlass. Dies demonstrieren die Herren in Belgrad und Bagdad. Gewiss, auch sie gehören an den Verhandlungstisch. Aber nicht im Konferenz-, sondern im Gerichtssaal. Pinochets London-Ausflug hat es wahrscheinlicher gemacht, dass sie einmal dort landen werden.

(Quelle: Süddeutsche Zeitung vom 3.3.2000)

Kurzanalyse Beispiel 1: Pinochet, der Prototyp

In der Schlagzeile und im Untertitel werden zugleich ein Widerspruch und eine Bewertung formuliert: die Bezeichnung als „Prototyp" erinnert an die Folgen des Falles. Wenn ein Prototyp als tauglich getestet wurde, kann die Serienproduktion beginnen. Ins Politische übersetzt: wenn über den Fall Pinochet internationales Recht und internationale Politik durchsetzungsfähiger werden, hat dies Konsequenzen für weitere Ex-Diktatoren. Der Widerspruch zwischen Freilassung und „abschreckendem Beispiel" wird im Text dahingehend aufgelöst, dass diese Bewertung an demokratiebezogenen Kriterien festgemacht wird.

Der Text beschreibt am Anfang den Wandel in Chile und in der internationalen Politik in den 17 Monaten, die Pinochet im Großbritannien unter Hausarrest stand. Dabei kommt er zum Ergebnis, dass der ehemalige Diktator verloren habe. Demgegenüber hätten die „chilenische Demokratie" und die „Gerechtigkeit" gewonnen. Der Fall wird also auf zwei Ebenen angesiedelt, die ohne direkten Einfluss aufeinander bestehen. Die Demokratie in Chile, die mit ihrer Vergangenheit als Militärdiktatur umgehen müsse, und die internationale Politik, die Regeln aufstellen und deren Durchsetzung sichern müsse.[2]

Der Verfasser stellt fest, Großbritannien habe Chile geholfen, sich „von seiner Vergangenheit zu lösen".

Ein zweites Verdienst komme Großbritannien zu: es habe dem Völkerrecht geholfen, schlagkräftiger zu werden. Dahinter steckt das Effizienzkriterium politischer Entscheidungen.

In einer abwägenden Betrachtung werden im nächsten Abschnitt die Folgen (ein anderer Diktator stehe unter Hausarrest), die potentiellen Effekte (die Kollaborateure von Militärdiktaturen im Westen[3] – wie Frankreich oder die USA – würden vorsichtiger) und die Nachteile (eine strenge Weltjustiz würde die internationalen Beziehungen erschweren) gegenübergestellt.

Aus universalistischer Perspektive wird herausgestellt, die „Weltgemeinschaft" müsse sich nicht nur zu den Menschenrechten bekennen, sondern zugleich eine „Tabulinie" ziehen: „Staaten-Souveränität und Staatsmänner-Immunität enden, wo Völker unterdrückt, versklavt oder ausgerottet werden".[4]

Im letzten Abschnitt verknüpft der Kommentar punktuell moralische und politische Aspekte: unter *beiden* seien Diktatoren „schlechte Partner", mit denen zwar verhandelt werden könne, die aber letztlich vor Gericht zu stellen seien.

Der Schlusssatz verweist perspektivisch darauf, dass durch den Fall Pinochet die gerichtliche Verfolgung von Menschenrechtsverletzungen „wahrscheinlicher" geworden sei.

Insgesamt nimmt der ausführliche Kommentar die Perspektive der Weltgesellschaft ein, ordnet den Fall über die nationalstaatliche Sicht aus Chile und Großbritannien hinaus in den Kontext von Demokratie und internationaler Politik und bewertet die Fortschritte im Völkerrecht unter transparent gemachten politischen Kriterien.

Beispiel 2

Europas Schande

Augusto Pinochet auf dem Weg nach Chile

Ingo Malcher: Auch seine letzte Schlacht hat der General gewonnen. Pinochet kehrt zurück nach Chile, ohne dass ihm in Europa der Prozess gemacht wurde. Eine politische Farce. Nichts an der Entscheidung, Pinochet freizulassen, war juristisch. Alles war politisches Kalkül. Niemand wollte Pinochet bei sich im Land sterben sehen. Warum eigentlich?

Pinochet kann das nur freuen. Er kehrt als Sieger nach Chile zurück. Und seine präpotenten Anhänger feiern schon den Sieg. Niemals haben sie es in Zweifel gezogen, dass sie im Recht sind, niemals haben sie sich hinterfragt. Nein, Pinochet bleibt für sie der Retter des Vaterlands vor dem Kommunismus. Mit soldatischer Sturheit dreschen sie weiterhin ihre alten Phrasen. Alles sei Lüge, nie hätte es Tote während Pinochets Zeit als Präsident gegeben und wenn, dann waren es ohnehin „nur Hurensöhne". Und ein solcher war auch der demokratisch gewählte Sozialist Salvador Allende, der von Pinochet aus dem Präsidentenpalast gebombt wurde. Für die Anhänger Pinochets, und es sind nicht wenige, war es Pinochet, der dem Land die Demokratie brachte – in 17 Jahren Militärdiktatur. Es sind diese sturen Extremrechten, die heute den Sieg davontragen – mit Hilfe von New Labour. Jetzt ist für sie bewiesen, was sie immer geglaubt haben: Wir sind im Recht.

Dabei hat Pinochet nur glaubhaft machen können, dass er krank ist. Nicht unschuldig. Wichtig aber bleibt das Ergebnis: Pinochet, der einst die chilenische Demokratie zerstörte, der über 3.000 Menschen ermorden ließ und unzählige ins Exil trieb, ist ein freier Mann. Der Triumph gehört dem General. Und aller Voraussicht nach wird Pinochet ein freier Mann bleiben. Wer zu krank ist, einen Prozess in Spanien zu überstehen, der kann auch keinen in Santiago überstehen. Aber das liegt ohnehin außerhalb jeglicher Einbildungskraft. Als Senator auf Lebenszeit kann er juristisch nicht belangt werden. Außerdem hat Pinochet vorgesorgt. In der von ihm selbst geschriebenen und noch heute gültigen Verfassung hat er eine Amnestie für während der Diktatur begangene Verbrechen bestimmt. Er ist also doppelt abgesichert.

Als ehemaliger Militärangehöriger wäre zudem ein Militärgericht für ihn zuständig. Und das Militärgericht, das den Übervater aller chilenischen Militärs auf die Anklagebank zitiert, muss erst noch geschaffen werden. Somit bleibt es dabei: London war des Generals letzte Schlacht. Und er hat sie gewonnen.

(Quelle: TAZ vom 3.3.2000)

Kurzanalyse Beispiel 2: Europas Schande

Im Text wird Pinochets Rückkehr ohne Prozess als politische Farce bezeichnet. „Nichts an der Entscheidung ... war juristisch. Alles war politisches Kalkül.“ In diesem Zitat wird das Spannungsverhältnis zwischen Recht und Politik angesprochen, das konstitutiv ist für politische Sachverhalte. In der Kritik wird konsequent die einseitige Auflösung dieses Spannungsverhältnisses zugunsten einer bestimmten degenerierten Art von Politikmachen angeprangert („Kalkül“).

Die Anhänger Pinochets fühlen sich im „Recht“.

Wie bereits in der Schlagzeile angedeutet richtet sich die Kritik der TAZ nicht allein auf die britische Regierung, vielmehr wird Gesamteuropa in die Verantwortung einbezogen. Dennoch verschärft sich die Kritik dadurch, dass hier eine links-liberale Regierung (New Labour) eine rechte Position unterstützt.

Die unterschiedlichen Urteile, die (im Kommentar) zur Person Pinochets genannt werden, reichen von Bewunderung („Retter des Vaterlandes“) bis zur Qualifizierung als Diktator und Folterknecht.

In seinem Status als Senator auf Lebenszeit erscheine er relativ unangreifbar. Die gültige Verfassung Chiles gewähre ihm und seinen Gefolgsleuten Amnestie. Zuständig wäre allenfalls ein Militärgericht. Dessen „Urteil“ erscheine voraussehbar und für Pinochet wenig gefährlich. Im Schlussstatement kommt der Kommentar der TAZ zum Ergebnis: die Ausreise ohne Prozess sei für Pinochet ein Sieg, ein Triumph, er selbst sei ein freier Mann.

Beispiel 3

Demokratie und Demenz

Wenn einer gefoltert wurde in der Diktatur des Augusto Pinochet; wenn eine Mutter ihr Kind an den Terror des Verbrechers verloren hat: dann haben sie alles Recht zur Empörung darüber, dass der Verursacher ihres Leidens als freier Mann nach Chile zurückkehrt. Und der Ekel aufgeklärter Menschen ist nur zu berechtigt, wenn der Mann zu Hause, freundlich unterstützt von der Armee, mit deutscher Marschmusik empfangen wird.

Wer aber das Privileg hat, aus größerer Distanz als die Opfer auf den Fall Pinochet zu schauen, der wird schnell auf etwas stoßen, das – letzten Endes auch im Sinne der Betroffenen – von noch größerer Bedeutung ist: Rechtsstaat und Demokratie können und wollen ihren Gegnern nicht mit gleicher Münze heimzahlen. Es mag in London politische Rücksichten gegeben haben, die in ein Auslieferungsverfahren nicht gehören. Letzten Endes aber lautet die doppelte Botschaft der vergangenen 16 Monate: Wir lassen – erstens – Verbrecher, auch Staatsverbrecher, nicht einfach in der Weltgeschichte herumlaufen. Das ist ein Meilenstein in der Entwicklung internationalen Rechts und seiner Anwendung. Zweites aber: Jeder hat das Recht auf ein regelrechtes Verfahren. Auch vom Verbot, einen Verhandlungsunfähigen vor Gericht zu stellen, darf es keine Ausnahmen geben. Willkür und Rache bleiben Diktatoren überlassen.

So hat, in der Abfolge von Festnahme, Verfahren und Freilassung, Demokratie ihre Überlegenheit bewiesen. Dass Pinochet das nie begreifen wird, mag man mit seiner amtlich notierten Altersdemenz erklären. Dass er in Chile noch jubelnde Anhänger hat, ist eine politische Krankheit. Aber die gehört nicht vor Gericht.

bel

(Quelle: Frankfurter Rundschau vom 3.3.2000)

Kurzanalyse Beispiel 3: Demokratie und Demenz

Der Kommentar beginnt mit einer Wenn-Dann-Aussage, die die Bedingungen der moralischen „Empörung" benennt. Im Allgemeinbegriff des „aufgeklärten Menschen" – welche Leserin, welcher Leser wollte das nicht sein – konzentriert sich diese Empörung als „Ekel". Das Adjektiv „berechtigt" wird sogar noch gesteigert: in die Form „zu berechtigt".

Dieser erste Abschnitt thematisiert die Legitimität moralischer Empörung aus der Perspektive der Opfer und kommt von daher zu einem stringenten Urteil.

Im zweiten Abschnitt wird in dialektischer Denkart eine Gegenposition bezogen. Diese ergibt sich nur für den, der als „Privileg" aus „größerer Distanz" urteilen kann. Aus dieser distanzierten Beobachterrolle – auch diese nehmen die Leserinnen und Leser ein – verschieben sich die Gewichte: Rechtsstaat und Demokratie werden der Moral gegenüber gestellt. Sie sind anderen Prinzipien verpflichtet und „können und wollen ihren Gegnern nicht mit gleicher Münze heimzahlen". Der Abschnitt enthält zweimal den modalen Ausdruck „letzten Endes": Die Zeitperspektive spielt bei Urteilen immer eine Rolle, aus der zeitlichen [auch sozialen, geografischen usw.] Distanz – so die Behauptung – fällt auch das Urteil der Betroffenen anders aus.

Eine doppelte positive „Botschaft" würde der Fall Pinochet enthalten: Staatsverbrecher würden international verfolgt. Dies wird als „Meilenstein in der Entwicklung internationalen Rechts" bezeichnet. Zweierlei wird impliziert: zum einen, dass es auf dem Feld des internationalen Rechts – wesentlich aufgrund der Tradition des souveränen Nationalstaates[5] – zahlreiche Unwägbarkeiten gibt, die die Auslegbarkeit des Rechts immer auch an nationale Interessen, Mentalitäten und Situationsbedingungen bindet. Zum zweiten – und das drückt sich im kurzen Nachsatz „und seiner Anwendung" aus – besteht auf internationalem Feld die Schwierigkeit, Recht auch konsequent anwenden zu können. Hier scheint wohl der größere Fortschritt erfolgt zu sein.

Die zweite Botschaft sichert Grundsätze des Rechtsstaates auch Diktatoren zu, u.a. zählt hierzu das Verbot, einen Verhandlungsunfähigen („Altersdemenz") vor Gericht zu stellen, und dies ohne Ausnahme.

Im dritten Abschnitt folgt zusammenfassend die dezidierte Bewertung: Demokratie habe in den Stationen des Falles Pinochet „ihre Überlegenheit bewiesen" (Systemperspektive). Dass Pinochet und seine Anhänger das anders bewerten, sei eine „politische Krankheit", aber kein juristisch relevanter Sachverhalt.

Die dialektische Grundstruktur dieses Kommentars lässt sich deutlich herausarbeiten; man kann sie zugleich als eine Strategie bezeichnen, zu *abgewogenen*, eigenständigen Urteilen zu gelangen. Kriterien sind dabei sowohl moralische Aspekte als auch politische Kategorien (Rechtsstaat, Demokratie). Zugleich wird der Perspektivenwechsel deutlich: Opfer und distanzierte Beobachter[6] urteilen notwendigerweise unterschiedlich, die stärkere Gewichtung politischer Kriterien gibt letztlich den Ausschlag, die positiven Botschaften des Falles hervorzuheben.

Beispiel 4

Verschobenes Problem

Pinochet darf nach Chile ausreisen

Ch.B.: Innenminister Jack Straw und seine britischen Regierungskollegen werden aufatmen. Augusto Pinochet hat das Land verlassen. Das leidige Problem, einen Ex-Diktator beherbergen zu müssen, ist nach 16 Monaten vom Tisch. Zu verdanken hat das London den Ärzten, die dem 84-Jährigen Prozessunfähigkeit attestierten. Den Schwarzen Peter hat jetzt die chilenische Regierung. Keine angenehme Aussicht. Denn die Blicke zumindest eines Teils der Weltöffentlichkeit sind nun auf Santiago gerichtet. Dem sozialistischen Staatspräsidenten Ricardo Lagos, der in wenigen Tagen offiziell sein Amt antritt, stehen schwere Wochen und Monate bevor. Er hat sich mit seinem Versprechen, Pinochet den Prozess zu machen, selbst in Zugzwang gebracht. Seine Glaubwürdigkeit steht auf dem Spiel, nach innen und nach außen. Und es spricht vieles dafür, dass er einiges von ihr verlieren wird. Denn ohne weiteres kann Pinochet nicht der Prozess in seiner Heimat gemacht werden. Er genießt als Senator Immunität auf Lebenszeit. Seine Anhänger werden dafür sorgen, dass dies so bleibt. Das ist bitter für die Opfer des Diktators. Lagos wird das zu spüren bekommen. Ein Staatschef, der sein Versprechen nicht halten kann. Ein schlechter Start.

(Quelle: Der Tagesspiegel vom 3.3.2000)

Kurzanalyse Beipiel 4: Verschobenes Problem

Der kurze Kommentar im Berliner Tagesspiegel geht in seiner Schlagzeile auf die Folgeprobleme (Politikzyklus!) der Entscheidung ein, Pinochet aus Großbritannien ausreisen zu lassen. Er siedelt sprachlich das „verschobene Problem" auf der sozialen Ebene an, indem er aus der vermuteten Sicht der Akteure geschrieben ist (Der britische Innenminister würde aufatmen, dies hätte er den Ärzten zu verdanken, die das „leidige Problem" sozusagen außer Landes gebracht hätten – das erinnert an Abschieben und Abwickeln). In diesem Spiel hätte nun die chilenische Regierung den „Schwarzen Peter". Diese Metapher aus der Welt von Kinderspielen charakterisiert treffend die Situation: keiner will ihn haben, dennoch muss es einen bzw. eine geben, die am Ende schwarz angemalt wird.

Damit wird die chilenische Regierung zum Hauptakteur,[7] das interessierte Forum bildet die „Weltöffentlichkeit". Die „List der Vernunft" (Hegel) in der Weltgeschichte hat es zudem noch dazu gebracht, dass der neue sozialistische Staatspräsident Ricardo Lagos in einem Dilemma stehe: einerseits habe er versprochen, Pinochet in Chile den Prozess zu machen, andererseits genieße der Ex-Diktator aber als Senator Immunität auf Lebenszeit. Die politische Entscheidung sei damit eine Frage der „Glaubwürdigkeit" des Präsidenten, der in diesem „Spiel" eigentlich nur verlieren könne. Die Macht der Anhänger Pinochets sei zudem größer als die der Opfer. Zentrales Kriterium bildet in diesem Kommentar die in Frage gestellte „Glaubwürdigkeit", also ein Aspekt der übergreifenden Legitimität.

In diesem vierten Beispiel lassen sich in Ansätzen die Stationen des Politikzyklus (Problem – (angedeutet:) Auseinandersetzung – (mögliche) Entscheidung – Folgeproblem) nachvollziehen, insbesondere das Dilemma der Akteure (Politiker) und wie sie damit umgehen (können).

Vergleich der vier Kommentare

Auf den ersten Blick erscheinen die in den vier Kommentaren aufgestellten Urteile völlig disparat und willkürlich. Betrachtet man sie aber genauer, so lassen sich folgende (Tiefen-) Strukturen erkennen:

- inhaltlich gibt es ein großes Überschneidungsfeld in den vier Kommentaren; der gemeinsame Anlass, die Ausreise Pinochets am 2. März 2000, führt die Journalisten zu Bewertungen und Einschätzungen, die sich im Kern auf moralische, rechtliche und politische Kriterien stützen;
- an den „Rändern" variieren die vier Kommentare beträchtlich; dies hängt mit dem politisch-ideologischen[8] Standort der jeweiligen Tageszeitung zusammen. Obwohl ein einzelner Kommentar nicht das Profil einer Zeitung abbilden kann, gibt es dennoch Indizien für weltanschauliche Tendenzen. Markant sind dabei besonders die dezidiert vorgetragenen Kritikpunkte an den Akteuren des Falles;
- formal unterscheiden sich die Kommentare im Umfang; er reicht von einem einzelnen (Tagesspiegel) bis zu sechs Abschnitten (Süddeutsche);
- strukturell differenziert der Aufbau in charakteristischer Weise. Wie die Kurzanalysen belegen, zeichnet sich der Kommentar der FR durch eine dialektische Denkweise aus, der Tagesspiel-Kommentar siedelt das Problem auf der sozialen, im zweiten Schritt auf der politischen Ebene aus der Sicht der Hauptakteure an (britischer Innenminister, chilenischer Staatspräsident). In der TAZ wird aus europäischer Perspektive kommentiert („Europas Schande"). Die größte Komplexität enthält der Kommentar der Süddeutschen, hier wird der Fall nicht nur aus britischer und chilenischer Sicht bewertet, sondern darüber hinaus kommen universalistische Prinzipien („Gerechtigkeit", „Weltgemeinschaft") ebenso ins Spiel wie außenpolitische Kalküle;
- argumentativ kann die Leserin/der Leser sich mit den vorgestellten Beurteilungen des Falles auseinandersetzen, da in allen vier Kommentaren die Kriterien[9] entweder explizit genannt werden oder implizit erschlossen werden können;
- kategorial werden in allen Kommentaren moralische (z.B. Opferperspektive), rechtliche (z.B. Völkerrecht) und politische Aspekte (z.B. Stabilität des internationalen Systems) nicht nur analytisch unterschieden, sondern auch in ein gewichtetes Verhältnis zueinander gebracht – eine notwendige Voraussetzung für politische Urteilsbildung.

Damit gelangt die didaktische Analyse der vier Zeitungskommentare zu ihrem Kern: Welche Urteile werden formuliert und wie werden diese begründet? Was kann daraus für die Anbahnung von Urteilskompetenz im Politikunterricht gelernt werden?[10]

Eine (unvollständige) Liste der Urteile in den Kommentaren:
- Chiles Ex-Diktator hat trotz seiner Freilassung verloren (Süddeutsche)
- Die chilenische Demokratie und die Gerechtigkeit haben gewonnen (Süddeutsche)
- Großbritannien hat Chile geholfen, sich von seiner Vergangenheit zu lösen (Süddeutsche)
- Die Kollaborateure von Diktatoren dürften zurückhaltender werden (Süddeutsche)
- Pinochet hat seine letzte Schlacht gewonnen (TAZ)
- Die sturen Extremrechten in Chile tragen – mit Hilfe von New Labour – den Sieg davon (TAZ)
- Der Fall Pinochet ist ein Meilenstein in der Entwicklung internationalen Rechts (FR)
- Demokratie hat in der Abfolge von Festnahme, Verfahren und Freilassung ihre Überlegenheit bewiesen (FR)
- Die britische Regierung hat mit der Ausreise Pinochets das Problem an die chilenische Regierung verschoben (Tagesspiegel)

Bei den genannten Urteilen fallen die der TAZ auf, da die Frage nach „Siegern“ und „Verlierern“ hier deutlich anders beantwortet wird als in den drei übrigen Zeitungen. Während der TAZ-Kommentar noch dezidiert mit der Rechts-Links-Positionierung als Interpretationsfolie arbeitet, gehen die anderen darüber hinaus, indem sie juristische (internationales Recht), moralische und politische Kriterien unterlegen.

Als Strukturmerkmale professioneller Urteile in den ausgewählten Tageszeitungen lässt sich nach den Kurzanalysen der vier Beispiele festhalten, dass
- Kommentare bei politischen Sachverhalten spezifisch nach „Siegern“ und „Verlierern“ fragen – und damit die materiellen, sozialen und geistigen Folgen im Blick haben
- demokratietheoretische Kriterien zugrunde gelegt werden, zum einen unter der Frage der Stabilisierung der Demokratie insgesamt, zum zweiten aber auch zur Legitimierung und Bewusstmachung konstitutiver Bestandteile der Demokratie (z.B. Unabhängigkeit der Justiz)
- juristische Kriterien nie isoliert betrachtet, sondern vielmehr im Spannungsfeld von Recht und Politik angesiedelt werden, auch um Einseitigkeiten in diesem Verhältnis kritisieren zu können
- moralische Kriterien konstitutiv in politische Kontexte eingebunden werden (z.B. wenn Menschenrechte, aber auch deren Anerkennung und Durchsetzung kommentiert werden).

Damit erweist sich der Maßstab der Kritik als abhängig von der sozialen Perspektive des Kommentators, die man als distanzierten Beobachterstatus kennzeichnen kann, von der gewichteten Verknüpfung moralischer, rechtlicher und politischer Kriterien, die sich aus den Bedingungen des jeweiligen Politikfeldes ebenso ergeben wie aus grundsätzlichen demokratietheoretischen Kategorien.

Diese dreidimensionale Struktur politischer Urteile (Standort des Urteilenden, Kriterien/Werte, Politikfeld/Demokratie) bietet Ansatzpunkte zur Initiierung politischer Urteilsprozesse im Unterricht. In allen drei Dimensionen kann Politikunterricht den Schülerinnen und Schülern Hilfestellung geben, um eigene Urteile zu entwickeln, zu vertiefen, zu korrigieren oder zu begründen.

Anmerkungen

[1] Vgl. Ludwig Duncker: Das didaktische Laboratorium. Ein notwendiges Element für Lehrerausbildung und Grundschulforschung, in: Brunhilde Marquardt-Mau/Walter Köhnlein/Diethard Cech/Roland Lauterbach (Hrsg.): Lehrerbildung Sachunterricht, Bad Heilbrunn 1996, 149-168.

[2] Vgl. die Diss. von Mark Arenhövel zur Demokratisierung in Chile und Spanien (Arenhövel 1998).

[3] Dazu passt eine Aussage in einem anderen Kommentar der Badischen Zeitung vom 31.5.2000: „Damals galt der Satz: Es interessiert uns nicht, ob in einem verbündeten Staat ein Schurke regiert – Hauptsache, es ist unser Schurke."

[4] Einzig in diesem Kommentar wird die Frage der dokumentierten Unterrichtsstunden, nämlich die nach der Immunität von Pinochet, thematisiert und analog zu der Mehrheit der Schülerinnen und Schüler beider Klassen bewertet.

[5] Ein Gegenbeispiel liefert die aktuelle Diskussion um „Frauen in die Bundeswehr"; vgl. dazu: Wolfgang Janisch: Frauen in die Bundeswehr: Wo Europa zuständig ist, hat selbst das Grundgesetz das Nachsehen, in: Gegenwartskunde 1/2000, 87-91.

[6] Nach dem Modell von Peter Massing lassen sich Betroffene (Opfer, aber auch Pinochet selbst), Akteure und politisches System (hier Leserinnen und Leser, aber auch die Anhänger von Pinochet) unterscheiden. Die Zuordnung erscheint in der Realität komplexer als im Modell (z.B. gilt Pinochet als Akteur oder Betroffener?); vgl. dazu seinen Beitrag in diesem Buch.

[7] Vgl. dazu den Beitrag von Mark Arenhövel in diesem Band.

[8] Ideologie wird hier verstanden als „Zerr- oder Wunschbild" der Wirklichkeit.

[9] Dies kann als Hinweis auf das didaktische Potential der Auseinandersetzung mit „fremden", professionellen Urteilen gewertet werden.

[10] Bei einem Workshop im Rahmen des Bundeskongresses der Deutschen Vereinigung für politische Bildung in Potsdam (März 2000) stellte eine Teilnehmerin nach der Analyse der Unterrichtssequenz der Klasse 9F kritisch fest – und dies lässt sich sinngemäß auf die Zeitungskommentare übertragen –: „Jetzt wissen wir zwar, dass die Schülerinnen und Schüler moralische, rechtliche und politische Aspekte in ihren Argumentationen verwenden, aber das *(analytische)* Wissen um die Struktur von Urteilen sagt noch wenig über den Prozess der Formulierung *(synthetischer)* Urteile." – Auf die zweite Frage wird im letzten Kapitel des Buches ausführlicher eingegangen.

Hans-Werner Kuhn

Fünf Unterrichtsstrategien

Die Anbahnung politischer Urteilskompetenz kann prinzipiell mit jedem Thema und mit jeder Methode – jeweils passend zur Lerngruppe – intendiert werden. Wenn im Folgenden dennoch fünf Unterrichtsstrategien als spezifisch hervorgehoben werden, so ließe sich sowohl über die Anzahl als auch über die Ausgrenzung anderer bzw. die Abgrenzung von Strategien streiten.

Die Entscheidung für die fünf Strategien gründet sich auf mehrere Argumente:

- zum ersten hat die Sichtung fachdidaktischer Literatur u.a. ergeben, dass mit diesen Strategien „immer schon" Urteilsbildung angestrebt wurde;
- zum zweiten beruhen die fünf Strategien auf Unterrichtserfahrungen, die unter unserer Fragestellung nochmals neu betrachtet werden können;
- zum dritten ergeben die fünf Strategien tendenziell eine Stufung, die den Aufbau von Urteilskompetenz von der Primarstufe über die Sekundarstufe I bis zur Sekundarstufe II unterstützt. Da sich Urteilsbildung immer wieder neu als Herausforderung stellt und nie abgeschlossen sein kann, spielen der Prozessgedanke, d.h. besonders der kumulative Lernprozess, und die Zeithorizonte eine wichtige Rolle;
- zum vierten enthalten bestimmte Methodenkonzepte quasi immanent die fachlich-inhaltliche Aufforderung zur Urteilsbildung. Es kommt darauf an, im Meta-Unterricht eigene und fremde Kriterien zu entdecken, zu prüfen, zu gewichten und in ein vorhandenes Repertoire von politisch-rationalen Kriterien zu integrieren;
- zum fünften lässt sich festhalten, dass mit Hilfe der hier vorgestellten fünf Unterrichtsstrategien die Frage nach einem „handhabbaren Instrumentarium" (Breit) ein Stück weit beantwortet und damit die angestoßene Diskussion zu diesem „Megathema" der Politikdidaktik in Teilbereichen vorangebracht werden kann. Ob sich dieses Instrumentarium als ausreichend und konsensfähig erweisen wird, muss die Diskussion über das Konzept und letztlich die Unterrichtspraxis ergeben.

Unterrichtsstrategie 1: „Metakommunikation"

„Unter Metakommunikation versteht man den expliziten Versuch der interpersonellen Verständigung zweier oder mehrerer Kommunikationsteilnehmer über die verbale und nonverbale Kommunikation, insbesondere über die jeweils subjektiv unterlegten Interpretationen und Bedeutungsebenen; kurz: Metakommunikation ist Kommunikation über die Kommunikation" (Nonnenmacher 2000, 105).

Für Unterricht wird eine Phase der Metakommunikation nicht nur dann wichtig, wenn Störungen[1] auftreten, sondern auch, wenn am Ende einer Unterrichtssequenz das eigene Arbeiten bewertet werden soll: Die Schritte, die Methode(n), die Lernfortschritte, die Ergebnisse.[2] Im alltäglichen Politikunterricht dürfte es weniger häufig vorkommen, dass mit „selbstproduziertem Material" gearbeitet wird.[3] Sibylle Reinhardt hat dies im Zusammenhang mit ihrer Kohlberg-Rezeption an mehreren Beispielen[4] demonstriert. Sie hat ein Thema – z.B. Todesstrafe oder Kriegsdienstverweigerung oder Abtreibung – mit ihren Schülerinnen und Schülern in kontroversen Diskussionen behandelt. Die dabei formulierten Schülerurteile hat sie auf der Basis des Stufenmodells der kognitiv-moralischen Urteilsbildung (Kohlberg) erneut zum Thema gemacht, Grundlage waren ihre eigenen Mitschriften. Erst mit diesem Schritt kommt „Ordnung" (genauer: eine gewisse Rationalität) in die Argumente, da Kriterien und Bedeutungshorizonte für die Schülerinnen und Schüler erkennbar werden. Erst mit dieser Auswertung der Schülerbeiträge wird kumulatives Lernen, d.h. die Integration neuer Kriterien in ein bereits vorhandenes Urteilsrepertoire möglich. Damit kann auch ein Stück Emanzipation vorangetrieben werden. Hier das Beispiel zur Kriegsdienstverweigerung bzw. zum Wehrdienst:[5]

Argumente-Sammlung: Wehrdienst verweigern oder nicht?

gegen Wehrdienst	**für Wehrdienst**
Beim Bund ist man meist weg von zu Hause – das ist kein Argument: man kann Glück haben, Verein kann einen anfordern etc. – das Argument zieht nicht, aber es ist ein Argument – das ist kein Argument: Krankenhaus kann auch weit weg sein Wehrdienst ist oft Gammelei, Schikane, Unsinn Zivildienst ist wichtiger Die Verteidigung dieses Landes ist nicht lohnenswert Wehrdienst ist Training zum Töten, zum Krieg; entsprechend wahnsinnig ist auch die Befehlsstruktur (Befehl-Gehorsam) Verweigerung ist der Beginn des Abbaus von Rüstung und des Abbaus von Feindbildern. Es wäre der Anfang eines Prozesses im internationalen Maßstab. ‚Russen' sind vorgeschobenes Argument	Man kriegt beim Bund mehr Sold als beim Zivildienst Es ist bequemer, zum Bund zu gehen Verweigern ist peinlich Die Bundeswehr ist nötig, sonst wird die Bundesrepublik erpressbar Die Strategie ist ein Friedenskonzept, das für schon mehr als 30-jährigen Frieden in Europa gesorgt hat Die Bundeswehr ist eine Tatsache – man sollte hingehen, damit sie nicht von der Bevölkerung isoliert wird und damit Militarisierung verhindert wird

Ein weiteres Beispiel stammt vom Schulversuch „Demokratie und Erziehung in der Schule (DES)“ in Nordrhein-Westfalen (Lutter-Link/Reinhardt 1993). Der „Export einer Chemiefabrik“ wird im Sinne von Meta-Unterricht in der Weise behandelt, dass nach einer spontanen Diskussion des Dilemmas die Argumente auf Wandzeitungen zusammengefasst und in Gruppen nochmals zum Gegenstand gemacht werden. Dabei erfolgt eine genauere Begründung und Gewichtung der individuellen Argumente (vgl. 1993, 36).

Im Ergebnis lassen sich drei Kriterien herausarbeiten, die für die Schülerinnen und Schüler bedeutsam sind: Die Frage der Schuld, die Frage der Betroffenheit und die Frage der Interessen.[6]

Mehrere Aspekte dieser Unterrichtsstrategie erscheinen mir weiterführend:

1. Aufgrund der Tatsache, dass *selbstproduziertes Material* – die noch unstrukturierten Beiträge der Lernenden, die in ihrer Tiefenstruktur oft ja noch Fragen enthalten – ausgewertet und damit gewürdigt wird, identifizieren sich die Schülerinnen und Schüler stärker mit der inhaltlichen Fragestellung und dem Lernprozess zum politischen Urteilen. Sie erfahren Kompetenz.
2. Der Unterricht geht in die Tiefe, weniger in die Breite, d.h. es wird nicht immer nur neuer Stoff angeboten, sondern nach Kriterien und Bedeutungshorizonten eigener Argumente geforscht. Einiges relativiert sich, anderes tritt in den Tiefenstrukturen hervor.
3. Die Schülerinnen und Schüler setzen sich mit sich selbst auseinander, mit eigenem Denken und Urteilen. Das kann zu selbstgesteuerten kumulativen Lernprozessen und zu mehr Toleranz gegenüber „abweichenden“ Urteilen und „abweichendem“ Verhalten führen.
4. In dieser Strategie wird gleichsam induktiv „Theorie“ von den Lernenden selbst entdeckt: Das Stufenmodell Kohlbergs hilft, in den sechs Abstufungen Differenzierungen vorzunehmen, die für jedes Urteil notwendig sind. Nach Aneignung des Modells steht den Schülerinnen und Schülern der umgekehrte Weg offen: Sie können deduktiv von den Stufen des Modells ausgehend nach Urteilen zu anderen kontroversen Fragen suchen. Der induktive und der deduktive Lernweg schließen sich ja nicht aus, sondern als Denkbewegung liegt gleichsam eine Pendelbewegung zwischen beiden vor.[7] In der Unterrichtspraxis ist der Lernerfolg der deduktiven Lernwege deutlich begrenzt.
5. Für die Politikdidaktik erhellt diese Unterrichtsstrategie zwei offene Grundsatzfragen: Die erste bezieht sich auf die Frage: Wann können Schülerinnen und Schüler „Gesellschaft“ und „Politik“ denken?[8] Anders formuliert: In welcher Entwicklungsphase vollzieht sich eine Horizonterweiterung von der Mikro- zur Makroebene, ist ein Perspektivenwechsel (Breit 1991) möglich? Oder konkreter: Wie lässt sich eine Brücke bauen vom sozialen zum politischen Lernen? Wenn der Umbruch – nach Kohlberg gesprochen – von der Kleingruppenmoral (Stufe 3) zur Systemperspektive (Stufe 4) der

entscheidende für politisches Denken und Urteilen darstellt, so meine These, dann wird nicht nur der Entwicklungsgedanke gestützt, sondern darüber hinaus die Überlegung, welche Leistungspotentiale, aber auch welche Überforderungen in den einzelnen Schulstufen didaktisch-methodisch zu beachten sind.[9]

6. Über diese weiterführenden Aspekte hinaus soll ein eher technischer nicht übersehen werden. Die Grundlage der „Metakommunikation" bildet ein „Speichermedium", das die flüchtige Sprache im Klassenzimmer festhält. Zunächst erscheint es wenig aufwendig, sich als Lehrerin oder als Lehrer während der offenen Diskussion Notizen zu machen, die später aus dem Gedächtnis heraus ergänzt und systematisiert werden. Die teilnehmende Beobachtung[10] fixiert viele Argumente, die schnell in einer wiederholenden Zusammenfassung übergangen werden. Der „Fortschritt", der über alltägliche Unterrichtsdokumentationen hinausgeht und der eher für die Ausnahmesituation eines Schulversuchs oder für Forschungszwecke realisiert wird, besteht aus Videoaufzeichnungen und Transkripten. Hierzu schreibt Sibylle Reinhardt: „Die Thematiken haben sich uns deutlich erst bei einer sorgfältigen Textanalyse des Transkriptes der Stunde erschlossen. Einen groben Eindruck hatten wir nach dem Sehen des Videos, aber wie zwingend die Verhandlungen dicht und thematisch zentrierter werden, konnten wir erst mit Abstand und mit objektiviertem Material und im Gespräch realisieren" (Lutter-Link/Reinhardt 1993, 35).

Da die Handhabung neuer Medien zur „Medienkompetenz" nicht nur von Schülerinnen und Schülern, sondern auch von Lehrerinnen und Lehrern zählt, sollte man vor solchen Möglichkeiten der Evaluation eigenen Unterrichts nicht zurückschrecken, sondern sie nutzen. Indem sie zumindest punktuell alltäglich werden, verlieren sie ihren Verfremdungseffekt.[11] Damit bleibt dieser Aspekt nicht nur ein rein „technischer", sondern verwandelt sich in einen didaktischen (siehe Checkliste Metakommunikation).

Unterrichtsstrategie 2: Professionelle Urteile

Nach einer Unterscheidung von Peter Massing lassen sich politische Urteile aus der Perspektive von politischen Akteuren, aus der von Betroffenen und aus der des politischen Systems fällen. Wenn hier professionelle Urteile auf Urteile von Journalistinnen und Journalisten bezogen werden, dann ist damit noch kein Qualitätsmerkmal verbunden. Auch professionelle Urteile in Zeitungen können einseitig, verkürzt oder unrealistisch sein. Dennoch scheint es nicht unplausibel, diese „professionellen Urteile" als Synthese der drei genannten Perspektiven zu verstehen. Zwar sind in einzelnen Kommentaren häufig nur eine oder allenfalls zwei dieser Sichtweisen angedeutet, aber im Zusammenklang mehrerer Kommentare aus verschiedenen Zeitungen ergibt sich ein komplexeres Bild. Dann nämlich

Checkliste: Metakommunikation

1. Wählt Phasen der Meinungs- und Urteilsbildung im Unterricht aus, die ihr dokumentieren wollt.
2. Bestimmt die Methode der Dokumentation und organisiert deren technische Umsetzung (Beobachtungsprotokolle, Karteikarten, Schülerhefte, Klausuren, Tonbandaufzeichnungen, Videodokumentation usw.)
3. Analysiert eure selbst erstellten Materialien nach impliziten oder expliziten Kriterien.
4. Konfrontiert eure Urteile mit Konzepten politisch-moralischer Urteilsbildung (z.B. Kohlberg, Massing).
5. Systematisiert eure selbsterstellten Materialien nach moralischen, rechtlichen und politischen Aspekten.
6. Diskutiert die Erkenntnismöglichkeiten und Rückwirkungen der Metakommunikation auf eure eigene Urteilsbildung.
7. Untersucht in der Phase der Metakommunikation im Unterricht gruppendynamische Faktoren, die die individuelle und/oder kollektive Urteilsbildung beeinflussen (einschließlich der Lehrer/innenrolle).
8. Vergleicht Konsensbildungs- und Konfliktaustragungsprozesse im Politikunterricht mit realen politischen Entscheidungsprozessen.
9. Welche sozialen und politischen Kategorien bestimmen die Metakommunikation und die selbstproduzierten Materialien?
10. Haltet die Ergebnisse eures Unterrichts sowie die Befunde der Metakommunikation auf Wandzeitungen fest, um deren Zusammenhang zu visualisieren und für weitere politische Themen zu nutzen.

werden Kriterien aus der Sicht der Akteure, der Politiker, aus der Sicht der Betroffenen, der Opfer, der Bürgerinnen und Bürger sowie aus der Sicht des politischen Systems, aus der Sicht der Demokratie zusammengefügt.

Die Analyse der Kommentare aus verschiedenen Tageszeitungen verdeutlicht im Einzelnen, wie rechtliche, moralische und politische Kriterien eingebracht und auf verschiedenen Handlungsebenen zusammengeführt und gewichtet werden.

Zu Nutze machen könnte sich dies der Politikunterricht, indem er sich analytisch auf diese professionellen Urteile einlässt, um die Schülerinnen und Schüler in der Auseinandersetzung damit konstruktiv zu eigenen politischen Urteilen zu führen, d.h. um die eigenen Urteile quasi zu „professionalisieren".

Zwei Kommentare, die in der Frankfurter Rundschau und in der TAZ erschienen sind, als Pinochets Immunität vom höchsten chilenischen Gericht am 8.8.2000 aufgehoben wurde, können exemplarisch zur Anwendung der nachfolgenden Checkliste und zum Vergleich mit den im Kapitel „Professionelle Urteile in Tageszeitungen" dargestellten und analysierten Kommentaren herangezogen werden.

Triumph mit Fragezeichen

Man kann ruhig von einem Sieg sprechen, einem Sieg des Rechts, wenn jetzt einer der brutalsten Diktatoren Südamerikas die selbst gewährte Immunität verliert und vor Gericht gestellt werden kann. Man kann aber auch fragen: Was ist los mit einem Land, in dem die Anklage gegen einen Massenmörder wie ein kaum erwarteter Triumph erscheint?

In der Erleichterung über den Beschluss des höchsten chilenischen Gerichts steckt also bereits das Problem: Bis heute, zehn Jahre nach dem Ende der Diktatur, verdunkelt ihr mächtiger Schatten die demokratische Erneuerung. Bis heute spürt, wer Gerechtigkeit für Ermordete anstrebt, die Faust einer militärischen Clique hinter sich, die – nicht mehr ganz so heftig, aber deutlich – zuzuschlagen droht.

Der Fortgang des Pinochet-Verfahrens wird symbolische Bedeutung haben für die Frage, ob Politik, Justiz und Gesellschaft fähig sind, den alten Mächten nachhaltig Einhalt zu gebieten. Sollte der General für verhandlungsfähig erklärt und auf die Anklagebank zitiert werden, dann wird das Selbstbewusstsein der zivilen Gesellschaft gegenüber den Militärs ein weiteres Stück wachsen und durch einen Schuldspruch erst recht – gleichgültig, ob der Alte im Gefängnis landet oder (etwa aus Gesundheitsgründen) auch nicht.

Zum einzigen und ultimativen Beweis der Erneuerung aber sollte niemand dieses Verfahren erheben. Ihre volle Wirkung wird die späte Aufarbeitung des Vergangenen erst entfalten können, wenn politische und ökonomische Verhältnisse entstehen, die in der Zukunft Sehnsüchte nach der Wiederkehr autoritärer Herrschaft erst gar nicht mehr entstehen lassen. Und das ist nicht die Sache eines Gerichts.

bel

(Quelle: Kommentar der Frankfurter Rundschau vom 9.8.2000)

Pinochet nicht immun
Emanzipatorischer Schritt
Kommentar von Bernd Pickert

Chiles Ex-Diktator Augusto Pinochet hat seine Immunität gegen Strafverfolgung verloren. Nach dem Verlauf des Prozesses und der Haltung, die die Richter den Anwälten des 84-Jährigen gegenüber an den Tag gelegt hatten, wäre jedes andere Urteil eine Überraschung gewesen – auch wenn die Richter die Öffentlichkeit noch eineinhalb Stunden warten ließen, bis sie gestern Vormittag chilenischer Ortszeit ihren Entschluss bekannt gaben.

Jetzt ist der Weg frei für die ersten Prozesse gegen den Ex-Diktator. Ob er deren Ende noch erleben wird – manche chilenischen Beobachter gehen von Verfahrensdauern um die acht Jahre aus –, ist fraglich. In Untersuchungshaft wird Pinochet wohl auch nicht genommen werden, und so ist es mehr als unwahrscheinlich, dass Pinochet tatsächlich je hinter Gefängnismauern verschwinden wird.

Das aber ist nach dem heutigen Stand auch nicht mehr entscheidend. Ein Prozess wird Wahrheiten ans Licht bringen und gerichtsnotorisch machen, die bis heute unbekannt sind oder allenfalls als Version der Opfer kursieren. Die Opfer werden die Möglichkeit bekommen, vor einem Gericht auszusagen. Das ist mehr als das, was die „Rettig-Kommission“, die 1990/91 die Vergangenheit der Diktatur aufarbeitete, leisten konnte.

Damals ging es nur um Wahrheit – die Täter blieben ungeschoren, prägten weiterhin die chilenische Politik und diktierten selbst, welches historische Bild von der Diktatur zu bestehen habe.

Die Täter gibt es noch, die von Pinochet eingesetzten Senatoren auch. Und vor allem das neoliberale ökonomische Modell, das in Chile unter den politischen Laborbedingungen der Diktatur eingeführt worden war, besteht weiter – recht erfolgreich zumal. Bislang war es kaum möglich, im Reden über die Diktatur ökonomischen Erfolg und politisch-humanitäre Verwerfungen zu differenzieren. Das hat sich schon mit der Verhaftung Pinochets in London geändert. So ist es letztendlich die Initiative von außen gewesen, die Pinochets Anhängern die Hoheit über die Geschichtsschreibung entrissen hat. Das war der Moment, an dem der Ex-Diktator seine politische Immunität abgelegt hat. Noch zu jenem Zeitpunkt hatte sich in Chile niemand vorstellen können, dass ein chilenisches Gericht über Pinochet urteilt. Die gestrige Gerichtsentscheidung dokumentiert, dass Pinochet jetzt auch dort der Verbrecherkartei überantwortet ist – ein großer emanzipatorischer Schritt.

(Quelle: Kommentar in der TAZ vom 9.8.2000)

Checkliste: Professionelle Urteile

1. Recherchiert und sammelt journalistische Kommentare zu einem aktuellen politischen Problem (Tageszeitungen, Fernsehen, Radio).
2. Analysiert diese Kommentare nach politischen Urteilskategorien.
3. Untersucht Aufbau (Titel, Untertitel, Abschnitte), rhetorische Mittel, Metaphern, Perspektiven und Zielsetzung eines Kommentars.
4. Vergleicht zwei Kommentare auf politische Grundpositionen, Kritikmaßstäbe und Leserbezüge.
5. Vergleicht Zeitungs-, Radio- und Fernsehkommentare zu einem aktuellen Thema. Gibt es medienbedingte Unterschiede? Existieren Unterschiede zwischen Boulevard- und Abonnementzeitung bzw. zwischen öffentlich-rechtlichen und privaten Sendeanstalten?
6. Vergleicht politische Urteile von Journalistinnen und Journalisten, Politikerinnen und Politikern sowie von wissenschaftlichen Politikberaterinnen und -beratern.
7. Vergleicht professionelle (und eigene) Urteile im Zeitablauf. Worin ändern sich Positionen und Einschätzungen?
8. Schreibt einen Kommentar zu einem schulischen Problem für die Schülerzeitung.
9. Vergleicht ausgewählte „professionelle" Urteile mit euren eigenen Urteilen zu einem aktuellen Fall. Wo liegen gemeinsame Kriterien, wo unterschiedliche Gewichtungen, wo differente Sichtweisen?
10. Produziert selbst einen Zeitungs- bzw. Radio- bzw. Fernseh-Kommentar.

Unterrichtsstrategie 3: Karikatur

Die Interpretation von Karikaturen eignet sich vorrangig aus folgendem Grund besonders für die eigene Meinungs- und Urteilsbildung: Karikaturen sind selbst ein provokantes, kritisches, einseitiges, verkürztes Urteil über einen (politischen) Sachverhalt oder ein (politisches) Ereignis.

Karikaturen werden vielfach als Einstieg[12] in ein neues Thema verwendet, um Fragestellungen zu eröffnen, die im weiteren Unterrichtsverlauf untersucht werden.

Im genannten Grund liegt implizit ein „Verstoß“ gegen ein essential der politischen Bildung: nach dem Kontroversgebot des *Beutelsbacher Konsens* sollen Sachverhalte, die in Wissenschaft und Politik kontrovers sind, auch im Unterricht kontrovers behandelt werden. Mit der eindeutigen Position des Karikaturisten stellt sich aber automatisch die Frage nach Gegenpositionen. Hinzu kommt, dass wir generell dazu neigen, bei sozialen und politischen Sachverhalten relativ schnell zu vorläufigen, aber auch zu (Vor-)Urteilen zu kommen. Will man eine unreflektierte Verfestigung vermeiden und damit den Prozess der Urteilsbildung zunächst einmal in der Schwebe halten, so müssen im Lernprozess „Bremsen“ eingebaut werden. Eine solche „Bremse“ besteht darin, aus der Interpretation der Karikatur (a) Gegenpositionen zu entwickeln und (b) die Position des Zeichners einer Prüfung zu unterziehen, die den Sachverhalt von seinen Entstehungsbedingungen, seinen aktuellen Entscheidungszwängen und den möglichen Folgen betrachtet.[13]

Dem Vorteil einer guten Karikatur[14] (der Begriff stammt aus dem Italienischen: caricare = überladen), die über Lachen Kritik provoziert und ein tagesaktuelles Problem aufspießt, steht der Nachteil gegenüber, dass weder eine Analyse mit Hilfe sozialwissenschaftlicher Kategorien unmittelbar erkennbar wird noch positive Alternativen sichtbar werden; Karikaturen beschränken sich – notwendigerweise – auf einen begrenzten Sachverhalt. Im Unterricht kann man aber nicht einfach das Urteil des Zeichners übernehmen, sondern sollte es „gegenlesen“. Die Schülerinnen und Schüler können am Ende der Unterrichtssequenz zwar dazu kommen, die Position des Zeichners zu teilen, sie können sie aber auch kritisieren; auf jeden Fall wird es durch die prüfende Analyse zu einem differenzierteren Urteil kommen als am Anfang.

An drei Beispielen zum Fall Pinochet können diese Überlegungen zum Einsatz von Karikaturen[15] demonstriert werden. Gerade weil die Beispiele aus unterschiedlichen Phasen des Falles sowie aus unterschiedlichen „Federn“ (bzw. Tageszeitungen) stammen, werden die skizzierten Merkmale deutlich. Die daraus resultierende Unterrichtsstrategie eröffnet vielfältige didaktisch-methodische Möglichkeiten zur Gestaltung politischer Lernprozesse.

Kurzanalyse: Karikatur „Trostpflästerchen“

Haitzingers Karikatur „Trostpflästerchen“ – am 11. Dezember 1998 in der Badischen Zeitung veröffentlicht – verknüpft den 50. Jahrestag der Menschenrechte (UNO-Charta) mit dem Fall Pinochet.

Die personifizierten Menschenrechte liegen am Boden, der Sanitäter versorgt eine offene Wunde. Auf dem „Trostpflästerchen“ wird der Schriftzug „Pinochet Auslieferung“ als Forderung erkennbar. Die Insignien der Menschenrechte, die Waage und der Friedenszweig, haben ihre Funktion weitgehend eingebüßt.

Zeichnung: Hatzinger

Die Interpretation der Karikatur kann ansetzen bei einer genauen Beschreibung: dabei fällt erst durch die Zweiteilung ins Auge, was der Karikaturist mit dem Titel seiner Zeichnung meint. In einem zweiten Schritt lassen sich assoziativ die Symbole ermitteln. Naheliegend sind Fragen wie: Wer ist die Gestalt der Menschenrechte? Die Justitia (mit der Waage) oder Christus (mit dem Friedenszweig)? Wen repräsentiert der Sanitäter? Was kann er bewirken?

Auch zur Verniedlichung („Pflästerchen“) wird den Schülerinnen und Schülern etwas einfallen. Wenn die zentrale Kritik und Botschaft des Zeichners herausgearbeitet ist, kann die – fallbezogene – Prüfung seiner Position erfolgen, um nicht nur den Zusammenhang zwischen Fall und Menschenrechten aufzuzeigen, sondern auch, um das eigene Urteil – in Opposition zum Zeichner oder in Anlehnung an dessen Kritik – zu qualifizieren.

Kurzanalyse: Der Globus als Gefängnis

Die Karikatur des ecuadorianischen Zeichners Cajas, veröffentlicht in: El Comercio, Quito, Ecuador, verdeutlicht die internationale Dimension des Falles Pinochet. Gefangen in einer Weltkugel gibt es für Pinochet kein Entweichen. Überall auf der Welt wird er verfolgt. Der Globus als Gefängnis. Die Symbolik von Globus, Totenschädel, militärischer Auszeichnung am Revers und ängstlichem Gesichtsausdruck animiert zu Assoziationen, die über den Einzelfall hinaus gehen. Welche Konsequenzen hat dieser Fall für andere Diktatoren auf dem Erdball? Welche Fluchtmöglichkeiten existieren noch?

Im Unterricht lässt sich diese Karikatur nutzen, um Fragen des Völkerrechts, des internationalen Rechts sowie der Menschenrechte zu thematisieren. Außerdem wirft sie die Frage der Legitimität von Militärregierungen, von Diktaturen sowie die Frage auf, wie Demokratien mit solchen Vergangenheiten politisch umgehen können; zugleich markieren diese Fragen die Mentalität anderer südamerikanischer Länder, in denen ähnliche Probleme zu verarbeiten sind.

Neben der genauen Beschreibung der Karikatur, der ausführlichen Interpretation der einzelnen Symbole sowie deren Zusammenhang scheint es sinnvoll, eine prägnante Überschrift für die Karikatur zu formulieren. Wie wird der Fall aus unterschiedlicher Perspektive dargestellt? Was motiviert den Zeichner? Wie wirkt seine Botschaft auf Südamerikaner, auf Europäer?

Kurzanalyse: Gefängnisszene

Das dritte Beispiel einer Karikatur zum Fall Pinochet stammt vom englischen Zeichner Tony Auth, veröffentlicht am 1. November 1998. Zu diesem Zeitpunkt befand sich Pinochet zwei Wochen in England unter Hausarrest.

Auf den ersten Blick verdeutlicht die Karikatur grundlegende Widersprüche: zuerst fällt der Vergleich auf, bei dem zwei Sachverhalte parallel gesetzt werden, deren Vergleichskriterium gleich auf doppelte Weise sich selbst ad absurdum führt. Die wenigen Striche stehen für die Tage, in denen Pinochet unter Arrest steht, die vielen Striche dagegen für die Opfer („my victims"). Weder qualitativ noch quantitativ lässt sich hier etwas vergleichen. Indirekt erinnert die Gegenüberstellung an das Bild einer Waage. Die Gerechtigkeit fragt nach dem Verhältnis von Taten und Strafe, sucht nach „ausgleichender" Gerechtigkeit, wägt ab. Die Verhältnismäßigkeit ist ein weiterer juristischer Topos, den die Karikatur nahe legt.

Einen zweiten Zugang bietet die Körpersprache: Pinochet wird provozierend dargestellt, lachend, mit den Insignien zwar des Verbrechers (Kleidung), zugleich aber immer noch mit den „Requisiten" seiner militärischen Macht. Auch der Widerspruch in der Kleidung stellt ein Mittel des Zeichners dar. Dagegen die Justiz: etwas behäbig, sich an das britische Gesetz klammernd, das die Immunität von Staatsoberhäuptern garantiert. Der Gesichtsausdruck sagt: Was soll ich machen?

Im Unterricht können zunächst die drei Sprechblasen bzw. die Gesetzesrolle übersetzt werden. Anschließend sollten die Widersprüche einzeln herausgearbeitet werden, um die Botschaft des Zeichners zu erkennen.

Checkliste: Karikatur

1. Recherchiert und sammelt (zwei bis vier) Karikaturen zu einem bestimmten politischen Thema.
2. Beschreibt detailliert die dargestellten Personen, Situationen und Ereignisse.
3. Interpretiert die Metaphern, Symbole und Stilmittel der Karikaturen.
4. Bestimmt die Widersprüche und Ungereimtheiten, die bei einer guten Karikatur zum „kritischen Lachen“ führen.
5. Fasst die Aussage bzw. Botschaft der Karikaturen in einer Kernthese zusammen.
6. Erläutert euch eure Thesen und einigt euch auf eine Kernaussage.
7. Prüft die Gültigkeit der Karikatur anhand weiterer Materialien (Zeitungstexte, Kommentare usw.).
8. Vergleicht zwei (oder mehrere) Karikaturen (a) in ihrer Kernaussage und (b) in ihrem (tages-)aktuellen Zusammenhang.
9. Diskutiert die Möglichkeiten und Grenzen von Karikaturen für eure Meinungs- und Urteilsbildung anhand der analysierten Beispiele (Kritikmaßstab? Alternativen? Wirkung?).
10. Formuliert zur Aussage der Karikatur ein begründetes Urteil (Gegenposition, Differenzierung bzw. Zustimmung).

Wichtig wäre es außerdem, den Zeitpunkt der Veröffentlichung in den gesamten Entscheidungsprozess einzuordnen (vgl. Sachanalyse). Es handelt sich zu diesem Zeitpunkt um eine offene Entscheidungssituation. In Großbritannien wird der Fall Pinochet innenpolitisch kontrovers diskutiert. Der Karikaturist beteiligt sich am Prozess der Meinungs- und Urteilsbildung. Diese Karikatur lässt sich auch als Einstieg in ein simuliertes Entscheidungsspiel nutzen.

Im Kontext von Lehrerausbildung, bei der mit den dokumentierten Unterrichtsstunden gearbeitet wird, lassen sich vielfältige Bezüge zwischen der Urteilsbildung der Schülerinnen und Schüler und dieser Karikatur herstellen. Es wäre eine interessante Aufgabe, die Begründungsargumente der Schülerinnen und Schüler so zu isolieren, dass einzelne Elemente der Karikatur[16] in Analogie dazu erkennen lassen, dass hier vergleichbare Aussagen durch Rückgriff auf zwei verschiedene Medien (Karikatur und Sprache) dargestellt werden.

Unterrichtsstrategie 4: Planspiel

Beim Planspiel[17], einer Makromethode im Politikunterricht, werden Urteile auf zwei Ebenen gefällt: Da – im Unterschied zum Rollenspiel – nicht einzelne, sondern gesellschaftliche Gruppen die Akteure sind, muss zunächst in den Kleingruppen ein Meinungsbild erstellt werden. Hierbei spielen nicht nur inhaltliche Fragen eine Rolle, sondern ebenso strategisch-taktische Überlegungen: Wer ist mein potentieller Bündnispartner? Wo gibt es einen kleinen gemeinsamen Nenner? Was sind meine/unsere Maximal- bzw. Minimalziele? usw. Dieser erste Prozess endet dann in einer festgelegten Position, die in der Verhandlungsphase in Auseinandersetzung mit den anderen gesellschaftlichen Gruppen vertreten wird.

Die zweite Ebene der Urteilsbildung vollzieht sich dann in dieser Konferenz- oder Entscheidungsphase: am Runden Tisch werden die Positionen und Forderungen vorgetragen, beraten, nach Lösungen gesucht, Machtverhältnisse geklärt und Interessen artikuliert. Dieser Prozess entwickelt oft – nach den vorbereiteten Standpunkten – eine Eigendynamik, so dass diese offene Phase Denk- und Urteilskategorien der Schülerinnen und Schüler erkennen lässt. Voraussetzung dafür sind allerdings prägnante Beobachtungsaufgaben für die Mitschülerinnen und Mitschüler. Für die Lehrenden bietet sich die Chance, gezielt aus der handlungsentlasteten Position des teilnehmenden Beobachters Defizite und Stärken der Akteure zu erkennen und in die Auswertung[18] einzubringen. Dabei kann es sinnvoll sein, das gemeinsame Urteil, d.h. die Entscheidung im Planspiel, zum Ausgangspunkt der Auswertung zu machen, um die Bezüge zur politischen Realität herzustellen.

Legt man den Fall Pinochet zugrunde, so lässt sich ein Planspiel konstruieren, das den Prozess eines Beratungsgremiums simuliert, bei dem es um die Ausweisung bzw. Abschiebung Pinochets aus Großbritannien geht.

Wie die Umsetzung dieser Strategie konkret aussehen könnte, wird im Folgenden in einem Exkurs beispielhaft veranschaulicht. Hier wird ein „Entscheidungsspiel" aus einem Einführungsseminar in die Politikdidaktik dokumentiert. Ein Entscheidungsspiel ist eine verkürzte Version eines Planspiels, da sich die eigentliche Spielphase nach der Vorbereitung der einzelnen Rollen in Arbeitsgruppen auf die Konferenzphase beschränkt.

Entscheidungsspiel*

Eine Kaminrunde bei Jack Straw – Soll Pinochet ausgeliefert werden?

„Soll Pinochet ausgeliefert werden?" ist die zentrale Urteilsfrage in den beiden in diesem Band dokumentierten Unterrichtsstunden. In beiden neunten Klassen steht neben moralischen Fragen die rechtliche Auseinandersetzung im Zentrum des Unterrichts. Dies dürfte vor allem zwei Gründe haben: zum einen steht zum Zeitpunkt der Unterrichtsaufzeichnung die Entscheidung des Appellate Committee des House of Lords kurz bevor und der mögliche Ausgang des Verfahrens steht im Zentrum der öffentlichen Diskussion. Zum anderen hielten sich nicht nur der britische Innenminister Jack Straw, sondern auch alle anderen beteiligten nationalen und internationalen Akteure in der Öffentlichkeit mit politischen Kommentaren zurück und ließen verlauten, sie wollten erst den Ausgang des Rechtsprozesses abwarten. Die eigentliche politische Auseinandersetzung begann somit erst am 8.10.1999, nach der Entscheidung des Londoner High Court, dass Pinochet ausgeliefert werden darf (vgl. die Sachanalyse zum Fall Pinochet in diesem Band).

Im Seminar „Einführung in die Didaktik der Politischen Bildung" von Kerstin Pohl an der Freien Universität Berlin im Sommersemester 2000 diente der Fall Pinochet exemplarisch als Inhalt für praktische Übungen der Studentinnen und Studenten zum Schreiben einer Sachanalyse, der Entwicklung einer didaktischen Perspektive und der Formulierung eines Unterrichtsthemas. Der gemeinsamen Analyse der Unterrichtsaufzeichnung zum Fall Pinochet aus der Klasse 9F unter dem Gesichtspunkt politischer Urteilsbildung schloss sich die Frage an, wie man den Schülerinnen und Schülern neben moralischen und rechtlichen Urteilskategorien auch politische Kategorien vermitteln könne.

Daraus entstand die Idee, ein Entscheidungsspiel durchzuführen, in dem unterschiedliche politische Argumente von verschiedenen Akteuren vertreten werden. Da die endgültige Entscheidung in der Realität bei Jack Straw lag, wäre ein klassisches Entscheidungsspiel, in dem nach der Diskussion die gesamte Runde eine Entscheidung trifft, unrealistisch gewesen. So entstand die Idee einer „Kaminrunde", in der ein fiktiver „persönlicher Referent" Straws versucht, Argumente zu sammeln, die seinem „Chef" die Entscheidung

* Durchgeführt von Mirko Macke, Kerstin Pohl, Astrid Zeh

erleichtern sollen. Unsere Vermutung war, mit Jack Straw ‚selbst' als Teilnehmer hätte die Gefahr bestanden, dass strategische Verhaltensweisen die inhaltlichen Argumente dominieren und dass die Diskussion wegen der herausragenden Position des Innenministers weniger offen ist. Der „persönliche Referent" sollte somit als eine Art Puffer dienen.

Die einzelnen Rollen wurden arbeitsteilig in Gruppen vorbereitet – je ein Vertreter der Arbeitsgruppen war dann in der „Kaminrunde" vertreten. Die Rollenkarten haben eine Teilnehmerin und ein Teilnehmer des Seminars, Astrid Zeh und Mirko Macke, erstellt. Sie haben auch die Einführungsphase gestaltet und Mirko Macke hat die Rolle des Diskussionsleiters und „persönlichen Beraters" übernommen.

Im Folgenden sind die Spielmaterialien dokumentiert. Der allgemeine Teil (A) war Bestandteil jeder Rollenkarte, der spezielle Teil (B) bezog sich jeweils auf die konkrete Rolle und wurde nur an die entsprechende Arbeitsgruppe gegeben. Neben der Rollenkarte erhielt jede Gruppe zur Vorbereitung ihrer Position eine Woche vor dem Entscheidungsspiel eine Reihe von ausgewählten Zeitungsartikeln.[19]

Materialien zum Entscheidungsspiel

(A) Zur Spielsituation

Jack Straw hat als **britischer Innenminister** das alleinige Exekutivrecht inne und muss heute die Entscheidung treffen, dem Auslieferungsantrag Spaniens stattzugeben oder General Augusto Pinochet auf Grund des medizinischen Gutachtens nach Chile fliegen zu lassen. Zum Zwecke der Entscheidungsfindung hat er sich vier beratende Experten eingeladen.

Zeitpunkt: 25. Februar 2000 (fiktiver Zeitpunkt – siehe chronologische Abfolge)

Ort: Innenministerium, Kaminrunde bei Jack Straw
(unter Ausschluss der Öffentlichkeit)

Beteiligte Personen: persönlicher Referent Jack Straws sowie vier Berater:
Jurist, EU-Referent, Wirtschaftsmanager und Südamerika-Referent

Arbeitsauftrag: Erarbeiten Sie gemeinsam in der Gruppe die Argumentation für ihre Rolle. Entscheiden Sie, wer von Ihnen Ihre Position in der „Kaminrunde" vertritt und legen Sie diese mit einem Eingangsstatement dar.

Arbeitshinweise für die beratenden Experten: Machen Sie sich Gedanken darüber:
- Wie wollen Sie Ihre Position mehrheitsfähig machen?
- Wann setzen Sie Ihre Argumente sinnvoll ein?
Argumentationsstrategie!

Um Ihre Argumente zu untermauern, sollten Sie das Informationsmaterial auswerten.

(B) Rollenkarten

Jurist (internationales Strafrecht)

Sie sind *für die Auslieferung* Pinochets an die spanischen Behörden und kämpfen vor allem mit folgenden Argumenten:

– Die Verurteilung Pinochets in Chile sehen Sie als nicht gewährleistet an.

– Sie wollen einen Präzedenzfall schaffen, um die Entwicklung des internationalen Strafrechts voranzutreiben.

– Ihrer Ansicht nach muss dieses Recht verbessert werden, um effektiver gegen Straftäter vorgehen zu können.

EU-Referent

Sie sind *für die Auslieferung* Pinochets an die spanischen Behörden und kämpfen vor allem mit folgenden Argumenten:

– Im Falle einer Nichtauslieferung sehen Sie die politischen Beziehungen zu den klagenden EU-Staaten (Spanien, Belgien, Frankreich, Deutschland) gefährdet.

– Die Vision eines „geeinten Europas" könnte Schaden nehmen (erneute Sonderstellung Großbritanniens; z.B. Währungsunion, BSE-Skandal etc.).

– Schlimmstenfalls könnte es innerhalb der EU zu einem Boykottverhalten seitens der Bevölkerung, ähnlich dem Fall „Greenpeace – Shell", kommen.

Wirtschaftsmanager

Sie sind *gegen die Auslieferung* Pinochets an die spanischen Behörden und kämpfen vor allem mit folgenden Argumenten:

– Im Falle der Auslieferung befürchten Sie finanzielle Einbußen (z.B. Waffengeschäfte), die sich aus einem gespannten diplomatischen Verhältnis zwischen Großbritannien und Chile ergeben und sich in volkswirtschaftlichen Konsequenzen äußern würden.

– Erinnern Sie Jack Straw an die möglichen Konsequenzen, die sich für „New Labour" ergeben würden (z.B. Entlassungen in der Rüstungsindustrie; Wiederwahl?)

Südamerika-Referent

Sie sind *gegen die Auslieferung* Pinochets an die spanischen Behörden und kämpfen vor allem mit folgenden Argumenten:

– Chile versteht sich als demokratischer souveräner Staat. Eine Auslieferung bedeutet für Chile die Aberkennung der Staatssouveränität und damit die der Rechtshoheit.

– Eine Auslieferung Pinochets wird die noch junge chilenische Demokratie starken Belastungen unterwerfen (demokratisch gesinnter Teil der Bevölkerung kontra Militär).

– Sie warnen vor dem Abbruch der diplomatischen Beziehungen (Isolierung der Falklandinseln).

– Die vermeintlich positive Schaffung eines Präzedenzfalls könnte weltweit viele diplomatische Beziehungen destabilisieren – weitere Verurteilungsgesuche (z.B. Jelzin, Reagan etc.) wahrscheinlich; Folgen wären unabsehbar.

Persönlicher Referent Jack Straws

Arbeitsauftrag: Sammeln und ordnen Sie die Ihnen vorgetragenen Argumente und treffen Sie anschließend aufgrund dieser Ihre Entscheidung. Achten Sie darauf, dass die Diskussion nicht zu einseitig (z.B. moralisch) wird. Greifen Sie notfalls ein. Prüfen Sie die Argumente auch hinsichtlich ihrer mittel- und langfristigen, nationalen sowie internationalen Konsequenzen. Teilen Sie nach Abschluss der Diskussion Jack Straw mit, zu welcher Entscheidung Sie tendieren und erläutern Sie diese in Form einer kurzen Begründung.

Checkliste: Planspiel

1. Setzt euch mit der Fallbeschreibung eines Planspiels auseinander: Beschreibt die Ausgangssituation, versetzt euch in die Akteure, formuliert die jeweiligen Problemdefinitionen, ermittelt die unterschiedlichen Interessen.

2. Entwickelt Rollenkarten für die beteiligten gesellschaftlichen Gruppen (Informationen, Daten, Problementwicklung, aktuelle Situation).

3. Entwerft in Kleingruppen Forderungskataloge und Verhandlungsstrategien (Minimalziele, Maximalziele, Konfliktpartner bzw. -gegner) für die Akteure.

4. Diskutiert eure Verhandlungsspielräume und fixiert eure Lösungsvorschläge schriftlich als Grundlage der späteren Verhandlungen.

5. Tretet in Vorverhandlungen mit den anderen Gruppen ein (Interaktionsphase) und versucht, Bündnisse zu verabreden und gemeinsame Interessen zu bestimmen.

6. Simuliert die Konferenz am „Runden Tisch“, strukturiert sie nach einer Eingangsphase (Eingangsstatements der Akteure), einer Diskussionsphase (Auseinandersetzung mit den Forderungen und Lösungsvorschlägen) und einer Entscheidungsphase (Regeln der Entscheidungsfindung, Mehrheitsprinzip). Eine „Pressegruppe“ kann den Entscheidungsprozess dokumentieren, visualisieren (Wandzeitung), kommentieren, Interviews durchführen usw.

7. Wertet das Planspiel nach folgenden Aspekten aus:
   - Kann das Ergebnis des Planspiels (= Urteil) als realistisch betrachtet werden?

– Haben die Gruppen/Akteure überzeugende Forderungen aufgestellt, eingebracht und durchgesetzt?
– Welche Folgeprobleme ergeben sich aus der Entscheidung?
– Wie ist der Meinungsbildungsprozess in der Gruppe verlaufen?
– Argumentieren die Akteure anhand politischer Kategorien?
– Welche Kriterien und Sichtweisen fließen in die Entscheidung ein?
– Wo liegen inhaltliche, methodische, sprachliche oder materialbezogene Defizite des Planspiels?
– Worin besteht die Differenz zwischen eurem eigenen Urteil und der Entscheidung im Planspiel?

8. Sucht ggf. Zusatzmaterialien (Zeitungen, Internet), um eure Verhandlungsposition zu stärken.

9. Bewertet euren Lernprozess nach folgenden Aspekten:
– Möglichkeiten und Grenzen von Planspielen
– individuelle und gruppenbezogene Qualifikationen
– Wirkung auf politisches Bewusstsein, Denken und Handeln.

10. Entwickelt (arbeitsteilig) ein eigenes Planspiel (bzw. Entscheidungsspiel). Legt ein aktuelles (kommunal- oder innenpolitisches) Problem zugrunde, bestimmt die Akteure (gesellschaftliche Interessengruppen) und simuliert einen politischen Entscheidungsprozess. Dokumentiert eurer Planspiel (Video, Tonband, Wandzeitung) und wertet es nach Kriterien politischer Urteilsbildung (z.B. Moral – Recht – Politik oder: Effizienz und Legitimität) aus (= Vorschlag für ein Projekt; Zeitbedarf ca. 3-4 Unterrichtstage).

Unterrichtsstrategie 5: Pro-Contra-Debatte

Die Pro-Contra-Debatte soll vor allem „einen Beitrag zur *politischen Urteilsbildung* leisten. Das heißt, im Mittelpunkt steht nicht die Entscheidung durch Abstimmung, mit der die Debatte endet, sondern die *Begründungen* der Positionen ... *Die Debatte ist immer auf Urteilsbildung angelegt*" (Massing 1998, 46 – Hervorhebung im Original). Sie stellt für Schülerinnen und Schüler die schwierigste Methode innerhalb der hier vorgestellten dar. Das Gelingen der Debatte setzt eine sorgfältige inhaltliche und methodische Vorbereitung der Anwälte und Sachverständigen – bis hin zum Angebot von Redemitteln – voraus. Legt man das Muster der gleichnamigen Fernsehsendung[20] zugrunde, so „passt" eine solche Debatte genau in eine 45-Minuten Stunde. Ohne große Probleme ergeben sich die Phasenstruktur, die Bestimmung der Akteure, die Reihenfolge der Beiträge. Schematisch lässt sich die Pro-Contra-Debatte als Flussdiagramm darstellen.

Die Komplexität der Aufgabenstellung wird daran deutlich, dass die Schülerinnen und Schüler die Rolle von Anwälten übernehmen, die Plädoyers halten. In einer Minute sollen einem „urteilenden" Publikum die wichtigsten Argumente für und gegen eine Entscheidung vermittelt werden. Zuvor aber urteilt das Publikum in einer gespielten Abstimmung – quasi ohne sich mit dem Sachverhalt auseinandergesetzt zu haben. Eine wichtige Voraussetzung stellt aber die Ausgangsfrage dar. Hier muss eine „alternativ formulierte Problemfrage" gestellt werden, die weder völlig unrealistisch noch in sich mehrdeutig, also stark interpretationsbedürftig ist, noch als rhetorische Scheinfrage abqualifiziert werden kann.[21] Alternativ bedeutet in diesem Zusammenhang, dass die Problemfrage sinnvoll mit Ja oder Nein beantwortet werden kann, aber erst in der differenzierten Begründung wird aus der Meinung ein Urteil.

Bei der Befragung von Sachverständigen aus dem jeweiligen Politikfeld kommt es darauf an, dass sich die *Sach*verständigen nicht als Anwälte der einen oder anderen Seite verstehen und selbst Plädoyers halten, sondern direkt und knapp die Fragen der Anwälte beantworten. Bei diesen Fragen kommt es darauf an, mögliche Gegenpositionen zu verunsichern, und die eigene zu stärken, ein rhetorisch nicht leichtes Unterfangen.

Die Schlussplädoyers der beiden Anwälte stellen eine weitere Herausforderung für Schülerinnen und Schüler dar, insofern hier in einer Minute nicht nur vorbereitete Argumente vorgebracht, sondern aus den Befragungen der Sachverständigen neue Punkte einbezogen werden sollen. Die Schlussabstimmung macht „Wanderungsbewegungen" deutlich, die in kurzen Begründungen transparent gemacht werden können. Was im Fernsehen zu kurz kommt, kann in der *Auswertungsphase* im Unterricht ausgeweitet werden: Die Motive und Begründungen des Publikums, die Bestimmung dessen, was überzeugend war, was Zweifel provoziert hat, was letztlich als wesentliches Kriterium den Ausschlag für das eigene Urteil gegeben hat. Indem in der Auswertung dieser Prozess „nach-gedacht" wird,

Pro-Contra-Debatte

Phase	Handlungsorientierung	Zeit
1.	Alternativ formulierte **Problemfrage**	5 Min.
2.	**Probeabstimmung** des Publikums	5 Min.
3.	Pro-Anwalt/Anwältin: **Eingangsplädoyer** Contra-Anwalt/Anwältin: **Eingangsplädoyer**	 1 Min. 1 Min.
4.	**Abwechselnde Befragung der (vier) Sachverständigen**	je 5 Min.
5.	Contra-Anwalt/Anwältin: **Schlussplädoyer** Pro-Anwalt/Anwältin **Schlussplädoyer**	 1 Min. 1 Min.
6.	**Abstimmung** des Publikums	5 Min.
7.	**Auswertungsgespräch**	

verdichtet sich bei den Schülerinnen und Schülern die eigene Position, zugleich aber werden Gegenpositionen in ihren Strukturen erkennbar. Hinzu kommt als politisch folgenreiche Erkenntnis, dass die strenge Form der Pro-Contra-Debatte nicht nur im Fernsehen, sondern auch im Unterricht letztlich eine didaktisch motivierte Konstruktion darstellt, dass aber in der politischen Diskussion Urteile sich nur in seltenen Fällen diesem *Schwarz-Weiß-Denken* unterordnen lassen; in der Mehrheit der Kontroversen werden Entscheidungen Kompromisscharakter tragen. Will man dabei „faule" Kompromisse vermeiden oder „laue" Urteile umgehen, dann bleibt zumindest noch die Möglichkeit, diese Kompromisse selbst zum Gegenstand eigener Urteilsbildung zu machen. Damit sind wir wieder bei der ersten Strategie angekommen, der Metakommunikation. Dennoch ist Politik kein in sich kreisendes Denken und Handeln, sondern an bestimmten Stellen dieses Prozesses haben Urteile Konsequenzen für die gesellschaftliche Wirklichkeit, für die Bürgerinnen und Bürger. Darin unterscheidet sich Politik von Politikunterricht, der immer die Chance bieten kann, „folgenlos" Denk- und Urteilsmöglichkeiten über Politik einzuüben.

Anzeige in: Le Monde vom 2. Juni 2000

Checkliste: Pro-Contra-Debatte

1. Macht Vorschläge für ein Thema zu einer Pro-Contra-Debatte und einigt euch auf eine alternativ formulierte Problemfrage als Ausgangspunkt der Debatte.
2. Entwickelt Rollenkarten für (vier) Sachverständige zur Kontroverse und bereitet in Kleingruppen arbeitsteilig (a) die Materialien und (b) die Strategien der Akteure vor (Moderator/in, Sachverständige, Pro- und Contra-Anwältin bzw. Anwalt; Rollenkarten, Informationsmaterial).
3. Fixiert eure Fragen (Anwälte) und Informationen (Sachverständige) auf Stichwortzetteln, bereitet die Anfangs- und Schlussplädoyers (Anwälte) sowie das Abstimmungsverfahren (Moderator/in) vor.
4. Führt eine Pro-Contra-Debatte nach dem formalisierten Muster der gleichnamigen Fernsehsendung durch.
5. Wertet eure Debatte nach folgenden Fragen aus:
   – Wie verhalten sich die Akteure in ihren vorgegebenen Rollen?
   – Welche Konfliktlinien werden zwischen den Positionen sichtbar?
   – Wie ändern sich die Abstimmungsergebnisse (vorher – nachher)?
   – Falls möglich, vergleicht die eigenen Abstimmungsergebnisse mit demoskopischen Umfragen
   – Welche Kriterien liegen der individuellen und kollektiven Urteilsbildung zugrunde?
6. Arbeitet die politischen Kategorien heraus, die von den Anwälten (bzw. dem Publikum) genannt werden.
7. Bestimmt die Bezüge zum politischen Willensbildungs- und Entscheidungsprozess, zur Bürgerrolle und zum demokratischen politischen System.
8. Übertragt Elemente, Ablauf und Auswertung dieser Pro-Contra-Debatte auf weitere politische Kontroversen.
9. Diskutiert die Lernpotentiale und Grenzen, die mit der Makromethode Pro-Contra-Debatte verknüpft sind. Visualisiert eure Ergebnisse auf einer Wandzeitung, um sie für weitere Versuche politischer Urteilsbildung zu nutzen.
10. Zeichnet eure Pro-Contra-Debatte auf (Video, Tonband) und macht sie zum Gegenstand von „Metakommunikation“, von professionellen Urteilen (Zeitungskommentaren), von Karikaturen und/oder von Planspielen.

Zusammenfassend lässt sich nach der Vorstellung der fünf Unterrichtsstrategien festhalten, dass unser Instrumentarium zur politischen Urteilsbildung einen engen Bezug aufweist zu einem essential der Politikdidaktik. Die drei Dimensionen politischer Urteilsbildung: Der Standort des Urteilenden, die Werte und Kriterien des jeweiligen Politikfeldes sowie die demokratietheoretischen Markierungspunkte verweisen auf den *Beutelsbacher Konsens.* Wir wollen ihn zwar nicht „vom Kopf auf die Füße" stellen, uns genügt es, ihn in der Reihenfolge umzukehren.

Der dritte Grundsatz, Schülerinnen und Schüler dazu zu befähigen, ihre *Interessen* zu erkennen und zu artikulieren, hängt mit dem sozialen Standort des Urteilenden zusammen. Im Prozess der Urteilsbildung werden Interessen erkannt, in Forderungskataloge und Standpunkte übersetzt und mit Gegeninteressen konfrontiert. Die Vertretung von Mehrheits- und Minderheitsinteressen wird eingeübt, Kommunikation und Diskurs simulieren Handeln im politischen Kontext.

Die Dimension der Werte wird in einer pluralistischen Gesellschaft zumeist kontrovers diskutiert, der soziale Wandel tut ein übriges, so dass der zweite Beutelsbacher Grundsatz, das *Kontroversitätsgebot*, ebenfalls als konstitutiv für politische Urteilsbildung anzusehen ist. Erst auf der Grundlage einer systematischen Auseinandersetzung mit einem Problem können tragfähige Urteile formuliert werden. Dieser Gruppenprozess in der Lerngruppe kann so organisiert werden, dass er Parallelen enthält zum politischen Willensbildungs- und Entscheidungsprozess.

Besonders einleuchtend ist der Bezug zum dritten Grundsatz, dem Überwältigungsverbot: Unterricht kann keine inhaltlichen Urteile vorprägen, dies widerspräche dem Bildungsbegriff ebenso wie demokratischen Grundüberzeugungen. Die Politiklehrerin bzw. der Politiklehrer sollten in ihrer bzw. seiner Selbstreflexion immer prüfen, welche versteckten, impliziten, nicht transparent gemachten Wertungen ihren bzw. seinen Unterricht bestimmen. Nicht der politisch neutrale Lehrende kann Ziel sein, sondern ein sensibler, auch zu eigenem Urteil fähiger, der – je nach Unterrichts- und Gruppensituation[22] – als Verstärker, als Advocatus diaboli oder als Moderator auftritt. Der Lehrende muss, um die für alle fünf Strategien jeweils notwendige Auswertung antizipieren und steuern zu können, nicht nur fähig zum eigenen Urteilen sein, sondern auch die Kriterien der Lernenden wahrnehmen, aufgreifen, strukturieren und reduzieren können, um den Lernprozess für die Gesamtgruppe vorantreiben zu können. Sollen Schülerinnen und Schüler sich als interventionsfähige Bürgerinnen und Bürger[23] begreifen, so bildet die politische Urteilskompetenz eine notwendige, wenn auch noch keine hinreichende *Voraussetzung für politisches Handeln.*

Literatur

Ackermann, Paul: Bürgerhandbuch. Basisinformationen und 57 Tips zum Tun, Schwalbach/Ts. 1998a

Ackermann, Paul: Zur Bürgerrolle in der Demokratie, in: Gotthard Breit/Siegfried Schiele (Hrsg.): Handlungsorientierung im Politikunterricht, Schwalbach/Ts. 1998b, 13-34

Breit, Gotthard: Mit den Augen des anderen sehen – Eine neue Methode zur Fallanalyse, Schwalbach/Ts. 1991

Das Projekt „Demokratie und Erziehung in der Schule – Förderung moralisch-demokratischer Urteilsfähigkeit" (DES). Zusammenfassender Bericht des Ministeriums für Schule und Weiterbildung des Landes Nordrhein-Westfalen, Düsseldorf, September 1995

Döbert, Rainer/Habermas, Jürgen/Nunner-Winkler, Gertrud (Hrsg.): Die Entwicklung des Ichs, Köln 1977

Dümcke, Wolfgang/Ost, Burkhard: Zwischen Belehrung und Aufklärung. – Analyse einer Unterrichtssequenz des Projektes: Juden in Brandenburg, in: Peter Henkenborg/Hans-Werner Kuhn (Hrsg.): Der alltägliche Politikunterricht. Beispiele qualitativer Unterrichtsforschung zur politischen Bildung in der Schule, Opladen 1998, 117-134

Gagel, Walter: Einführung in die Didaktik des politischen Unterrichts, 2. Auflage, Opladen 2000

George, Siegfried: Karikatur, in: Hans-Werner Kuhn/Peter Massing (Hrsg.): Methoden und Arbeitstechniken, Bd. 3 des Lexikons der politischen Bildung, hrsg. v. Georg Weißeno, Schwalbach/Ts. 2000, 85-86

Grünewald, Dietrich: Die Karikatur, in: Wolfgang W. Mickel (Hrsg.): Handbuch zur politischen Bildung, Schwalbach/Ts. 1999, 454-457

Kuhn, Hans-Werner: Unpolitischer oder politischer Unterricht? Analyse einer Talkshow, in: Peter Massing/Georg Weißeno (Hrsg.): Politik als Kern der politischen Bildung. Wege zur Überwindung unpolitischen Politikunterrichts, Opladen 1995, 161-203

Kuhn, Hans-Werner: Methodische Vorschläge für eine fachdidaktische Unterrichtsanalyse, in: Hans-Werner Kuhn/Peter Massing (Hrsg.): Politikunterricht. Kategorial + handlungsorientiert. Ein Videobuch, Schwalbach/Ts. 1999a, 182-215

Kuhn, Hans-Werner: Beginnen – Beispiele für Einstiegssituationen im Politikunterricht, in: kursiv 2/ 1999b, 18-22

Lach, Kurt: Einstieg, in: Hans-Werner Kuhn/Peter Massing (Hrsg.): Methoden und Arbeitstechniken, Bd. 3 des Lexikons der politischen Bildung, hrsg. v. Georg Weißeno, Schwalbach/Ts. 2000, 27-29

Lutter-Link, Christine/Reinhardt, Sibylle: „Export einer Chemiefabrik" – Schüler diskutieren eine moralische Frage, in: Tilman Grammes/Georg Weißeno (Hrsg.): Sozialkundestunden. Politikdidaktische Auswertungen von Unterrichtsprotokollen, Opladen 1993, 35-51

Massing, Peter: Handlungsorientierter Politikunterricht. Ausgewählte Methoden, Schwalbach/Ts. 1998

Massing, Peter: Wege zu einem kategorialen und handlungsorientierten Politikunterricht, in: Hans-Werner Kuhn/Peter Massing (Hrsg.): Politikunterricht. Kategorial + handlungsorientiert. Ein Videobuch, Schwalbach/Ts. 1999, 5-38

Nonnenmacher, Frank: Metakommunikation, in: Hans-Werner Kuhn/Peter Massing (Hrsg.): Methoden und Arbeitstechniken, Bd. 3 des Lexikons der politischen Bildung, hrsg. v. Georg Weißeno, Schwalbach/Ts. 2000, 105-106

Pandel, Hans-Jürgen: Karikaturen. Gezeichnete Kommentare und visuelle Leitartikel, in: Hans-Jürgen Pandel/Gerhard Schneider (Hrsg.): Handbuch Medien im Geschichtsunterricht, Schwalbach/Ts. 1999, 255-276

Reinhardt, Sibylle: Förderung der Urteilsfähigkeit – am Beispiel: „Todesstrafe". Vorschlag für ein Instrument zur selbständigen Klärung und Diskussion von Werten durch Schüler der Oberstufe, in: Gegenwartskunde, H. 4, 1984, 433-443

Reinhardt, Sibylle: Werte-Bildung und politische Bildung. Zur Reflexivität von Lernprozessen, Opladen 1999

Reinhardt, Sibylle: Lehrer/innenrolle, in: Hans-Werner Kuhn/Peter Massing (Hrsg.): Methoden und Arbeitstechniken, Bd. 3 des Lexikons der politischen Bildung, hrsg. v. Georg Weißeno, Schwalbach/Ts. 2000, 93-94

Schelle, Carla: Langfristige Unterrichtshospitationen. Fachdidaktische Kriterien und methodische Probleme, in: Peter Henkenborg/Hans-Werner Kuhn (Hrsg.): Der alltägliche Politikunterricht. Beispiele qualitativer Unterrichtsforschung zur politischen Bildung in der Schule, Opladen 1998, 233-253

Schneider, Gerhard: Gelungene Einstiege. Voraussetzung für erfolgreiche Geschichtsstunden. 2. Aufl., Schwalbach/Ts. 1999

Anmerkungen

1 Vgl. die TZI-Regel: Störungen haben Vorrang.

2 Vgl. die Darstellung der Auswertung im Beitrag von Bernd Knittel in diesem Buch.

3 Vgl. das Beispiel von Dümcke/Ost 1998, 117-134.

4 Vgl. die Neuinterpretation ihrer Beispiele in: Reinhardt 1999, 47-87.

5 Der Vorteil dieser Mitschriften liegt darin, dass sie sehr nahe an der Schülersprache bleiben und somit die Brücke bilden können zum Stufenmodell Kohlbergs; vgl. Reinhardt 1999, 56 f.

6 Vgl. Lutter-Link/Reinhardt 1993, 35-51; im Zusammenhang mit der fachdidaktischen Analyse einer Schüler-Talkshow zum Paragraphen 218 (Kuhn 1995, 201-202) habe ich versucht, diese drei Faktoren auf politologische und fachdidaktische Implikationen zu untersuchen. Die Schuldfrage hängt damit zusammen, dass Jugendliche ab etwa 13 bis 14 Jahren verstärkt kausales Denken entwickeln. Sie fragen nach dem Zusammenhang von Handeln und Verantwortung, von „Schuld" im Sinne von Ursache eines Problems sein. Politologisch gewendet könnte man Schuld als Frage der Legitimation von Entscheidungen vermuten. Die Interessenfrage zählt zum Standardrepertoire der Politikdidaktik, so dass sie hier nicht weiter entfaltet und „übersetzt" werden muss. Die Betroffenheitsfrage hat zwei Aspekte: Didaktisch spielen sog. „Bauchargumente" der Schülerinnen und Schüler in der Diskussion eine Rolle, politologisch stellt sich die Frage, ob und wie solche Argumente „politisiert", also in einen politischen Handlungszusammenhang gestellt werden können.

7 Klassisch formuliert – wenn auch inhaltlich etwas anders gemeint – bei Kant: Begriffe ohne Anschauung sind leer, Anschauung ohne Begriffe ist blind.

8 Vgl. Döbert/Habermas/Nunner-Winkler 1977.

9 Die alte Brunner'sche These, dass alles auf allen Stufen zu vermitteln sei, wird damit relativiert.

10 Vgl. Schelle 1998, 233-243.

11 Vgl. Kuhn 1999a, 188 f.

12 Vgl. Lach 2000; vgl. Schneider 1999; vgl. Kuhn 1999b.

13 Hierzu eignet sich beispielsweise das Modell des Politikzyklus; vgl. Massing 1998, 61-98.

14 Vgl. Grünewald 1999; George 2000.

15 Vgl. dazu auch: Pandel 1999, der für den Geschichtsunterricht Karikaturen als „gezeichnete Kommentare und visuelle Leitartikel" bezeichnet.

[16] Symbolische Elemente der Justitia finden sich auch in weiteren Karikaturen, wie die beiden Beispiele aus der Badischen Zeitung auf der CD-ROM zeigen.

[17] Vgl. Massing 1998, 26-39.

[18] Zur Unterstützung der Auswertung kann die Konferenzphase auf Video oder Tonband aufgezeichnet werden; auch lässt sich als Akteur eine „Pressegruppe" konstruieren, die neben einer Schlagzeile auch einen Artikel über die Verhandlungen – beispielsweise auf der Grundlage von Interviews mit den anderen Akteuren – als Wandzeitung veröffentlichen kann.

[19] Das Informationsmaterial kann hier aus Platzgründen nicht abgedruckt werden.

[20] Jeden Monat strahlt der Südwestrundfunk eine „Pro-Contra-Debatte" aus.

[21] Ungeeignetes Beispiel aus einer Schülerdebatte: Sind Jugendliche selbst schuld an ihrer Arbeitslosigkeit?

[22] Vgl. zu den unterschiedlichen Handlungsstrategien des „politischen" Politiklehrers bei unterschiedlichen Lerngruppen: Reinhardt 2000.

[23] Vgl. Ackermann 1998a; Ackermann 1998b.

Ausgewählte Literatur

Ahlbrecht, Heiko/Ambos, Kai (Hrsg.): Der Fall Pinochet(s). Auslieferung wegen staatsverstärkter Kriminalität?, Baden-Baden 1999

Arenhövel, Mark: Transition und Konsolidierung in Spanien und Chile. Strategien der Demokratisierung, Diss. Universität Gießen 1997, Gießen 1998

George, Uta/Arenhövel, Mark (Hrsg.): Lateinamerika: Kontinent vor dem Morgengrauen. Nachdenken über ein schwieriges Verhältnis Lateinamerika und Deutschland, Münster 1992

Henkenborg, Peter: Die Unvermeidlichkeit der Moral. Ethische Herausforderungen für die politische Bildung in der Risikogesellschaft, Schwalbach/Ts. 1992

Lind, Georg/Raschert, Jürgen (Hrsg.): Moralische Urteilsfähigkeit. Eine Auseinandersetzung mit Lawrence Kohlberg, Weinheim 1987

Massing, Peter/Weißeno, Georg (Hrsg.): Politische Urteilsbildung. Zentrale Aufgabe für den Politikunterricht, Schwalbach/Ts. 1997

Massing, Peter: Was heißt und wie ermögliche ich politische Urteilsbildung?, in: Peter Massing/Georg Weißeno (Hrsg.): Politik als Kern der politischen Bildung. Wege zur Überwindung unpolitischen Politikunterrichts, Opladen 1995, 205-224

May, Michael: Intervention aus Humanität? Moralisch-politische Urteilsbildung am Beispiel des Kosovo, in: Gegenwartskunde 1/1999, 85-97

Nunner-Winkler, Gertrud (Hrsg.): Weibliche Moral: Die Kontroverse um eine geschlechtsspezifische Ethik, Frankfurt/M. 1991

Reinhardt, Sibylle: Werte-Bildung und politische Bildung. Zur Reflexivität von Lernprozessen, Opladen 1999

Rottensteiner, Christa: Schuld ohne Sühne? Das Erbe der Menschenrechte in Chile nach Pinochet, Frankfurt/M. 1997

Sander, Wolfgang: Methoden der politischen Entscheidungsanalyse und der politisch-moralischen Urteilsbildung, in: Walter Gagel/Dieter Menne (Hrsg.): Politikunterricht. Handbuch zu den Richtlinien NRW, Düsseldorf 1988, 189-199

Wehr, Ingrid: Zwischen Pinochet und Perestroika. Die chilenischen Kommunisten und Sozialisten 1973-1994, Freiburg 1996

Verzeichnis der Autorinnen und Autoren

Mark Arenhövel (Jahrgang 1959), M.A. Dr. rer. soc., Universität Gießen, Lehrbeauftragter an der Verwaltungsfachhochschule Frankfurt/M.

Bernd Knittel (Jahrgang 1948), Politiklehrer bis 1999, Seminarleiter, Berlin

Karin Kroll (Jahrgang 1950), Dr. phil., M.A., wiss. Mitarbeiterin, Referat für politische Bildungsarbeit, Fachbereich Politik- und Sozialwissenschaften, FU Berlin

Hans-Werner Kuhn (Jahrgang 1951), Dr. phil., Professor für Politische Bildung/Sachunterricht, Institut für Sozialwissenschaften, Pädagogische Hochschule Freiburg

Kurt Lach (Jahrgang 1941), Politiklehrer und Fachseminarleiter, Lehrbeauftragter am Fachbereich Politik- und Sozialwissenschaften, FU Berlin

Peter Massing (Jahrgang 1946), Dr. phil., Leiter des Referats für politische Bildungsarbeit, Vertretungsprofessur für Sozialkunde und Didaktik der Politik, Fachbereich Politik- und Sozialwissenschaften, FU Berlin

Kerstin Pohl (Jahrgang 1967), wiss. Mitarbeiterin für Sozialkunde/Didaktik der Politik, Fachbereich Politik- und Sozialwissenschaften, FU Berlin

Lieferbare Titel Reihe Politik und Bildung

Paul Ackermann / Gotthard Breit / Will Cremer / Peter Massing / Peter Weinbrenner:
Politikdidaktik kurzgefaßt
1994, 172 S., ISBN 3-87920-607-4, € 13,40

Stefan Appel / mit Georg Rutz: **Handbuch Ganztagsschule. Konzeption, Einrichtung und Organisation**
1997, 352 S., ISBN 3-87920-615-5, € 24,80

Wolfgang Beer / Will Cremer / Peter Massing (Hrsg.): **Handbuch politische Erwachsenenbildung**
1999, 368 S., ISBN 3-87920-622-8, € 32,80

Veronika Fischer / Desbina Kallinikidou / Birgit Stimm-Armingeon:
Handbuch interkulturelle Gruppenarbeit
2001, 400 S., ISBN 3-87920-628-7, € 34,80

Walter Gagel / Tilman Grammes / Andreas Unger (Hrsg.): **Politikdidaktik praktisch. Ein Videobuch**
1992, 126 S., ISBN 3-87920-602-3, € 14,80
Das Video, ISBN 3-87920-603-1, € 24,80

Siegfried George / Ingrid Prote (Hrsg.):
Handbuch zur politischen Bildung in der Grundschule
Hardcover-Ausgabe, 1995, 384 S., ISBN 3-87920-605-8, € 32,80
Paperback-Ausgabe, ISBN 3-87920-609-0, € 20,00

Benno Hafeneger (Hrsg.):
Handbuch politische Jugendbildung
1997, 360 S., ISBN 3-87920-610-4, € 32,80

Bardo Heger / Klaus-Peter Hufer (Hrsg.):
Autonomie und Kritikfähigkeit
2002, 256S., ISBN 3-87920-271-0, € 24,00

Peter Henkenborg:
Die Unvermeidlichkeit der Moral
1992, 304 S., ISBN 3-87920-601-5, € 29,80

Gerd Hepp / Herbert Schneider (Hrsg.):
Schule in der Bürgergesellschaft
1999, 244 S., ISBN 3-87920-621-X, € 19,50

Gerhard Himmelmann: **Demokratie Lernen als Lebens-, Gesellschafts- und Herrschaftsform. Ein Lehr- und Arbeitsbuch**
2001, 400 S., ISBN 3-87920-629-5, € 23,60

Klaus-Peter Hufer (Hrsg.):
Politische Bildung in Bewegung
1995, 208 S., ISBN 3-87920-606-6, € 18,40

Klaus-Peter Hufer: **Für eine emanzipatorische politische Bildung. Konturen einer Theorie für die Praxis**
2001, 272 S., ISBN 3-87920-634-1, € 16,80

Doron Kiesel / Albert Scherr / Werner Thole (Hrsg.): **Standortbestimmung Jugendarbeit**
1998, 272 S., ISBN 3-87920-619-8, € 19,50

Hans-Werner Kuhn / Peter Massing (Hrsg.):
Politikunterricht kategorial und handlungsorientiert. Ein Videobuch
1999, 252 S., ISBN 3-87920-616-3, € 24,80
Das Video, ISBN 3-87920-617-1, € 24,80

Hans-Werner Kuhn: **Politische Urteilsbildung – ein Fallbeispiel**
2002, 200 S., ISBN 3-87920-630-9, € 14,80
Das Video, ISBN 3-87920-631-7, € 32,–
Die CD, ISBN 3-87920-632-5, € 32,–

Peter Massing / Georg Weißeno (Hrsg.):
Politische Urteilsbildung. Zentrale Aufgabe für den Politikunterricht
1998, 376 S., ISBN 3-87920-618-X, € 18,40

Wolfgang W. Mickel (Hrsg.): **Handbuch zur politischen Bildung. Grundlagen, Methoden, Aktionsformen**
1999, 680 S., ISBN 3-87920-623-6, € 39,80

Frank Nonnenmacher (Hrsg.):
Das Ganze sehen
1996, 268 S., ISBN 3-87920-612-0, € 24,80

Sibylle Reinhardt / Dagmar Richter / Klaus-Jürgen Scherer: **Politik und Biographie**
1996, 114 S., ISBN 3-87920-611-2, € 12,80

Wolfgang Sander (Hrsg.):
Handbuch politische Bildung
1999, 608 S., ISBN 3-87920-613-9, € 28,00

Die Rückkehr der sozialen Frage. Zur Aktualität politischer Bildung
1997, 224 S., ISBN 3-87920-620-1, € 17,40

WOCHEN SCHAU VERLAG

Adolf-Damaschke-Str. 10 65824 Schwalbach/Ts.
Tel.: 06196 / 8 60 65, Fax: 06196 / 8 60 60
www. wochenschau-verlag.de